Die deutschen Soldaten auf Alfaset

KRISTIAN ILNER

Die deutschen Soldaten auf Alfaset

von Heldenverehrung bis Versöhnung

Bibliografische Information der Deutschen Nationalbibliothek:
Die Deutsche Nationalbibliothek verzeichnet diese Publikation in der Deutschen Nationalbibliografie; detaillierte bibliografische Daten sind im Internet über dnb.dnb.de abrufbar.

Übersetzung: Kristian Ilner und Sophie Fosså

Lektorat: Aleksandra Krail

Verlag: BoD – Books on Demand, Oslo, Norwegen

Herstellung: BoD – Books on Demand, Norderstedt, Deutschland

ISBN: 978-82-845-1100-9

Inhalt

Vorwort

Meine Beziehung zu Deutschland begann durch Fußball. Später lernte ich die deutsche Sprache, studierte Rechtswissenschaft in Trier und in Bremen und fand gute deutsche Freunde. Die Weltmeisterschaft 1982 ist die erste Erinnerung, die ich an Deutschland habe. Die Europameisterschaft im Jahr 1996 habe ich in Deutschland verfolgt, ebenso wie die Weltmeisterschaften 2002 und 2014. Die Weltmeisterschaft 1990 war etwas Besonderes, weil sie kurz nach dem Fall der Berliner Mauer stattfand, einem symbolischen politischen Ereignis, das am 9. November 1989 begann. Hinter den Kulissen des Sports fand ein anspruchsvoller politischer Machtkampf zwischen den Großmächten statt. Es ging darum, das Land wieder zu vereinen oder die Vereinigung zu verhindern.

Diese Weltmeisterschaft von 1990 wurde im fußballbegeisterten Italien mit Napoli und dem argentinischen Star Diego Maradona in der Hauptrolle ausgetragen, aber es war Deutschland, das gewann. Der Sieg hatte wahrscheinlich eine größere Dimension als die Trophäe und der Titel. Eine Dimension, die Italien und Maradona übertraf. Verteidiger Andreas Brehme, der ursprünglich gelernte Metallarbeiter, hat wahrscheinlich mehr getan, als er damals selbst verstanden hatte, als er im Finale gegen Argentinien den entscheidenden Elfmeter setzte. Vielen gefiel das, was sie sahen, einschließlich der Kritiker, die den deutschen Fußball als zynischen Maschinenfußball angesehen hatten. Es fühlte sich verdient an, und man gönnte Deutschland den Sieg, vielleicht zum ersten Mal. Für Deutschland würde ich annehmen, dass es fast eine Frage der Existenzberechtigung war. Trainer Franz Beckenbauer, selbst Legende und ehemaliger Weltmeister, brauchte eine längere Auszeit, um das ganze Erlebnis zu verdauen. Die Bilder, auf denen der »Kaiser« ganz allein auf dem Rasen herumläuft, anstatt mit dem Team zu jubeln, sind sehr berührend gewesen.

Das Finale der Europameisterschaft 1996 war Oliver Bierhoffs große Nacht. In der kleinen Stadt Homburg im Saarland, wo ich meine Schwester besuchte, die dort Medizin studierte, schauten wir das Spiel mit einigen ihrer deutschen Freunde. Die ganze Stadt jubelte – überall waren Fahnen zu sehen. Autos hupten und Horden feiernder Deutscher gingen auf die Straße. Es machte einen großen Eindruck, und es war schön zu sehen. Mir wurde gesagt, dass es selten vorkam. Denn die Deutschen zeigten ihre Fahne im

Allgemeinen nicht gern. Es war leicht zu verstehen, warum. Trotzdem war es schön, eine so spontane Freude über etwas so Triviales wie Fußball zu sehen. Gerade so etwas kann für die Identität eines Landes und die Emotionen der Bürger so wichtig sein. Es dauerte lange, bis die Deutschen ihre Fahne zeigen oder nationale Gefühle ausdrücken konnten.

Daraufhin nahm mein Interesse an Deutschland zu. Ich habe eine Art Anziehungskraft auf dieses besondere Land empfunden und es fast schon geliebt. Es war mein Zuhause und ich habe mich wirklich zu Hause gefühlt.

Als ich im Jahr 2000 in Bremen studierte, traf ich einen Kurden, der in einer Anwaltskanzlei arbeitete. Er lud mich in ein kurdisches Café ein, wo Demonstrationen gegen türkische Unterdrückung geplant wurden. Es verlief alles friedlich, ohne dass Polizeischutz notwendig war. Deutschland war zu einer toleranten und multikulturellen Gesellschaft geworden, so weit von den 1930er Jahren entfernt.

Meine Beziehung zu Deutschland hat wahrscheinlich auch einen klaren Zusammenhang mit dem Interesse an der jüngeren Geschichte und dem Zweiten Weltkrieg. Dieses Buch wurde daher nicht zufällig geschrieben. Ich habe keinen Grund, die Geschichte Deutschlands und des Zweiten Weltkriegs, eine tragische und grausame Geschichte, zu verschönen. Wir dürfen niemals vergessen, was passiert ist. Gleichzeitig halte ich es für wichtig, auf Frieden und Versöhnung aufzubauen. Dies ist meine stärkste Motivation, dieses Buch zu schreiben.

Matchsieger Andreas Brehme und seine Teamkollegen feiern 1990 im WM-Finale gegen Argentinien das 1:0, ein Sieg, der in einer wichtigen Zeit zum Wandel der deutschen Identität beigetragen hat. Foto: FIFA.

Kristian Ilner, Oslo, 1. Oktober 2021

Frieden ist die Fortsetzung des Krieges auf andere Weise.
Oswald Spengler (1880–1936)

Einleitung zu den Soldatengräbern auf dem Friedhof Alfaset

Alfaset ist ein öffentlicher Friedhof, der im Stadtteil Alna liegt, im östlichen Teil von Oslo. Hier ist eine große Anzahl von Menschen aus der ganzen Welt zusammen mit Norwegern begraben. Alfaset ist mit der Zeit zu einem natürlichen Teil von Oslo und Norwegen geworden. In der Umgebung befinden sich eine Reihe von Gewerbeimmobilien, Terminals und einem wichtigen Knotenpunkt für den Stadtverkehr.

Ein Teil der Gräber des Friedhofs Alfaset ist gefallenen deutschen Soldaten gewidmet. Sie fielen während des Zweiten Weltkriegs auf norwegischem Boden oder kamen in norwegischen Meeren ums Leben. Es waren insgesamt mehr als 3.000 Soldaten. Allein zwischen 1940 und 1945 fielen 12.000 deutsche Soldaten in Norwegen. Es gibt tatsächlich so viele tote Deutsche, dass auf jedem Grabstein mehrere Namen geschrieben stehen, damit sie alle auf dem Friedhof Platz finden. Und trotzdem sind die Reihen sehr lang. Dies mag vielleicht im Vergleich zu den großen Schlachten während des Krieges an den Ostfronten eine geringe Zahl sein, aber es ist immer noch eine hohe Zahl, die Anlass zur Reflexion gibt. Es zeigt außerdem, dass es ein Risiko war, als Besetzungssoldat nach Norwegen zu kommen.

Auf dem Friedhof Alfaset finden wir heute Soldatengräber mit Namen, die uns an berühmte deutsche Fußballspieler wie Möller, Augenthaler und Werner erinnern. Deutschland ist, wie die Vereinigten Staaten, ein Land mit einer Geschichte vieler Kriege, an denen große Teile der Bevölkerung beteiligt waren. In den 20 Jahren nach Kriegsende hatte die überwiegende Mehrheit der Deutschen eine familiäre Beziehung zum Zweiten Weltkrieg. Der Krieg wurde für Deutschland ein Teil seiner Geschichte, aber mit den Jahren entwickelte das Land sich zu einer der weltweit führenden Friedensnationen. Die Vereinigten Staaten hingegen bewahrten sich den Stolz auf ihre Streitkräfte.

Wenn man die Namen auf den Alfaset-Kriegsfriedhof liest, ist es natürlich, seinen Gedanken freien Lauf zu lassen. Wer waren all diese Jungen, Männer und sogar einige Frauen? Welche Schicksale haben sie durchlebt? Wie sind sie nach Norwegen gekommen? Was hielten sie von Hitler, dem Krieg und der Operation in Norwegen?

Am 9. April 1940 wurde Norwegen unter dem Codenamen *Weserübung Nord* von deutschen Streitkräften angegriffen. Obwohl es viele Warnungen gab, waren die Norweger überrascht. Dies galt für die meisten der Bevölkerung, aber auch für die Regierung und das norwegische Parlament, *Stortinget*. Die Größe der norwegischen Streitkräfte war bescheiden, aber die Topografie des Landes mit tiefen Wäldern, Bergen und Fjorden machte es nicht so einfach, das Volk zu bekämpfen und kontrollieren. Sowohl ausgebildete Soldaten als auch freiwillige Norweger wurden an strategisch wichtigen Orten rekrutiert, um gegen die Deutschen zu kämpfen. Die norwegischen Streitkräfte erhielten ebenfalls Unterstützung von den Alliierten. Der Feldzug dauerte bis zum 10. Juni und war von einer Reihe von Kämpfen und Aktionen geprägt, die auf beiden Seiten Verluste verursachten, bevor Norwegen als Ganzes besetzt wurde. Die deutsche Invasion war umfangreich und gut organisiert, mit Anstrengungen aller Waffenzweige. Der Angriff war eine Invasion. Die Umstände der Neutralität Norwegens und die Beziehung zu Großbritannien und Deutschland, war aber unklar. Wie Schweden hatte Norwegen sich bei Ausbruch des Krieges im Jahr 1931 zum neutralen Staat erklärt.

Aus deutscher Sicht wurde Norwegen zunächst als Verbündeter angesehen. Die Besetzung Norwegens ist auch nicht zu vergleichen mit der deutschen Kriegführung in Osteuropa, dem Angriff auf Sowjetunion mit dem enormen Verlust an militärischem und zivilem Leben, der Großteil davon auf russischer Seite. Im Osten gingen die Kriegsparteien unvorstellbar brutal vor. Dort fand auch der umfangreichste und systematischste Völkermord an den Juden statt. Die Kämpfe an der Ostfront haben verständlicherweise das größte Trauma unter den Deutschen verursacht. Millionen von Träumen gingen auf dem Schlachtfeld mit den Wehrmachtssoldaten verloren, die einen noch hoffnungsloseren und unmenschlicheren Kampf führten als ihre Vorfahren an der Westfront während des Ersten Weltkriegs.

Es wäre falsch, ein Bild ausschließlich von gezwungenen deutschen Soldaten zu zeichnen. Sehr viele waren motiviert, für den Führer und das Vaterland zu kämpfen und zu sterben. Es wird geschätzt, dass etwa 5,3 Millionen deutsche Soldaten im Zweiten Weltkrieg starben, von denen mehr als eine Million noch vermisst werden. Die Gesamtzahl ist damit fast so groß wie die heutige Bevölkerung von Norwegen.

Insgesamt führten die deutsche Invasion und die fünfjährige Besetzungszeit in Norwegen zu relativ wenigen getöteten Menschen, deren Anzahl im Vergleich zu den Verlusten, insbesondere in Polen, Russland und anderen östlichen Gebieten, nahezu marginal waren. Trotzdem darf man die norwegische Besetzungsgeschichte nicht trivialisieren. Die Brutalität des Krieges fand auch in Norwegen Einzug, und die Widerstandsbewegung wurde unter äußerst anspruchsvollen Umständen aufgebaut. Tausende Bücher sind über den Zweiten Weltkrieg geschrieben worden – in Norwegen und in anderen Ländern – sowohl von überlebenden Zeugen, von Historikern und anderen, die ein besonderes Interesse an diesem Krieg hatten, der die Identität mehrerer Nationen geformt hat.

In Norwegen sind Gedenkfeiern, die an den Zweiten Weltkrieg erinnern ebenso symbolisch wie der Nationalfeiertag am 17. Mai, wenn die Unabhängigkeit von Schweden gefeiert wird. Das sind die Tage mit der wichtigsten Bedeutung für unsere demokratische Gemeinschaft. Das moderne Norwegen wurde in mehrfacher Hinsicht auf den Erfahrungen mit dem Krieg aufgebaut. Der Krieg hatte eine einigende Wirkung, und die wichtigsten Kriegsereignisse mobilisierten den Wiederaufbau und die Entwicklung des modernen Staates. Viele Personen aus der norwegischen Widerstandsbewegung erhielten nach 1945 Schlüsselpositionen in Politik, Wirtschaft und Wissenschaft. Gleichzeitig durfte nicht jeder von dieser Gemeinschaft erfahren. Viele herausfordernde Aspekte des Krieges wurden vereinfacht oder verborgen.

Das Interesse, mehr über den Krieg zu erfahren, ist immer noch groß. Es ist jedoch nicht selbstverständlich, dass junge Menschen mit der Kenntnis über die Geschehnisse des Krieges aufwachsen, damit sie die Gesellschaft weiter in Richtung Frieden, Demokratie, Gleichheit und Menschlichkeit entwickeln können. Hoffentlich können wir von dieser Kriegsvergangenheit lernen, gerade wenn wir an die vielen Fakten denken und mit Empathie das Schicksal der Kriegsopfer reflektieren.

Die moderne Weltordnung wurde nach dem Zweiten Weltkrieg mit dem Ziel entwickelt, die Länder durch Frieden und Solidarität miteinander zu verbinden. Die alten

Kolonien wurden immer unabhängiger, und die Staaten der Welt konnten mehrere internationale Menschenrechtsverträge ratifizieren.

Krieg ist immer falsch und grausam, aber Frieden ist auch nicht einfach. Der Kampf um die guten Werte geht weiter, ein anspruchsvoller, aber notwendiger Kampf.

Norwegen hat kürzlich auch traumatische Ereignisse unter der Flagge einer unmenschlichen Ideologie erlebt, die von Hass und Gedanken vieler Nazis inspiriert war. Am 22. Juli 2011 wurde das Regierungsviertel in die Luft gesprengt, gefolgt von Massenerschießungen von Dutzenden unschuldiger sozialdemokratischer Jugendlicher auf der Inseln *Utøya*. Die Tat ist von einem norwegischen Täter (Anders Behring Breivik) mit faschistischer Gesinnung gründlich und eiskalt geplant und durchgeführt. Leider ist es immer noch notwendig, die Menschheit an die Geschichte zu erinnern und die Botschaft zu verbreiten: Nie wieder!

Deutschland ist heute neben Russland der bevölkerungsreichste Staat Europas. Man könnte daher denken, dass das Land auch eine große geografische Größe hat. Dem ist aber nicht so. Länder wie Frankreich, Spanien und Schweden haben eine größere Fläche. Jetzt kann man sagen, dass dies nicht so wichtig ist. Deutschland, bekannt für seine effiziente industrielle Produktion und für seine gut organisierte Gesellschaft, aufgeteilt in 16 weitreichend unabhängige Bundesländer, ist heute wieder eine Großmacht geworden, auch wenn die Deutschen es vielleicht nicht wirklich wollen. Ein starkes Europa hängt von der EU ab, und die EU hängt von Deutschland als der reichen Industrienation und der Brücke zwischen Ost und West ab, historisch gesehen zum Guten oder Schlechten.

Der frühere Bundeskanzler Westdeutschlands, Willy Brandt (* 1913 als Herbert Ernst Karl Frahm, † 1992), reflektierte in seinen Memoiren über Deutschlands Stellung während des Kalten Krieges. Während andere Nationen die Bundesrepublik als Großmacht betrachteten, glaubte Brandt, dass die Bedeutung des Landes übertrieben wurde. Er nannte Deutschland einen »Riesenzwerg.«[1]

Deutschland war nie so groß wie etwa Russland, aber als Otto von Bismarck im Jahr 1871 das Reich vereinigte, umfasste das Bündnis kleiner und mittlerer Staaten eine geografische Ausdehnung, die in alle Richtungen weiter ging als heute. Lange vor dieser Zeit bestand das Land aus vielen kleineren Staaten und Fürstentümern. Was früher

1 Brandt, Begegnungen und Einsichten 1960–1975, Hoffmann und Campe, Hamburg 1976.

als das Heilige Römische Reich deutscher Nation bezeichnet wurde, war in der Tat ein fragmentarischer Bund, der während des Zeitalters der Absolutismus in Europa allmählich vereinigt wurde. Aber auch dieser Allianz war noch weit entfernt von einer einheitlichen Nation.

Adolf Hitlers Traum von einem Tausendjährigen Reich mit der Hauptstadt Germania war eine ferne Fantasie. Nach dem Krieg ist Hitlers sogenannte Weltanschauung Gegenstand von gründlichen Analysen geworden. Der deutsche Historiker Eberhard Jäckel (1929–2017) glaubte, dass die Visionen des Führers im Manifest »Mein Kampf« nachvollzogen werden können. Hier unterstreicht er sowohl das Ziel, das Reich zu erweitern, insbesondere nach Osten, als auch den Wunsch, die Juden vom Erdboden zu entfernen. Aus dem Manifest geht ebenfalls hervor, dass der Kommunismus der große ideologische Feind war.

Die beiden schmerzhaften Weltkriege haben das deutsche Grundflache erheblich reduziert. Während die Nationalsozialisten im Dritten Reich darauf abzielten, verlorene deutsche Gebiete im Rahmen des Vertrags von Versailles zurückzuerobern, befasste sich die Bundesrepublik nach der Kapitulation im Jahr 1945 mehr mit der Entwicklung der Europäischen Gemeinschaft (EG), später der EU.

Norwegen ist heute emotionaler an England gebunden als an Deutschland. Wir haben Respekt für die Briten, der möglicherweise nicht erwidert wird, aus dem einfachen Grund, weil Norwegen keine Großmacht ist. Bei Deutschland ist das anders. Einige Norweger haben wahrscheinlich immer noch ein etwas angespanntes Verhältnis zu dem Land, obwohl die Relation im Laufe der Jahre bestimmt harmonischer geworden ist. Einige Norweger weisen darauf hin, dass wir erst im Jahr 2006, als die Bundesrepublik die Fußball-Weltmeisterschaft arrangierte, unsere Augen für ein Land geöffnet haben, das für viele nur als ein Transitland zu anderen europäischen Zielen weiter südlich galt. Während des »Sommermärchens« lernten die Norweger ein modernes Deutschland zu kennen, nette und gastfreundliche Menschen, keine sauren und launischen Roboter. Einige Norweger hielten auch, während ihrer Überfahrt auf den Kontinent, in Deutschland etwas länger an. Sie besuchten die wunderschönen Landschaften des Moseltals mit seinen Weinbergen und den mittelalterlichen Burgen. Außerdem schauten sie sich alte Hansestädte wie Hamburg und Bremen sowie traditionelle Universitätsstädte wie Freiburg und Münster an, um unter anderem den gemütlichen Weihnachtsmärkten einen Besuch abzustatten. Norwegische Künstler und Intellektuelle ließen sich in Berlin nieder, um ihre Arbeit auszuführen.

Die Geschichte des anglophilen Norwegen reicht weiter zurück als der Zweite Weltkrieg. Der Krieg als identitätsbildende Faktor hat für Norweger dazu die Beziehungen weiter beigetragen. Wir waren gegen die bösen Nazis. Selbst die Bemühungen des norwegischen Freundes, Willy Brandt, um ein freies Deutschland und Europa, reichten nicht aus, die deutsche Invasion und die grausamen und Verbrechen gegen die Menschlichkeit des Krieges ganz zu vergessen.

Brandts Bemühungen als Brückenbauer sind dennoch kaum zu unterschätzen, zusammen mit dem Präsenz der großen norwegischen Deutschland-Brigade (*Tysklandsbrigaden*) in Deutschland zwischen 1947 und 1953. Damals arbeiteten norwegischen Soldaten für Friedenskonsolidierung und Stabilität in Deutschland zum gegenseitigen Verständnis und zur Versöhnung. In der Nachkriegszeit empfing Norwegen darüber hinaus deutsche Kinder zu Ferienaufenthalten. Weiterhin ermöglichte Deutschland norwegische Studenten Studienplätze an den Universitäten des Landes. Im Jahr 1971 erhielt Brandt den Friedensnobelpreis. Während der Zeremonie im Universitätssaal in Oslo am 10. Dezember, saß der norwegische Premierminister, Trygve Bratteli, direkt hinter ihm. Bratteli war einer, der den Nationalsozialismus als Gefangener in »Nacht und Nebel« (Natzweiler) erlebt hatte.

Auch in Norwegen hat sich die Erinnerung an dem Zweiten Weltkrieg mit der Zeit gemindert. Es scheint nun, dass die Norweger auch in größerem Maße sehen, dass der Krieg viele Schichten und Nuancen hat, wie zum Beispiel die Geschichten über die Schicksale viele deutschen Soldaten, die sich widersetzten, die als Gefangene endeten, sich das Leben nahmen und von denen nie wieder etwas gehört wurde. Viele haben nicht einmal ein Grab.

Vielleicht können wir inzwischen besser verstehen, dass auch viele Deutsche Opfer des Nationalsozialismus waren, nicht nur Täter. Wir lernten mehr über die Unterdrückung der deutschen Kommunisten und Sozialdemokraten durch die Nazis. Weiter erfuhren wir Einzelheiten über die Opposition vieler Deutscher gegen das Naziregime. Als Beispiel wäre hier die wenig bekannte »Wollweber-gruppe« oder die mehr bekannte »Kreisau Kreis«, der es leider nur beinahe geschafft hat, das Leid zu lindern und im Jahr

1944 gegen Hitler vorzugehen.[2] In norwegischen Geschichtsbüchern wurde traditionell wenig darüber berichtet. Es wurde auch nicht viel über die Bombardierung deutscher Städte durch alliierte Truppen kurz vor Kriegsende geschrieben, oder über die vertriebenen Deutschen aus den Ostgebieten. Und nicht zuletzt hat man oftmals verschwiegen, dass die Nazis in anderen Ländern als Deutschland viel Unterstützung hatten, auch in Norwegen. Es ist daher gut, dass in letzter Zeit eher über die Nazis als nur über die Deutschen gesprochen wird.

Auch außerhalb Norwegens werden noch heute neue Fakten und Perspektiven über den Krieg entdeckt und analysiert. Zahlreiche englisch- und deutschsprachige Bücher und akademische Dokumente sind veröffentlicht worden, die auch für die Besetzung Norwegens relevant sind. Ein Beispiel ist die Arbeit des deutschen Historikers Robert Bohn über die norwegische Kriegswirtschaft während der Besetzung: »Reichskommissariat Norwegen: Nationalsozialistische Neuordnung und Kriegswirtschaft«, die das Gleichgewicht zwischen norwegischem Widerstand und Pragmatismus, und zwischen wirtschaftlichem Gewinn und starker Entwicklung in Norwegen während der deutschen Okkupation hervorhebt.

Viele Norweger haben auch Anekdoten aus der deutschen Widerstandsarbeit zu erzählen, einschließlich des Autors dieses Buches. Meine Großeltern in der Industriestadt Raufoss, etwa 2,5 Stunden nördlich von Oslo entfernt, halfen einem deutschen Soldaten nach Schweden zu gelangen, der desertieren wollte (Fahnenflucht). Sie versuchten vergeblich, ihn nach dem Krieg aufzuspüren. Ich erinnere mich, dass dies Eindruck gemacht hat. Meine Großmutter und mein Großvater lehrten mich, dass nicht alle deutschen Nazis waren, obwohl mein Großvater selbst eine Weile in Arbeitslager *Grini* als Gefangener eingesperrt war.[3]

In diesem Buch habe ich versucht, Fakten und Hintergrunde für zehn gefallenen deutschen Soldaten zu sammeln, die auf dem Soldatenfriedhof von Alfaset in Oslo begraben sind. Ich wollte mir ein Bild davon machen, wer sie waren. Es gibt mittlerweile eine große Menge von Kirchenbüchern, Adressenbüchern und endlose Genealogieaufzeichnungen

---

2 Borgersrud, die Wollweber-Organisation und Norwegen, Karl Dietz Verlag, Berlin 2001.

3 Grini war ein Polizeihäftlingslager in Bærum, in der Nähe von Oslo. Insgesamt gab es knapp 20.000 Häftlinger auf Grini während der deutschen Besetzung Norwegens, 1940–45.

im Internet. Sie erleichtern die scheinbar hoffnungslose Suchsituation nach Puzzleteilen, und liefern Antworten über menschliches Leben. Das norwegische Nationalarchiv hat große Mengen von Dokumenten aus der Besetzung gesammelt, darunter Militärkorrespondenz, Berichte, Richtlinien und zivile Verwaltungsfälle. Auch in Deutschland gibt es auch zahlreiche Dokumente in zentralen Archiven. Sie können Informationen über Wehrmachtssoldaten liefern.

Das Thema der deutschen Okkupation in Norwegen ist überwältigend und komplex. Dieses Buch ist doch kein Forschungsprojekt eines professionellen Historikers. Es erforderte eine einfühlsame Vorgehensweise. Ich musste Entscheidungen treffen und die Substanz verfeinern. Es mag mutig erscheinen, sich auf ein solches Buchprojekt über den Zweiten Weltkrieg einzulassen. Viel ist schon gesagt und geschrieben worden, und viele Menschen noch über die Ereignisse nach und wollen mehr wissen. Trotzdem hoffe ich, dass das Buch für einige Leser interessant sein wird. Diese Soldaten lebten ein kurzes und relativ anonymes Leben. Es war anspruchsvoll, Informationen über sie zu sammeln. Ich fing bei null an, ohne Briefkorrespondenz und andere Quellen, mit denen ich arbeiten konnte. Nur einer der zehn Soldaten war Akademiker, und er hinterlief leider kein Brief vor seinem Tod. Manchmal fand ich Fakten über die Soldaten, in anderen Fällen werde ich nur Möglichkeiten aufzeichnen, die Bewegungsmustern und Umständen Inhalt und Zusammenhang gegeben haben konnten.

Die zehn deutschen Soldaten habe ich nicht ganz zufällig ausgewählt. Ich habe versucht, eine Vielfalt zu beschreiben, gegeben durch Geburtsort, Geschlecht, Alter, Religion, Beruf, Familiensituation und möglicher Motivation für die Kriegsbeteiligung. Ihre Geschichten folgen in chronologischer Reihenfolge zu dem Todeszeitpunkt. Die Soldaten starben entweder früh oder relativ spät während der Besetzung. Die zehn ausgewählten deutschen Soldaten sind nur einige von Millionen gefallener und vermisster Deutscher. Ich hätte vielleicht mehr Informationen gefunden, wenn ich andere Soldaten ausgewählt hätte, öffentlich bekannte Offiziere zum Beispiel. Trotzdem oder genau deswegen möchte ich, dass diese eher unbekannten ausgewählten Soldaten, egal wie anonym und verborgen sie erscheinen, die »Stimmen« in dieser Geschichte sein sollen.

Bevor ich zu den einzelnen Biografien komme, habe ich ein Kapitel über die deutsche Besetzung Norwegens geschrieben, weil ich das Leben und Schicksal der Soldaten in einem größeren historischen Kontext sehe. Nach den zehn Lebensläufen der Soldaten schreibe ich über den Soldatenfriedhof in Alfaset, die Verlegung der Gräber vom ehemaligen Ehrenfriedhof auf Ekeberg in Oslo, und welche Bedeutung die deutschen Kriegsfriedhöfe heute haben. Ich beende das Buch, indem ich ausführlicher meine Ansicht darlege, wie Deutschland seine traumatische Geschichte verarbeitet und seine Position im heutigen Europa und in der Welt gefunden hat.

Die deutsche Besetzung Norwegens

Die meisten deutschen Soldaten, die in den Jahren 1940–45 auf norwegischem Boden oder in norwegischen Meeren fielen, befanden sich weit unten in der militärischen Hierarchie. Die Mehrheit hatte bereits zivile Berufe. Die Kriegsgeschichte ist voll von Büchern und Unterlagen der vielen Offiziere, die die gut organisierten deutschen Streitkräfte anführten. Viele von ihnen waren überzeugte Nazis, während andere Berufssoldaten waren, die ihren Beruf vielleicht hauptsächlich als Soldaten ausübten. Die Kriegsidentität Deutschlands half, die Bürger des Landes zu mobilisieren. Viele hatten ihre eigenen Erfahrungen aus dem Ersten Weltkrieg und anderen kriegsähnlichen Konflikten, persönlich oder durch ihre eigene Familie.

Besonders unter den eingezogenen Soldaten gab es wahrscheinlich einige, die den Umfang ihrer Beteiligung nicht verstanden hatten. In jedem Fall ist es einfacher, das Ausmaß im Nachhinein zu erkennen. Aus dem zeitgenössischen Kontext – zum Zeitpunkt der Besetzung selbst – ist das Bild weitaus komplexer. Die Heldenverehrung, der Eid an das Vaterland und an den Führer war obligatorisch. Das Dritte Reich wurde auf einer gezielten Lüge aufgebaut. Die meisten Soldaten hatten vor dem Krieg ein normales Leben. Sie kamen sowohl aus großen Städten als auch aus kleinen Dörfern aus dem ganzen Reich, und die Alterszusammensetzung der Soldaten konnte variieren. Während des Krieges wurden sie immer jünger und älter, da die man an den Fronten schwere Verluste erlitt, und diese durch neue Rekruten ersetzen werden musste.

Einige der Soldaten waren sicherlich Abenteurer, die es spannend fanden, an fremde Orte zu kommen und neue Leute kennenzulernen, zu einer Zeit, als es nicht so üblich war, zu reisen. Viele derjenigen, die in Norwegen gedient haben, hatten wahrscheinlich das Glück, in ein meistens friedliches und landschaftlich reizvolles Land zu kommen. Die meisten in Norwegen stationierten Soldaten überlebten. Für einige war diese Zeit eine glückliche Zeit mit einem Gefühl der Gemeinschaft mit Mitsoldaten, in der die Uniform die Klassenunterschiede aufhob und den Querschnitt deutscher Männer zu etwas Gemeinsamem zusammenführte. Viele Norweger entwickelten eine pragmatische und gut funktionierende Beziehung zu diesem Feind, und einige der Soldaten fanden auch dauerhafte Liebe zu norwegischen Frauen.

Niemand weiß genau, welche Motivation jeder Soldat hatte, am Krieg teilzunehmen. Viele Zeugen und die Briefkorrespondenz zeichnen oft ein differenziertes Bild. Es gab wahrscheinlich mehrere, die keinen Krieg wollten, aber in den Krieg ziehen mussten. Die Zahl der hingerichteten Deserteure war gering (etwa 23.000) im Verhältnis zur Gesamtzahl der Kombattanten in den deutschen Streitkräften, zu denen mehr als 17 Millionen gehörten. Von 1940 bis 1945 befanden sich durchschnittlich 350.000 Soldaten in Norwegen. Viele waren wahrscheinlich von Angst getrieben, und hatte keine andere Wahl. Trotzdem waren manche offensichtlich auch persönlich motiviert und von der Ideologie des Nationalsozialismus überzeugt, an der Mission für den Führer teilzunehmen, der das Großdeutsche Reich für das deutsche Volk aufbauen wollte.

Gleichzeitig wurde die militärische Organisation von professionellen militärischen Einsatzkräften mit dem Ziel durchdrungen, Loyalität und Kampffähigkeit aufrechtzuerhalten. Verstöße gegen die Militärjustiz konnten zum Tod führen, oder man konnte zu einer besonders fortgeschrittenen und riskanten Position an die Ostfront befohlen werden. Es gab auch einen großen Unterschied, wo man sich in der Hierarchie befand. Die Soldaten weit unten in den Reihen erlebten von ihrem Vorgesetzten oft harte Behandlung. Manchmal war der Hass gegen die eigenen Offiziere größer als der gegen die Feinde.

Während die Soldaten der niedrigsten Ränge oft aus dem zivilen Leben stammten, waren viele der Offiziere als professionelle Militärs für die Mission und die zugrunde liegende Ideologie motiviert. In der militärischen Aktivität kam es sowohl zu Machtmissbrauch als zum Ausdruck von eigenen oft psychopathischen Eigenschaften. Hier waren Unterschieden zu beobachten zwischen Waffenzweigen und den verschiedenen Teilen der Kriegsmaschine zu denen auch obere Nazioffiziere, zivile Akademiker und Adlige gehörten.

Der Naziführer Heinrich Himmler (1900–1945) baute eine eigene Armee sogenannter Elitesoldaten auf, die schließlich zur umfangreichen Organisation SS (Schutzstaffel) wurde. Dies wirkte sich ausschließlich auf die Seite der Wehrmacht aus und zog wahrscheinlich die motiviertesten Nazis an, darunter viele Menschen, die dem arischen Idol weitgehend ähnelten. Die SS gewann immer mehr Handlungsspielraum, sowohl in Bezug auf Geheimdienstarbeit, militärische Operationen, Rüstungsindustrie als während der Ausübung von Polizeibefugnissen in besetzten Gebieten. Die SS hatte eine Reihe von Abteilungen, die besonders brutale Methoden anwendete, was eindeutig gegen das internationale Kriegsrecht verstieß. Gleichzeitig haben historische Quellen gezeigt, dass es zu leicht ist, nur die SS für den humanistischen Verfall der Nazis verantwortlich zu machen. Die Wehrmacht war das wichtigste Stück in Hitlers Großprojekt und verübte viele Angriffe, selbst in einer Organisation, die auf dem militärischen Ehrenkodex aufbaute. Die Luftwaffe zum Beispiel unterschied nicht immer zwischen zivilen und militärischen Zielen und achtete nicht besonders auf das Völkerrecht während des Krieges.

Der Zweite Weltkrieg enthält viele Nuancen. Die Quellen sind überwältigend, selbst wenn Zeitzeugen allmählich aussterben. Unter den deutschen Streitkräften gab es auch unter Hitler erheblichen Widerstand gegen das Reich und das Regime. Aber auf dem militärischen »Boden« war es eine Herausforderung, aktiven und wirksamen Widerstand zu mobilisieren und zu organisieren. Unter mehreren Spitzenoffizieren und Leitern in wichtigen zivilen Positionen herrschte weit verbreitete Skepsis und aktive Opposition gegen Hitler und das Naziprojekt. Einige hatten so hohe Positionen in der Wehrmacht oder in der Zivilverwaltung, sodass sie etwas bewirken konnten. Unter anderem wurden umfangreiche Bücher über den sogenannten Kreisau-Kreis geschrieben, benannt nach dem Gut Kreisau des Netzwerkführers, des Adligen Helmuth James von Moltke (1907–1945). Das ausführliche Werk des Historikers Martin Hoffmann, »Geschichte des deutschen Widerstands 1933–1945«, hat großes akademisches Gewicht zu diesem Thema und wurde häufig im Zusammenhang mit Analysen der Nürnberger Interviews zitiert.[4] Wenn dem Offizier und Nazi-gegner Claus von Stauffenberg sowie von Moltke und den anderen in diesem Kreis im Jahr 1944 das Attentat auf Hitler gelungen wäre (das »Attentat vom 20. Juli«), hätte Vieles anders ausgesehen. Vielen wäre das Leid am Ende des Krieges auf beiden Seiten erspart geblieben.

Wenn die deutsche Widerstandsbewegung aus dem Ausland wie Norwegen wirksamer unterstützt worden wäre, hätten möglicherweise unschuldige Leben gerettet werden

4 Hoffmann, History of the German Resistance 1933–1945, reprinted third edition, McGill & Queens 2012 (original first edition in English 1977), original German edition (*Widerstand, Statsstreich, Attentat*), Piper Verlag, München 1969.

können, insbesondere jüdische Leben. Dies ist auch ein Gesichtspunkt, der sich aus den Quellen ergibt, der jedoch in der umfangreichen norwegische Kriegsliteratur in geringem Maße betont wird. Es kann wahrscheinlich auch argumentiert werden, dass viele Deutsche aus den ehemaligen westlichen Bundesländern der Bundesrepublik ihr Wissen der Widerstandsbewegung genutzt haben, eher als Kriegsopfer als Täter aufzutreten. In jedem Fall gibt es hier keine klaren Schlussfolgerungen. Im deutschen Diskurs unter Historikern und Intellektuellen gab es auch Meinungsverschiedenheiten darüber, wie ehrenwert die Mitglieder des Kreisau-Kreises aus der Oberschicht wirklich waren. Haben sie sich einfach um 180 Grad gedreht, als sie sahen, dass Hitler verlieren würde?

Die Teilung Deutschlands nach dem Krieg machte die zwischenmenschliche Rehabilitation und Versöhnung weitaus anspruchsvoller und komplizierter als es in einem ungeteilten Land gewesen wäre.

Als der Angriff auf Norwegen zum erfolgte, gab es kein Zweifel, worum es ging. Der Angriff ist in einer Reihe von Büchern und Forschungsberichten beschrieben worden, sowohl in norwegischer als auch in deutscher und englischer Sprache. Die Wehrmacht umfasste alle Waffenzweige. Das deutsche Oberkommando sollte ein großes geografisches Gebiet abdecken. Ab Juni 1941 sollten die Streitmächte auch über die Grenzen Nord-Norwegens hinaus verantwortlich sein, für den Angriff auf die Sowjetunion (*Unternehmen Barbarossa*). Dies könnte das große Ausmaß der in Norwegen stationierten Streitkräfte erklären während des Angriffs selbst und später während der Besetzung Norwegens.[5]

Der Angriff auf Norwegen am 9. April 1940 wurde von der Gruppe XXI in der Wehrmacht unter dem Kommando von Generaloberst Nikolaus von Falkenhorst angeführt. Teile dieser Einheit waren 1939 am Angriff auf Polen beteiligt gewesen. Später, 1940, wurde die Einheit in das Armeekommando Norwegen (AOK Norwegen) umgewandelt. Josef Terboven wurde Reichskommissar für das Reichskommissariat Norwegen, das nicht direkt mit der Wehrmacht der Streitkräfte zu tun hatte, aber eng mit ihr zusammenarbeitete.

5 Korsnes/Dybvig, *Wehrmacht i Norge*, Universitetet i Tromsø og Narviksenteret 2018.

Deutsche Infanteristen sind in Norwegen angekommen, um an der »Operation Weserübung« teilzunehmen. Die Mimik ist nicht eindeutig. Foto: krigsbilder.net (Tore Greiner Eggan).

Die Operation Weserübung begann einige Tage vor dem 9. April 1940. Sie bestand aus 25 zivilen Transportschiffen, die beladen mit Waffen, Proviant und verschiedenen Materialien zu norwegischen Häfen fuhren. Der Angriff selbst sollte von einer Truppe durchgeführt werden, die fast 9.000 Mann zählte und in sechs Gruppen aufgeteilt war, die Narvik, Trondheim, Bergen, Egersund, Kristiansand und Oslo besetzen sollten. Die Gruppen befanden sich auf Hochgeschwindigkeitskriegsschiffen. Der Plan war, einen koordinierten Blitzangriff durchzuführen. Der nächste Schritt sah vor, eine Streitmacht von über 100.000 Mann mit Frachtschiffen, Fischereifahrzeugen und Flugzeugen zu etablieren. Es wurde mehrere Fahrten, um das alles zu transportieren, was für die militärische Ausrüstung wie Panzer und Artillerie benötigt wurde. Unter anderem verwendeten die Deutschen viele Pferde, sodass sie nicht auf Treibstoff angewiesen waren.

Die Okkupation von Dänemark, *Weserübung Süd*, sollte als Sprungbrett für die Invasion Norwegens dienen und außerdem als Landungsplatz für die Luftwaffe genutzt werden, die die englische Flotte bedrohen sollte. Alles wurde unter größter Geheimhaltung geplant und durchgeführt. Nur Falkenhorst und einige seiner engsten Unteroffiziere wussten davon. Jedoch haben Britische und alliierte Agenten schon früh Verdacht über das ungewöhnlichen deutsche Transport- und Bewegungsmuster im Norden. Aber das reichte nicht aus, um die norwegischen Behörden zum Handeln zu bewegen.

Die deutsche Luftwaffe sollte eine wichtige Rolle beim Angriff auf Norwegen haben. Während der Invasion waren weit über 1.000 Kampfjets beteiligt. Diese Unterstützung war ein wichtiger Grund dafür, dass die Wehrmacht, trotz mehrerer Hindernisse und Herausforderungen, schon am 9. April 16.000 deutsche Soldaten auf norwegischen Boden setzen konnten.

Die Operation Weserübung war die erste größere Operation, bei der sowohl die Landarmee als auch die Marine und die Luftstreitkräfte koordiniert und gleichzeitig eingesetzt wurden, angeführt von der Oberkommando der Wehrmacht unter Hitlers eigenem Befehlen. Insbesondere die Marine war von größter Bedeutung. Der Angriff sollte schnell und effizient durchgeführt werden, damit Norwegen keine Zeit zu reagieren hatte, und ausreichende Unterstützung der Alliierten ausblieb. Die Deutschen hatte keinen vollständigen Überblick über die Bereitschaft und Fähigkeit der Alliierten, Norwegen zu verteidigen.

An der Verteidigung Norwegens nahmen sowohl britische als auch französische und polnische Soldaten teil, was den norwegischen Streitkräften unter der Führung von General Otto Ruge (1882–1961) Mut machte. Seine Strategie war es, den deutschen Feldzug zwischen Oslo und Trondheim zu verzögern, bis die Alliierten den Norwegern zu Hilfe kommen konnten. Der Plan war es, danach Trondheim zurückzuerobern. Dieser Plan musste aufgeben werden, weil man sich darauf konzentrieren musste, die Norweger in den Tälern im Süden zu unterstützen.

Schwerkreuzer Blücher war die Angriffsspitze die Invasion. Blücher war das zweite von fünf Schiffen der sogenannten Admiral Hipper-Klasse. Das Schiff führte die Invasionstruppe an, die in der Nacht des 9. April die Kontrolle über Oslo übernehmen sollte. Es war ein brandneuer Kreuzer, der am 8. Juni 1937 für Ausrüstung und Tests der Deutschen Werke Kiel auf den Markt gebracht wurde, aber erst 1939 nach größeren Verzögerungen einsatzbereit war. Das Schiff war mit acht Kanonen, zwölf Flugabwehrgeschützen und zwölf Torpedorohren ausgestattet.

Blücher war der große Stolz der deutschen Marine, benannt nach einem preußischen Feldmarschall. Blücher hatte jedoch kaum genügend Erfahrung um im Rahmen der Operation Weserübung in den nördlichen Gewässern dienen sollte. Die Hauptbatterie war noch nicht in einer Kampfsituation getestet. Aber die Zeit war knapp und die Marine hatte nicht viele große Schlachtschiffe zur Verfügung. Die britische Marine hatte sich bemüht, das Seegebiet um Dänemark und die Südküste Norwegens vor der Mündung des Oslofjords zu schützen, sowohl durch Patrouillenschiffe als auch durch das Minenlegen.

Am 6. April wurden etwa 800 Soldaten in Swinemünde in Norddeutschland am Bord genommen. Sie gehörten alle zur *163. Infanteriedivision.* Am nächsten Tag verließ das Schiff Swinemünde in Begleitung von zwei kleineren Kreuzern, »Emden« und »Lützow«, und den Torpedobooten »Möwe«, »Albatros« und »Kondor«. Diese kleineren Kriegsschiffe bewachten seit dem 4. und 5. April den Hafen von Stettin. Die Kapitäne hatten versiegelte Befehle erhalten. Sie wussten so wenig wie die Soldaten, die in Swinemünde ankamen, über die Mission und wohin sie ging. Insgesamt zählte die Truppe über 2.000 Soldaten, jedoch mit unterschiedlichen Hintergründen und Zielen. Blücher hatte etwa 1.300 Männer an Bord. Während einige als Elitesoldaten Kampferfahrung aus dem Einmarsch in Polen im Jahr 1939 hatten, waren andere Soldaten Amateure, die nur am Truppenübungsplatz Jüterbog bei Berlin eine kürzere Ausbildung erhalten hatten. Die Jahrezeit wurde nicht zufällig gewählt. Der Kommandär der deutschen Marine, Admiral Erich Raeder, wählte eine Kombination aus Frühling und Morgendämmerung, solange es nachts noch dunkel war.

Bereits am 8. April hatte es auf norwegischem Seegebiet Kämpfe zwischen Deutschland und England gegeben. Unter anderem war der deutsche Tanker »Posidonia« aus Hamburg vom englischen U-Boot »Trident« versenkt worden. Die Besatzung wurde verhaftet und mit einem norwegischen Minensuchboot und einem Torpedoboot zur norwegischen Marinebasis in Stavern gebracht.

Gleichzeitig war der norwegischen und britischen Seite noch nicht bewusst, dass sich auf dem Weg zum Oslofjord auch größere deutsche Marineschiffe befanden. Nur wenig später, vor dem Kattegat, entdeckten die Soldaten des englischen U-Boots HMS »Triton« den Kreuzer Blücher und die anderen Begleitboote. Sie reagierten mit neun Torpedos, ohne jedoch zu treffen.

Wenig später wurden die deutschen Streitkräfte von einem norwegischen Walboot und zwei weiteren Schiffen entdeckt, die vor dem Leuchtturm von Færder in den Neutralitätsdienst gestellt worden waren. Die Besatzung der norwegischen Schiffe, angeführt vom Wehrpflicht-kapitän der »Pol III«, Leif Welding Olsen, sah den Kreuzer Blücher und gab durch: »Halt an oder ich schieße!« Er und die Besatzung hatten auf der Schiffsbrücke gestanden und zwei Schatten näherkommen sehen. Sie wussten nicht, ob es sich um deutsche oder britische Schiffe handelte. Von Pol III wurden Warnschüsse abgefeuert, bevor sie auf das beschädigte deutsche Schiff Albatros stieß.

Als die Besatzung von Pol III deutsche Stimmen hörte, schickte sie Scheinwerfer hoch, um vor feindlichen Angriffen zu warnen. Sie wurden mit starken Scheinwerfern beleuchtet, und die Deutschen forderten die Norweger auf, sich zu ergeben. Als dies abgelehnt wurde, eröffnete Albatros das Feuer. Die Maschinengewehre verursachten großen Schaden am Schiff und bald brannte es. Die Besatzung versuchte, in einem ausgelösten Rettungsboot zu steigen. Kapitän Olsen war am Bein getroffen worden und blutete stark. Er konnte sich nicht an der Barke festhalten und ertrank im kalten Meer. Es war etwa 23:15 Uhr. Der Rest der Besatzung des Schiffes Albatros wurde von den Deutschen aufgenommen, sie bekam trockene Kleidung. Nachdem den Männern versichert worden war, dass sie sich nicht widersetzen würden, wurden sie schnell freigelassen.

Obwohl die HMS Triton den Kreuzer Blücher verfehlte, erwies sie sich in norwegischen Gewässern als wirksam und torpedierte eine Reihe deutscher Schiffe. Eines davon war das Truppentransportschiff D/S »Wigert« vor dem Kattegat am 10. April 1940. Einer der Überlebenden war Helmut Crott, ein jüdisch abstammender Doktor der Rechtswissenschaft und Soldat.

Es wird behauptet, dass Norwegen am 9. April verschlafen hatte und dass die Verteidigung ausgefallen, veraltet und mangelhaft war. Das ist richtig, zumindest wenn es um die Armee ging. Die Marine hingegen war möglicherweise nicht so unvorbereitet, wie es die etablierten Ansichten vermuten lassen. Bereits im September wurde die Marine infolge des Krieges zwischen Deutschland und Großbritannien auf eine sogenannte

Kriegsbasis gestellt. Der norwegische Neutralitätsdienst zählte vor der Invasion im April 1940 fast 5.000 Mann. Unter ihnen befanden sich 3.565 Wehrpflichtige, während die anderen Berufssoldaten und Offiziere waren. Diese Besatzung war auf 109 verschiedene Schiffe sowie eine Reihe von festen Stationen, Küstenbatterie, Versorgungsleitungen und Verwaltungseinheiten entlang großer Teile der Küste aufgeteilt. Viele der Kriegsschiffe waren alt, aber man versuchte das, was man hatte, bestmöglich zu nutzen. Im September 1939 wurde die Ausrüstung der alten Panzerschiffe »Norwegen« und »Eidsvold« angeordnet. Von den 109 Schiffen, die der Marine zur Verfügung standen, galten nur 63 als Kriegsschiffe, von denen die meisten klein waren und um die Jahrhundertwende vom Stapel liefen.

Die norwegischen Behörden hatten keine Angst vor einer deutschen Invasion. Sie waren zuversichtlich, dass Englands mächtige Flotte abschreckend wirken würde. Es gab auch eine Art stilles Verständnis, dass Großbritannien Norwegens Neutralität gewährleisten würde. Der norwegische Außenminister Halvdan Koht war der Ansicht, dass die Küste aufgrund der technologischen Entwicklung der Luftwaffe mit weitaus größerer Ladekapazität, Reichweite und Aufprallkraft möglicherweise nicht mehr so wichtig war wie zuvor.

Als sich die deutschen Streitkräfte am 8. April dem Oslofjord näherten, wussten sie wenig darüber, was sie zu erwarten hatten. Man hatte ihnen an Bord gesagt, dass die Mission darin bestünde, Oslo zu besetzen, und es wurde ihnen versichert, dass sie kaum auf Widerstand stoßen würden. Einige der Besatzungsmitglieder waren zuvor in Norwegen gewesen. Manche verstanden sogar die Sprache und sollten als Dolmetscher arbeiten. Obwohl sie wahrscheinlich indoktriniert worden waren, zu glauben, dass sie als Freunde und Verbündete kamen, müssten die anderen Soldaten, weit unten in der Hierarchie, während dieser Stunden, eine Spannung und Unsicherheit empfunden haben. Die norwegischen Küstenleuchttürme hatten zuerst das Licht eingeschaltet, was die Deutschen als Zeichen dafür interpretiert hatten, dass sie nicht als feindlich eingestuft wurden. Dies galt wahrscheinlich insbesondere für die Soldaten und die Besetzung, die nicht mit der gesamten Breite der Mission vertraut waren, und der Tatsache, dass sie eine Besetzungsmacht auf feindlicher Mission darstellten. Während des ganzen Abends und der Nacht gingen die Lichter der Leuchttürme nacheinander aus. Zuerst waren es die Inseln Færder und Torbjørnskjær – im Auftrag von Konteradmiral Henry Diesen. Er wusste noch nichts von den deutschen Kriegsschiffen.

Die Reaktion von Pol III und den Begleitschiffen löste bei der norwegischen Verteidigung einen Alarm auf der Marinestation in Horten aus, die die Warnung kurz vor Mitternacht erhalten hatte. Sowohl auf den Inseln Rauøy und Bolærne ging der Alarm los, und die Artilleriepositionen der Forts wurden in Bereitschaft versetzt. Sie waren Teil der Oslofjord-Festung unter dem Kommando von Oberstleutnant Kristian Notland. Beide Archipele befinden sich weit außen im Fjord, sowohl von der Vestfold-Seite als auch von der Østfold-Seite. Für den Kreuzer Blücher und die deutschen Hilfsschiffe wäre es unmöglich gewesen, unbemerkt vorbeizusegeln. Der Kommandeur C.J. Gullichsen auf der Inseln Rauøy, begnügte sich damit einen Warnschuss abzugeben. Dieser wurde von den Deutschen ignoriert, und Sie setzten ihre Reise fort, als wäre nichts passiert. Anschließend trafen vier Granaten auf das Wasser. Von Rauøy aus wurde die Festung Bolærne mit dem Befehl kontaktiert, auf die feindlichen Schiffe zu schießen. Auch hier entschloss sich Kapitän Telle, trotz des Befehls von Major F.W. Færden, vorsichtig und nur mit Warnschüssen zu reagieren.

Am Abend des 8. April wurde der deutsche Diplomat Curt Bräuer angewiesen, den norwegischen Behörden das Ultimatum zu stellen, sich nicht zu widersetzen. Er war in Oslo, um die deutschen Interessen während des anhaltenden Konflikts im Zusammenhang mit Norwegens Rolle zwischen den Großmächten zu sichern. Brauer sollte darstellen, dass die Deutschen nicht als Feind gekommen waren, sondern um dem Land zu bewahren, die Neutralität zu gewährleisten. Die Anwesenheit sollte nur vorübergehend sein. Als Außenminister Halfdan Koht am 9. April die Erklärung erhielt, war der Angriff bereits im Gang, und Koht akzeptierte Bräuers Aussage nicht. Bevor er Bräuer die offizielle Ablehnung erteilte, konsultierte er die gesamte norwegische Regierung, um eine einstimmige Entscheidung zu bekommen. Der Präsident des norwegischen Parlaments, C. J. Hambro, war wahrscheinlich derjenige, der am deutlichsten reagierte. Es war entscheidend, dass der König, das Parlament und die Regierung in Sicherheit gebracht wurden, bevor die Deutschen die Kontrolle übernahmen. Zu diesem Zeitpunkt war es Koht nicht bekannt, wie weit die deutschen Invasionskräfte bereits gekommen waren.

Auf jeden Fall waren in der Nacht des 9. April in Teilen der norwegischen Marine aktive und entschlossene Maßnahmen ergriffen worden, und in den folgenden Tagen wurden auf Befehl von Generalmajor Carl Gustav Fleischer (1883–1942) auch norwegische Streitkräfte im Heer für Maßnahmen gegen den deutschen Feldzug mobilisiert worden.

Die deutsche Truppe war am frühen Morgen des 9. Aprils entlang der Fjordküste weit in den Oslofjord vorgedrungen. Es war kalt, dunkel und neblig, was dazu führten das die Deutschen so ruhig wie möglich navigieren mussten. Auch für die norwegischen Verteidigungskräfte, war es schwierig unter diesen anspruchsvollen und verwirrenden Bedingungen zur Verteidigung zu mobilisieren.

Es gab eine Reaktion von Horten, als das Minensuchboot »Olav Tryggvasson«, unterstützt von den Minensuchbooten »Otra« und »Rauma«, das Feuer auf Einheiten der deutschen Seestreitkräfte eröffnete, die in den Hafen einfuhren. Im Gegensatz zum großen Teil der norwegischen Marine, waren diese beiden norwegischen Kriegsschiffe neugebaut und schlagkräftig ausgerüstet. Es gab harte Kämpfe während der Nacht mit Verlusten auf beiden Seiten. Erst um 10 Uhr erlangten die Deutschen die Kontrolle über Horten, nachdem sie von der Luftwaffe Luftunterstützung erhalten hatten.

Gleichzeitig wurden auch Bergen und Trondheim vom Meer aus angegriffen.

Hinter Moss und Horten näherte Blücher sich der dunklen Festung Oscarsborg auf Kaholmen in Drøbaksundet. Die Nacht war bereits lang gewesen. Nachdem Horten den Angriff auf Norwegen gemeldet hatte, waren in Drøbak umfangreiche Mobilisierung im Gang gesetzt. Oberst Birger Eriksen (1875–1958) stand auf dem Festungswall in Oscarsborg und wartete mit seinen Soldaten lauschend in der nebligen Nacht. Sie hörten die Motorgeräusche, bevor sie das Kanontürme des Schiffes sahen.

Im Fernsehinterview vom 8. April 1990 konnte sich der ehemalige Kommandeur der Batterie Kopås, Lars Gjerberg, gut an diese Minuten erinnern, als der Kreuzer Blücher ankam. Es war wie etwas Großes und Formloses. Der Befehl war klar. Kopås sollten das Feuer erst eröffnen, wenn die Hauptbatterie zu feuern begann. Sie warteten ungeduldig darauf, dass Oscarsborg den ersten Schuss abfeuerte. Im selben Fernsehinterview konnte der deutsche Ingenieur Ludwig Wessel erzählen, wie er die Aufregung in den kalten Nachtstunden erlebte. Er erinnerte sich, dass viele süddeutsche und österreichischen Bergjäger an Bord waren, die noch nie auf See gewesen waren. Sie sahen völlig verloren aus.

Obwohl die Kommandeure der Blücher und die anderen Kriegsschiffe eine furchterregende deutsche Flotte anführten, wussten sie, dass sie aus militärischer Sicht ein leichtes Ziel der für die Verteidigungsanlagen auf den Landseiten waren. Trotzdem steuerten sie zuversichtlich weiter den Oslofjord entlang, und gaben dem Kommandanten in Oscarsborg kein Alternativ für den Angriff. Die deutschen Kommandeure hatten vielleicht nicht an echten Widerstand geglaubt. Für die Besatzung an Bord muss die Unkenntnis von den Ereignissen der Nacht noch größer gewesen sein.

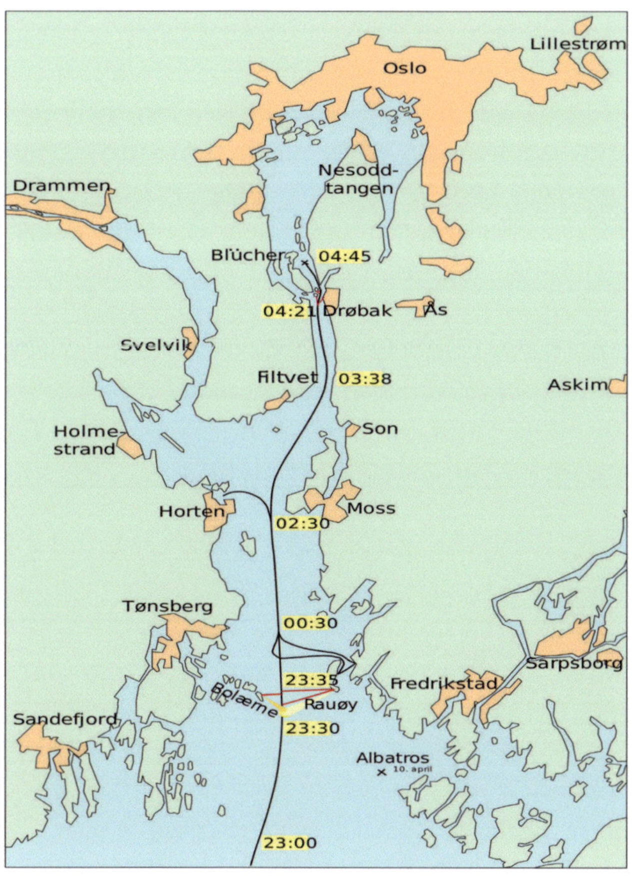

Blüchers letzte Reise mit Zeitangaben.

Der erfahrene Oberst Eriksen hatte mit sich gerungen, bevor er die Entscheidung getroffen hatte das Feuer auf den Kreuzer Blücher zu eröffnen. Er war über die Warnschüsse von Pol III, Rauøy und Bolærne, und weiter von den Kämpfen bei Horten Hafen, informiert worden. Die Besatzung auf Oscarsborg war unterbesetzt und man hatte größtenteils ungeschulte Soldaten eingezogen. Um 04:21 Uhr gab es kein Zurück mehr. Die ersten Schüsse auf den großen Kreuzer kamen von den Kanonen aus der Hauptbatterie der Festung Oscarsborg. Obwohl die 280-mm-Kanonen nicht brandneu waren, waren sie effektiv. Paradoxerweise wurden sie in Deutschland gebaut und gekauft. Die Entfernung von den Kanonen zum Rumpf der Blücher lag zwischen 1.600 und 1.800 Metern. Der erste Schuss traf den Mast des Schiffes, wo einer der Artillerieoffiziere getötet wurde. Das zweite Projektil traf das Mittschiff und setzte die Blücher in Brand. Die Besatzung des Schiffs war wie gelähmt. Innerhalb der Meeresenge war es schwierig für die Deutschen, geeignete Ziele für Gegenangriffe mit großem Kaliber zu finden. Es wurde daher feinkalibrige Schüsse abgefeuert.

Die Batterien von Oscarsborg, Kopås und Husvik folgten der Hauptbatterie und feuerten mit ihren Kleinkaliberkanonen. Das führte unter anderem dazu, dass die Rudermaschine auf der Blücher zerstört wurde. Husvik musste schließlich evakuiert werden, und der Kreuzer Blücher blieb zunächst über Wasser. Allerdings hatten die Schüsse aus den Batterien die Flugabwehrartillerie an Bord beschädigt. Die Blücher versuchte noch, mit schweren und leichten Kanonen auf den Angriff zu reagieren, aber es war schwer zu erkennen, woher die Schüsse auf das Schiff kamen.

Als die Torpedobatterie von Kaholmen weiter die Blücher beschoss, war dies für die Deutschen überraschend. Obwohl die Anlage aus dem Jahr 1901 stammte, erwies sie sich als sehr effektiv, da die Torpedos durch drei Unterwassertunnel abgefeuert werden konnten. Einer der Torpedos traf einem Kesselräum der Blücher unter der Brücke. Ein anderer traf wahrscheinlich einen der Turbinenräume. Dies führte dazu, dass die Antriebsmaschinerie völlig zerstört wurde, was wiederum die dampfbetriebenen Generatoren und das elektrische System lahmlegte. Zu diesem Zeitpunkt funktionierte nur noch die Dieselgeneratoren. Auf den anderen deutschen Begleitschiffen nahm man an, dass die Blücher auf eine Mine gegangen sei und die deutschen Angriffe wurden gestoppt. Blücher war völlig außer Kontrolle geraten, drehte sich und begann zu sinken. An Bord herrschte völlige Panik. Viele von den Infanteristen und Matrosen sprangen ins Meer.

Dort ertranken, erfroren oder verbrannten sie im Flammenmeer. Lokale Fischer retteten dennoch viele Deutsche aus dem Wasser.

General Erwin Engelbrecht, der das Kommando auf der Blücher hatte, stand auf der Brücke, als die Torpedos einschlugen. Er überlebte und konnte viele Jahre später erzählen, dass das ganze Schiff jedes Mal einen Sprung machte, wenn die Torpedos einschlugen. Trotzdem kamen sie an Oscarsborg vorbei, und es wurde gemeldet, dass das Schiff in Brand gesteckt worden war und Wasser aufnahm. Die Maschinen wurden abgestellt. Die Schotten konnten aber nicht vollständig abgedichtet werden.

Um 06:22 Uhr kenterte der große Kreuzer. Wenig später war eine heftige Explosion zu hören. Dann sank das Schiff schnell. Es muss ein unwirklicher Anblick gewesen sein. Das prächtige Schiff war Geschichte geworden. Brennendes Öl bedeckte eine große Fläche des Meeres, und schwarzer Rauch war etwa eine Stunde nach dem letzten Krampf des Schiffes noch zu sehen.

Untergang des Kreuzers Blücher. Foto: Das norwegische Nationalarchiv.

Ein wichtiger Hintergrund für die Mission Blüchers war die sogenannte »Altmark-Affäre« vom Februar 1940. Wahrscheinlich waren die Soldaten der Ansicht, dass dieses Geschehnis ein Grund für ihre Reise nach Norwegen war. Sie waren nur ein kleines Teilchen in einem großen Spiel, bei dem sie kaum die Voraussetzungen hatte, um das ganze Bild zu sehen oder zu verstehen.

Schon vor dem Kriegsausbruch zwischen Deutschland und England, diente die »Altmark« als Hilfsschiff für den Kreuzer »Admiral Graf Spee«. Dieses Schiff war bereits seit Ende 1939 im Einsatz, um britische Frachtschiffe auf ihrem Weg über den Atlantik zu versenken. Im Februar 1940 wurde die Altmark benutzt, um britische Gefangene an Bord unterzubringen. Am 14. Februar 1940 erreichte das Schiff den Trondheimsfjord in Norwegen. Dort wurde es von sogenannten norwegischen Neutralitätswächtern inspiziert, allerdings nicht sehr gründlich, weil man eine Eskalation der Konfliktvollen Situation vermeiden wollte.[6] Norwegen wollte auf keinen Fall, den schwelenden Konflikt verstärken. Die Gefangenen wurden nicht entdeckt. Mit Zustimmung von London zögerten die Briten, gegen das Schiff vorzugehen, solange sie sich in norwegischen Gewässern befand. Man hatte sein Verdacht, waren sich aber nicht ganz sicher, ob es britische Kriegsgefangene wirklich an Bord der Altmark gab.

Die Altmark setzte ihre Reise von Trondheim entlang der norwegischen Küste fort. Durch den Hafen von Bergen wurde sie von Schiffen der norwegischen Küstenwache begleitet. Als das Schiff in Rogaland im Südwesten Norwegens ankam, wurde die Anwesenheit britischer Kriegsschiffe so bedrohlich, dass man sich an deutscher Seite entschied, im Jøssingfjord Deckung zu suchen. Nun behaupteten die Briten es seien Gefangene an Bord. Die norwegische Küstenwache bestritt dies und wies darauf hin, dass Inspektionen durchgeführt worden waren. Die Altmark versuchte danach, den britischen Kreuzer »Cosack« zu treffen, aber lief im Fjord auf Grund. Die Briten konnten dann die Kontrolle über Altmark übernehmen, und 300 britischen Kriegsgefangenen wurden freigelassen. Dabei wurden sieben deutsche Seeleute getötet.

Mehrere Bücher befassen sich mit der Altmark-Episode und dabei wird Norwegens Neutralität in ein komplexeres Licht gestellt, als es möglicherweise die traditionelle Version war. Der norwegische Autor Geirr Haarr berichtete (»Nøytralitetens pris«, 2018), dass die britische Admiralität auf Churchills Anweisung befohlen hatte, dass die britischen

6 Harr, *Nøytralitetens pris*, Commentum forlag, Sandnes 2018.

Schiffe in den Jøssingfjord einbringen sollten, als die Altmark dort befand. Auf Befehl von Churchill und der britischen Admiralität drangen britische Truppen absichtlich in norwegische Hoheitsgewässer im Jøssingfjord ein, wo sich die Altmark befand. Das Schiff wurde angegriffen und die Gefangenen freigelassen, und damit wurden die Grundsätze der norwegischen Neutralität gebrochen.

Andererseits hatten die Deutschen Kriegsgefangene in norwegische Hoheitsgewässer transportiert, was ebenfalls nicht den Neutralitätsregeln entsprach. Die Tatsache, dass während der Operation mehrere Deutsche erschossen wurden, erhöhte die Spannung in der Situation, die als reine Kriegshandlung wahrgenommen wurde. Der Vorfall wurde von den norwegischen Behörden unter der Führung von Premierminister Johan Nygaardsvold und Außenminister Halfdan Koht scharf verurteilt. Von deutscher Seite behauptete man, der Angriff sei ein Verstoß gegen das Völkerrecht gewesen, eine Rechtsauslegung, die der norwegische Professor der Rechtswissenschaft Frede Castberg (1893-1977) unterstützte. Er glaubte, wie die Deutschen, dass die Briten gegen das Haager Übereinkommen und die Regeln für die Schifffahrt in internationalen und nationalen Gewässern, verstoßen hätten.

Hitler und seine Anhänger in der deutschen Verteidigung reagierten heftig auf die britische Aggression. Norwegens Verhalten wurde von den Deutschen als ausweichend kritisiert. Es wird behauptet, dass die Episode dazu beigetragen hat, die Planung der Invasion Norwegens zu intensivieren. Das ursprüngliche Ziel war es, die Wiederholung britischer Verstöße gegen die norwegische Neutralität zu verhindern. Gleichzeitig war es wichtig zu verhindern, dass Norwegen zusammen mit dem Vereinigten Königreich aktiv an einer Koalition gegen Hitlers Deutschland teilnahm. Norwegen hat mit seiner langen Küste eine strategisch wichtige Position sowohl für die deutschen und die britischen Interessen. Die Versandmöglichkeiten für die reichen schwedischen Eisenerzvorkommen aus Kiruna mussten gewährleisten werden.

Es wurde immer schwieriger, die Neutralität Norwegens aufrecht zu erhalten. Beide Kriegsparteien wollten Norwegen auf ihre Seite bringen. Der Fall Altmark war vielleicht der auslösende Grund für den Anfang der Operation Weserübung, obwohl die Invasion Norwegens lange im Voraus geplant war. War es realistisch zu glauben, dass die Deutschen kamen, um die Norweger vor England zu »retten«? Auf jeden Fall haben die Deutschen einen Grund gefunden, die Glaubwürdigkeit der norwegischen Neutralität anzuzweifeln. Der Angriff auf Norwegen sollte ein Überraschungsmoment sein. Der Grund war jedoch kaum, dass die Norweger als Feinde zu betrachteten. Die Deutschen wollten vermeiden, dass Norwegen in britische Hände geriet.

Nach dem Krieg, als die unterlegene Partei ihre Berichte über den Verlauf der Ereignisse abgeben sollte, behauptete Korvettenkapitän Richard Schreiber, der 1940 in Oslo Marineattaché gewesen war, ein Hauptgrund für den Angriff auf Norwegen sei die große und wertvolle norwegische Handelsflotte gewesen.

Militärdokumente von der gesunkenen Blücher wurden schwimmend im Meer gefunden. Diese ließen keinen Zweifel an der Mission und dem Umfang der Operation Weserübung. Hier gab es detaillierte Aufzeichnungen über norwegische Verteidigungspositionen entlang der gesamten Küste. In den Dokumenten wurde auch beschrieben, wie die Städte besetzt werden sollten. Zum Beispiel war es wichtig, das Rathaus, die Post und die Bahnhöfe zu besetzen. Es war ebenfalls wichtig, sichtbare Truppen im Zentrum der Städte zu sammeln. In den Unterlagen mit den Aufträgen wurde auch angegeben, welche Aufzeichnungen zu melden waren, einschließlich der Reaktion der Norweger und etwaiger Verluste auf beiden Seiten. Es bestand also kein Zweifel, dass dies ein feindlicher Angriff im Hinblick auf eine Besetzung war. Es schien alles sehr gründlich geplant und organisiert worden zu sein.

Der Untergang der Blücher war eine militärische Leistung, die den Krieg beeinflusste. Die ganze Invasion wurde verzögert. Es wird angenommen, dass dies von großer Bedeutung für den König und Teile der Regierung sowie des Regierungsapparates hatte. So konnten sie nach Nord-Norwegen fliehen und schließlich sicher nach England gelangen. Von dort aus hatten sie die Möglichkeit während der fünf Jahre der Besetzung weiterhin irgendeine Form von Widerstand und Autorität im Exil ausüben.

Die norwegische Militäroperation von Oscarsborg mit den Batterien war ein Akt, der eine seltene Fähigkeit zur militärischen professionellen Umsetzung zeigte. Und darüber hinaus zeigte sich eine Verteidigungstruppe, die durch schlechte Ausrüstung und amateurhaftes Militärpersonal gekennzeichnet war. Es wird behauptet, dass der Vorfall eine Motivation für den Kampf unter den geringen norwegischen Streitkräften in anderen Teilen des Landes darstellte, was schließlich hier und da effizient war und dazu beitrug, dass der deutsche Feldzug viel länger dauerte als in anderen Ländern, die vom sogenannten Blitzkrieg betroffen waren.

Blüchers Schicksal bot alles andere als Amateurismus, obwohl das große Schiff, das kaum eingefahren worden war, im engen Fjord eingeschlossen und somit verwundbar war. Die Aktion von Oberst Birger Eriksen waren rücksichtslos, dennoch wurde sein Befehl aber als militärisch korrekt angesehen. Die Deutschen waren überrascht worden.

Dennoch bestand kein Zweifel daran, dass Norwegen früher oder später vollständig besetzt und kontrolliert sein würde. Der deutsche Präsenz im Oslofjord war noch groß. »Emden« und »Lützow« trieben immer noch unversehrt in den Gewässern. Und sie waren nicht die einzigen intakten deutschen Kriegsschiffe. Vom Militärflughafen in Neumünster wurde auch die Luftwaffe mobilisiert. Dieser Militärflughafen im hohen Norden Deutschlands wurde zu einer wichtigen Basis für die Operation Weserübung. Oscarsborg und die anderen Batterien wurden aus der Luft bombardiert. Gleichzeitig kamen mehr Deutsche vom Land mit angeforderten Bussen nach Norwegen. Von der Seeseite waren auch eine größere Streitschiffe in Son, ein kleiner Ort, gelandet. Wenig später kamen mehr Boote nach Drøbak und es landeten mehr Soldaten. Bald wurden die Batterien für Oscarsborg von den deutschen besetzt. Während des gesamten Nachmittags und abends hielten Kommandeur Eriksen und sein engster Verteidigungsstab, Kapitän Andersen und Kapitän Sødem, ein Notfalltreffen ab. Sie mussten auf die Zivilbevölkerung achten. Bisher waren bei den deutschen Anschlägen nur zwei Zivilisten getötet worden. Anhaltender Widerstand war nutzlos, das wussten sie. Darüber hinaus waren die norwegischen Streitkräfte von den Strapazen der langen Nacht erschöpft.

Die Verhandlungen mit den Deutschen begannen um 18:00 Uhr. Andersen und Sødem gingen nach Lützow, wo eine weiße Flagge gehisst worden war, um zu signalisieren, dass die Deutschen friedlich mit den Norwegern verhandeln würde. Die Unterzeichnung des Kapitulationsprotokolls und die Übergabe der Hauptbatterie erfolgte später am Abend in Oscarsborg.

Trotz der großen Verluste an Menschenleben, militärischer Ausrüstung und des verletzten Stolzes in der Wehrmacht, respektierten die Deutschen Birger Eriksen. Sie erkannten die gute militärische Arbeit, den Mut und die Opferbereitschaft des Feindes an. Der norwegische Oberst wurde während der Übernahme der Festung gut behandelt, und das obwohl fast 1.000 deutsche Soldaten starben, davon etwa 400 Infanteristen und 600 Soldaten der Besatzung. Eriksen stellte Anforderungen an die Besetzungsmächte, als das Kommando übergeben wurde und diese wurden vollständig erfüllt. Unter anderem durften sich die unter seinem Kommando stehenden Soldaten frei bewegen, alle Offiziere hatten die Erlaubnis, weiterhin Waffen zu tragen und die norwegische Flagge blieb bis auf Weiteres gehisst.

Die Blücher-Katastrophe führte zu einem großen Aufruhr unter den deutschen Militärbehörden, die einen umfassenden Bericht erstellten. Zunächst wurde der technische Umgang mit den Scharmützeln kritisiert. Die erste Frage war, ob sie anders hätten handeln können, um das Schiff stabil zu halten, als es leckte. Hätte man das Leck in Schach halten können? Zweitens wurden die Verantwortlichkeiten und Befehlslinien an Bord kritisiert. Das Kommando hätte vom Geschwader-kommandanten an den Oberbefehlshaber an Bord übergeben werden müssen. Dies hätte vielleicht dazu geführt, dass die Truppen viel schneller hätten landen können, als das Schiff nicht mehr manövrierfähig war. Am Ende wurde noch kritisiert, dass man mit dem Schiff überhaupt eine so riskante Mission ausgeführt habe, bevor es ordnungsgemäß eingefahren worden sei. Es hatte schließlich noch keine Kriegserfahrung gesammelt. Man hätte zumindest ein weniger wertvolles Schiff nach Drøbaksundet schicken sollen, um zu schauen, ob die Batterien zum Kampf fähige waren.

Interessanterweise hatte der norwegische nationalsozialistische Leiter, Vidkun Quisling (1887-1945), bei einem persönlichen Treffen Adolf Hitler vor den Gefahren gewarnt, den Oslo-Seeweg durch den engen Oslofjord zu nehmen. Quisling traf Hitler im Dezember 1939, ein Treffen, das durch Quislings Beziehung zum Nazi-Philosophen Alfred Rosenberg und Admiral Erich Raeder zustande kam. Quisling selbst hatte einen professionellen militärischen Hintergrund.

Am Ende April 1940 kamen deutsche Truppen sowohl aus dem Süden als auch aus dem Norden nach Berkåk in der Mitte Norwegens. Es gab zu dem Zeitpunkt keine Hoffnung mehr auf einen militärischen Halt in Südnorwegen, und die Norweger und die Verbündeten mussten sich auf Nordnorwegen konzentrieren, wo die Hafenstadt Narvik nach heftigen Kämpfen zu einer besonders wichtigen Festung wurde. Der deutsche Plan war, die Kontrolle über Narvik noch früher zu übernehmen, angeführt von den Schlachtschiffen »Scharnhorst« und »Gneisenau«, aber die Deutschen hatten bereits am 9. April erheblichen Widerstand von den Briten zu spüren bekommen. Narvik war, wie erwähnt, mit seinem eisfreien Hafen und der Verbindung nach Kiruna mit großen Eisenerzvorkommen, für beide Parteien von größter strategischer Bedeutung. In Narvik war die Anwesenheit der Alliierten lange Zeit sehr hoch, und sie hatten Minen außerhalb des Hafens am 7. und 8. April gelegt. Nach einigen dramatischen Wochen beschlossen sie jedoch, sich zurückzuziehen. Ein Grund dafür war der deutsche Angriff auf Frankreich, was zur Folge hatte, dass die französischen Soldaten in Norwegen sofort ihr eigenes Land verteidigen mussten. Ohne die Unterstützung der Alliierten wurde es für die Norweger zu einer unmöglichen Aufgabe, sich zu verteidigen. Die norwegische Marine war meistens veraltet. Es war bezeichnend, dass die alten Panzerschiffe »Norwegen« und »Eidsvold« versenkt wurden. 276 Norweger kamen ums Leben und Narvik wurde den Deutschen eingenommen.

Die nördlichen Gebiete waren ein geopolitisches Spannungsfeld, in dem die Großmächte ihre militärische Machtausübung ausgleichen mussten. Winston Churchill bewunderte die finnischen Bemühungen im Winterkrieg gegen Josef Stalins mächtiges Russland von November 1939 bis März 1940, angeführt vom finnischen Feldmarschall Carl Gustaf Mannerheim (1869–1951). Mannerheim hatte eine militärische Karriere in der Sowjetunion, wurde jedoch nach der Revolution aus dem Land vertrieben und hatte sich danach in fortgeschrittenem Alter als militärischer und politischer Führer in seiner Heimat Finnland etabliert. Obwohl Churchill die Finnen unterstützen wollte, befürchtete er, dass Russland Großbritannien den Krieg erklären würde. Er hoffte darauf, dass Deutschland eingriff.

Hitler, der schon früh seine Bewunderung für die Briten zum Ausdruck brachte, hatte ursprünglich Großbritannien als Verbündeten gewollt. Dies war jedoch infolge des deutschen Blitzkrieges im Osten, Westen und Norden Europas Ende 1939 unmöglich worden. In einen verzweifelten Versuch, mit den Briten zu verhandeln, um einen Zweifrontenkrieg zu vermeiden, war Rudolf Hess, der ehemalige Stellvertreter Hitlers, im Mai 1941 im Alleingang nach Großbritannien geflogen. Er wurde gefangen genommen und für verrückt erklärt.

Während Südnorwegen trotz des Untergangs des großen Kreuzers Blücher, der den Deutschen große Verluste und Verzögerungen verursachte, relativ schnell erobert wurde, dauerte es länger, die Kontrolle über Nordnorwegen zu erlangen. Der Feldzug in Norwegen dauerte insgesamt zwei Monate. Die *Hegra Festung*, außerhalb von Trondheim, war einer der Kampfpunkte, an denen es den norwegischen Streitkräften gelang, lange Zeit durchzuhalten. Es hatte wenig strategische Bedeutung, half aber für die Moral und den Kampfgeist.

Die Besetzung Norwegens sollte bis zum 8. Mai 1945 dauern, aber wegen der Folgen musste die Mehrzahl der deutschen Soldaten noch länger bleiben. Die Besetzer wurden dann zu Gefangenen. Viele deutsche Kriegsgefangene blieben bis 1947 im Land, wo sie zum Beispiel Minen räumten – ein gefährlicher Job, der viele deutsche das Leben kostete.

Die Bedeutung Norwegens für das Dritte Reich, sowohl für den Krieg gegen England im Westen als auch gegen die Sowjetunion im Osten, sorgte für eine sehr großer Präsenz deutscher Streitkräfte, es waren knapp 400.000 Soldaten. Hinzu kam die umfangreiche Zivilverwaltung. Die Deutschen drangen stark in norwegische Ressourcen ein, beeinflussten viele lokale Gemeinschaften und hinterließen bleibende Spuren durch umfangreiche militärische und zivile Infrastruktur, Bunkeranlagen, Festungen und einer Reihe von Militärlagern, im ganzen Land und vor allem entlang der Küste.

Das Bewertungssystem für die deutschen Soldaten in der Wehrmacht war umfangreich und kompliziert, mit Nuancen und Unterschieden zwischen den verschiedenen Waffenzweigen, insbesondere aber auch innerhalb der Armee. Eine leicht vereinfachte Darstellung wird hier die Soldaten enthalten, um die es in diesem Buch geht:

Einige wurden nur Soldaten genannt. Dies war wahrscheinlich darauf zurückzuführen, dass der Dienstgrad zum Zeitpunkt des Todes unbekannt war. Einige Soldaten haben auch den Grad Schütze getragen. Der häufigste Abschluss und die häufigste Bezeichnung des regulären Soldaten waren der sogenannte Gefreiter, der mit einer einfachen Rekrutenausbildung ausgestattet war. Dann kam der Obergefreiter nach einer weniger umfangreichen Ausbildung, er konnte Befehle erteilen oder hatte alternativ Kampferfahrung. Als nächstes kamen die Offiziere mit dem niedrigsten Rang, Unteroffiziere und weitere sogenannte Feldwebel.

Unter den mehr als 3.000 Soldaten auf dem Soldatenfriedhof von Alfaset, wird die überwiegende Mehrheit diese hier genannten Grade besitzen. Darüber hinaus gibt es viele Begrabene mit besonderen Abschlüssen zivilen Charakters wie Ingenieur. In der Marine wurden mehrere Grade wie Obermaat als eine Art Obersegler eingesetzt. Diese könnten auch mechanistischen Aufgaben haben als sogenannten Obermaschinmaat oder Obermaschinistenmaat.

Unter den Reihen von Soldatenbüchern, Tagebüchern und Briefkorrespondenz aus dem Feld gibt es nicht sehr viele analytische Dokumente darüber, was die Soldaten dachten und fühlten. Ob sie mehr oder weniger gezwungen waren, sich in die Streitkräfte in Wehrmacht zu fügen und an den Fronten auf der ganzen Welt kommandiert zu werden. Die Bücher enthalten häufig Beschreibungen von Ereignissen und Fakten und weniger Reflexionen über Emotionen und die politischen und ideologischen Umstände. Viele der überlebenden Soldaten waren von ihren Erfahrungen auch so traumatisiert, dass sie danach nicht mehr als die notwendigen Informationen an die Außenwelt weitergeben wollten. Trotzdem gab es viele gebildete Soldaten, die Briefe hinterlassen haben, die interessante Einblicke in den Alltag der Soldaten bieten, auch in Norwegen.

In jedem Fall ist es immer einfacher, die Geschichte der siegreichen Partei in einem Krieg darzustellen, Geschichten über Heldentum und großartige Leistungen für den guten Zweck zu vermitteln. Auf beiden Seiten gibt es so viele Geschichten und Schicksale wie Soldaten, also mehrere Millionen.

Auch Geschichten über die norwegischen Frontkämpfer zeichnen ein noch komplexeres Bild. Als freiwillige SS-Soldaten glaubten sie daran, dass es moralisch richtig war, für Norwegen und Finnland gegen die Sowjetunion und den Bolschewismus zu kämpfen. Viele von ihnen hatten nicht das Gefühl, dass sie für Deutschland und Hitler kämpften, egal wie spekulativ und unrealistisch es im Nachhinein erscheinen mag. In Norwegen wurden sie als Kollaborateure (Quislinge) angesehen, insbesondere nach der Kapitulation des Dritten Reichs.[7]

7 https://de.wikipedia.org/wiki/Vidkun_Quisling

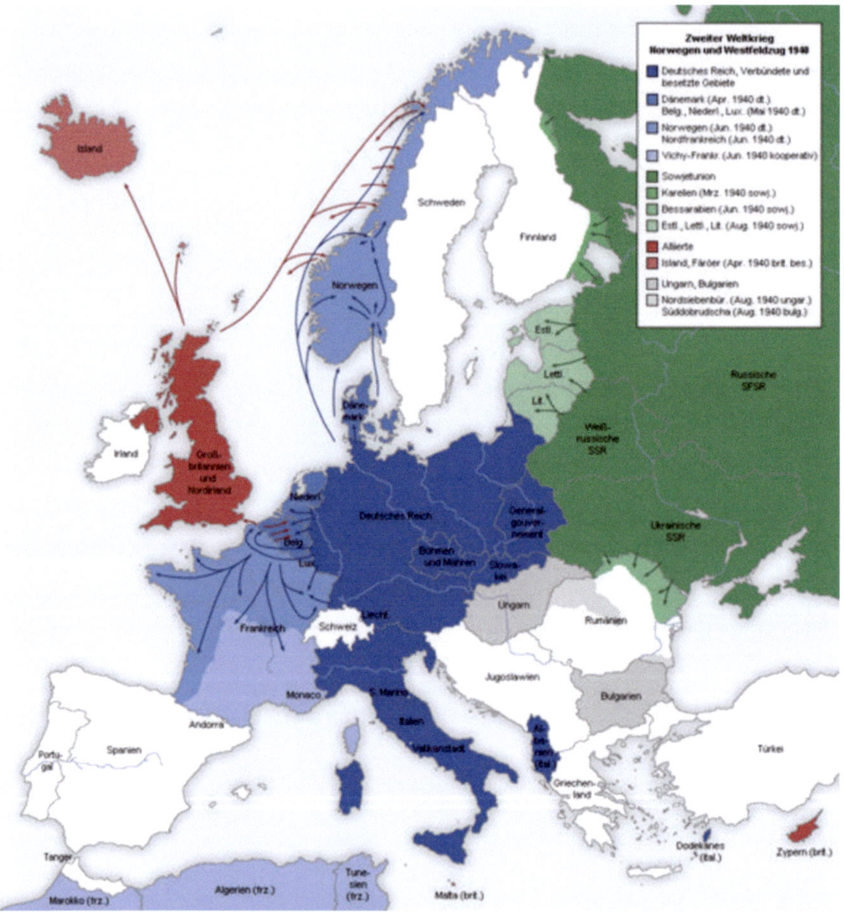

Illustration des deutschen Besitzes von Norwegen. Die strategische Bedeutung der Küste ist klar. Von San Jose – Eigene Karte, basierend auf den Karten der University of Texas Libraries.

Im Jahr 1935 wurde der Wehrplicht in Deutschland eingeführt. Ab da mussten alle deutschen Männer im Alter von 18 bis 45 Jahren bereit sein, ihr Leben für den Führer zu opfern, was auch der obligatorische Eid als Soldat implizierte. Der nach dem Ersten Weltkrieg geschlossenen Versailler Vertrag von 1919 besagte u. a., dass die deutsche Armee maximal 100.000 bewaffnete Männer zählen sollte.

Ende August 1936 ordnete Hitler eine Verlängerung des Militärdienstes auf zwei Jahre an. Im Schatten der Olympischen Spiele in Berlin, die in diesem Jahr die Welt blendeten, stieg die Zahl der ursprünglichen Armee von 100.000 Mann auf weit über 500.000 Mann. Und das war erst der Anfang. Kurz darauf sollten Millionen neuer Soldaten für die kampfbereiten Streitkräfte rekrutiert werden und auf »den Führer des Deutschen Reiches und des Volkes, Adolf Hitler, Oberbefehlshaber der Wehrmacht« schwören, um seinen Wunsch nach einem großen Krieg zu erfüllen. Hitler genoss zu dieser Zeit die Bewunderung und das Vertrauen weit über Deutschland hinaus. Während des Freundschaftsspiels in Berlin 1938 ehrte der englischen Fußballnationalmannschaft den Führer mit dem Gruß der Nazis.

Um genügend Soldaten zu sichern, wurde das Reich in Wehrkreise aufgeteilt, die die Wehrpflicht entsprechend den Bedürfnissen der verschiedenen Waffenzweige und der technischen Unterstützungseinheiten einberufen sollten. Dies geschah durch koordinierte sogenannte Aufstellungswellen. Die Struktur basierte auf früheren Praktiken der Wehrmacht aus dem Ersten Weltkrieg, wurde jedoch mit der Führung der Nationalsozialisten ständig geändert und erweitert. Über den Krieg hinaus wurde den eigenen Gauleitern der Nazis (den regionalen NSDAP-Führern) die Gesamtverantwortung für die Wahlkreise übertragen. Sie übernahmen somit die Macht von den obersten Militärgenerälen.

Überblick über die Verteidigungskreise im Dritten Reich im Jahr 1944.

Adam Rutkowski (24.12.1910 – 9.4.1940)

(Die Versenkung von Schwerkreuzer Blücher)

Auf dem Friedhof Alfaset ruht der Soldat Adam Rutkowski, zusammen mit dem Schützen Paul Schürhoff und Ludwig Ormanin. Rutkowski starb am 9. April 1940, dem Datum der deutschen Invasion in Norwegen, was einen Hinweis auf die Todesursache gibt.

Der in der deutschen Hauptstadt geborene und aufgewachsene Soldat Rutkowski, wurde 29 Jahre alt. Rutkowski ist ein Name, der darauf hindeutet, dass er möglicherweise polnisch-jüdische Vorfahren hatte. Laut dem Adressbuch für Berlin von 1940 war er Maler von Beruf. Er war Handwerksmaler. Mit Sicherheit weiß man auch, dass es sich um denselben Mann handelt, der auf dem Friedhof von Alfaset begraben liegt. In einem der Sterbedokumente ist die Adresse Holzmarkstraße 3 angegeben, die laut dem

Adressbuch mit der Wohnadresse von Adam Rutkowski identisch ist. Informationen aus den Archiven des *Volksbundes Deutsche Kriegsgräberfürsorge* (Volksbund) über gefallene Soldaten zeigen, dass Adam Rutkowski an Heiligabend, den 24. Dezember 1910, in Berlin geboren wurde.

Historische Statistiken zeigen, dass Berlin in diesem Jahr nach einem starken Wachstum seit der Vereinigung des Deutschen Reiches im Jahr 1871, zwei Millionen Einwohner hatte. Die Stadt war der größten Deutschlands. Nummer zwei war Hamburg mit knapp einer Million Einwohnern, gefolgt von Leipzig und München mit knapp 600.000 Einwohnern, dann Dresden mit etwa 550.000 Einwohnern und Köln und Breslau mit etwas mehr als 500.000.

Berlins alten Adressenbüchern waren umfangreich und gründlich, und erfassten Information über Personen wie eine Art *Wer, Was, Wo* für die deutsche Hauptstadt. Diese Enzyklopädie erscheint als ein prächtiges Buch im schönen gotischen Stil. Das Buch ist im Laufe der Jahre klar nazifizierter geworden, mit einem Überblick über die politische Partei der Nationalsozialisten, die zentrale Organisation der NSDAP (*Nationalsozialistische Deutsche Arbeiterpartei*). In der Einleitung zum Buch sind vier Berliner Ehrenbürger mit Namen und Titel aufgeführt: Adolf Hitler, Führer und Kanzler, Herrmann Göring, Ministerpräsident, Feldmarschall und Oberbefehlshaber der Luftfahrt, Dr. Joseph Goebbels, Staatssekretär für öffentliche Information und Propaganda und Dr. Wilhelm Frick, Innenminister.

Das Todesregister in Berlin enthält einige interessante Informationen über den Maler Adam Rutkowski, darunter, dass er katholisch war. Wir erhalten auch Informationen über seine Abteilung der Wehrmacht, seine Wohnadresse und, dass er am 9. April 1940 im Oslofjord gestorben ist. Sein Vater war Maximilian Rutkowski, verstorben und mit unbekannter letzter Adresse aufgeführt. Seine Mutter war Aniela Rutkowska, geborene Szymanowska, mit letzter Wohnadresse in Dortmund. Adam Rutkowskis Eltern heirateten am 11. Oktober 1907 in Berlin. Maximilian war damals 21 Jahre alt, während Aniela erst 17 Jahre alt war.

Als Witwe hat Aniela Rutkowska ihr Nachname ein bisschen geändert.

Maximilians Eltern hießen Albert und Hedwig Rutkowski, während Anielas Eltern Stanislaus und Konstantina Szÿmanowska hießen, Namen, die ebenfalls auf slawische

Wurzeln hinweisen. Das Geburtsregister für Berlin von 1874-1908 zeigt, dass Aniela und Maximilian Rutkowski eine Tochter hatten, Helene, geboren am 1908, also hatte Adam eine ältere Schwester. Im Register heißt es ebenfalls, dass auch Adams Vater Maler von Beruf gewesen ist, wie Adam. Die Wohnadresse der Familie Rutkowski war die Holzmarkstraße 30 in Berlin. Das bedeutet, dass Adam Rutkowski in derselben Straße aufgewachsen ist, in der er als Erwachsener gelebt hat, nur in einem anderen Haus (Nummer 3).

Adam Rutkowski war mit Maria Margarete, geborene Pichlinski, verheiratet.

Aus der Sterbeurkunde geht hervor, dass seine Frau Rutkowski ebenfalls an derselben Adresse wohnte, näher bestimmt in der Wohnung Nr. 2. In dem Adressenbuch sind keine anderen Personen mit demselben Nachnamen angegeben. Es ist nicht sicher, ob Adam Rutkowski Kinder hatte. Was aber feststeht ist, dass er schon 29 Jahre alt war, verheiratet und eine solide Karriere als Handwerker hatte. Es ist nicht unvorstellbar, dass er schon Vater war. Das Paar lebte zentral in einem schönen Berliner Wohnhaus. Vielleicht kamen Adams Eltern aus Polen oder aus deutschen Ostgebieten, ebenso wie einige andere, die seinen Nachnamen trugen. Es ist denkbar, dass die Eltern nach Berlin zogen, wo der Sohn seine Ausbildung zum Handwerker erhalten und die Handwerkstradition der Familie fortsetzen sollte. Der Name Rutkowski ist in weiten Teilen Deutschlands und Polens verbreitet, und kommt auch in den USA häufig vor.

Trotz anhaltender Versuche ist es mir nicht gelungen, Verwandte von Adam Rutkowski auf dem Friedhof von Alfaset aufzuspüren.

Es ist auch denkbar, dass er jüdische Vorfahren hatte, obwohl das Sterberegister besagt, dass er katholisch war. Ein anderer namens Adam Rutkowski (1912–1987) war ein polnischer Jude, der seine akademische Karriere in Frankreich verfolgte. Dieser Mann wurde besonders berühmt für seine historischen Werke über das Schicksal der Juden während des Krieges.

Ein weiterer Adam Rutkowski (1907–1945) aus Polen, starb im Konzentrationslager Flossenbürg als Gefangener Nummer 30399. Die Daten stammen aus dem Holocaust-Gedenkmuseum der Vereinigten Staaten und weisen darauf hin, dass dieser Mann jüdischer Herkunft war. Wir wissen, dass einige deutsche Soldaten ihre jüdische Identität versteckt haben, auch in Norwegen. Einer von ihnen war der schon genannte Dr. Helmut Crott, der sich in ein norwegisches Mädchen aus Harstad in Nordnorwegen verliebte und sie später heiratete. Als er in Norwegen als Soldat diente, verschwieg er, dass seine Mutter Jüdin war. Die Geschichte hat zu einem emotionalen und interessanten Buch und Dokumentarfilm geführt, die sowohl in Deutschland als auch in Norwegen publiziert, gedreht und gezeigt wurde.[8]

Es gab bis zu 25.000 Soldaten in der Wehrmacht, die unter den sogenannten »Mischlingen« definiert wurden, was bedeutet, dass sie mindestens einen jüdischen Elternteil hatten. Wenn ihre jüdische Herkunft entdeckt worden wäre, hätten sie Zwangsarbeit oder sogar den Tod riskiert. In Crotts Fall war es so, dass er auch seine rechtswissenschaftliche Promotion geheim hielt, um so anonym wie möglich zu erscheinen und auf dem niedrigsten möglichen Rang zu bleiben. Er vermied es, eine militärische Karriere zu machen. Die Identität der Offiziere wurde besonders sorgfältig untersucht.

Adam Rutkowski war bei weitem kein Berufssoldat, der die Wehrmacht absolviert hatte, oder ein sogenannter Elitesoldat in der SS. Er war ein gewöhnlicher Arbeiter und Handwerker, der zum Militär berufen worden war, um seinen Militärdienst zu leisten.

Die Holzmarkstraße befindet sich im Zentrum von Berlin Mitte. Diese Adresse liegt an der Spree unterhalb der großen Museen auf der Museumsinsel. Hier befindet sich unter anderem das berühmte antike Geschichts-museum Pergamon, das 1930 fertiggestellt wurde. Die überwiegende Mehrheit der Bewohner waren Arbeiter, mit soliden Berufen und Titeln. Adam Rutkowski war kein reicher Mann, aber er lebte nicht in Armut. In dieser Gegend gab es respektable Wohnhäuser. Die Wohnungen wirken geräumig und hatten hohe Decken.

Auf der anderen Seite des Flusses, nur wenige Blocks entfernt, befindet sich das Künstlerviertel Kreuzberg, das bis heute bei vielen Einheimischen und Touristen beliebt ist. Ein kurzer Spaziergang in die andere Richtung, und man ist am Prenzlauer Berg, ebenfalls ein farbenfrohes und beliebtes Viertel. Berlin war einst eine pulsierende Hauptstadt, bevor sie am Ende des Zweiten Weltkriegs zerstört und während des Kalten Krieges geteilt wurde, um sich nach der Wiedervereinigung im Jahr 1990, wieder als vereinte deutsche Hauptstadt zu erweisen. Seitdem wurden sowohl Regierungsgebäude errichtet als auch eine Reihe von historischen Denkmälern. Die Stadt ist wieder voller Leben. Monumental, vielfältig und alternativ.

---

8 Erzähl es niemandem!, die Liebesgeschichte der Lillian und Helmut Crott (Filmversion von 2017).

Wenn wir in Adam Rutkowskis Lebensepoche etwas weiter zurückgehen, zeigt das Adressbuch von 1920 viele in Zentralberlin lebende Rutkowskis wie Adam. Diese Bücher führen auch den Berufstitel der Bewohner auf, hauptsächlich von Männern, aber auch von Frauen. Hier lebten Kaufleute, Sekretäre und Handwerker wie Schneider, Maurer und Mechaniker. Ebenfalls waren hier auch Ärzte, Anwälte und sogenannte Notare ansässig.

Von Rutkowskis älterer Adresse ist nur noch wenig übrig. Die meisten Häuser wurden dort zwischen 1944 und 1945 zu Kies bombardiert. In der Holzmarktstraße 10 befindet sich noch ein 1885 erbautes Haus im frühen Jugendstil. Das Haus ist der letzte Überrest eines einst modernen und wunderschön eingerichteten Wohnviertels im Stadtteil Stralau, der bis heute zum Stadtteil Mitte gehört. Die reich verzierte Fassade und Treppe sind größtenteils noch im Originalzustand. Das Gebäude erscheint heute als eine Erinnerung aus der Geschichte.

Holzmarkstraße 10, ein Gebäude ähnlich dem, in dem Adam Rutkowski lebte. Foto: Jörg Zägel.

Das Berlin, in dem Adam Rutkowski in den 1920er- und 30er-Jahren aufwuchs, war eine europäische Stadt mit wunderschöner Architektur, Geschäften, Restaurants, Kulturinstitutionen und Nachtclubs. Ohne es gekannt zu haben oder es genau zu wissen, ist es leicht, sich das junge Paar Rutkowski als Teil dieser städtischen Umgebung vorzustellen. Berlin in der Zwischenkriegszeit während der Weimarer Republik wird durch die berühmte Fernsehserie »Babylon Berlin« anschaulich dargestellt. Hier lernen wir eine Stadt kennen, die auch mit Korruption und Mafiaaktivitäten in einem politischen Spannungsfeld zwischen Ost und West konfrontiert war. Im Schatten der russischen Revolution erleben wir auch die frühen Anfänge des Nationalsozialismus. Diese Bewegung sollte infolge der Wirtschaftskrise nach dem großen Börsencrash in New York im Oktober 1929 eskalieren.

Unter den Firmenseiten im alten Berliner Adressbuch befindet sich eine Malerfirma in der Landsberger Straße, die unter dem Namen Rutkowski geführt wurde, ein gutes Stück weiter östlich in Berlin. Dem Buch zufolge lebte auch ein Peter Rutkowski im Zentrum der Stadt, der als Malermeister aufgeführt ist. Es ist ungewiss, ob Adam Rutkowski bei einer dieser Firmen tätig oder angestellt war. Vielleicht hatten Vater und Sohn Rutkowski ein Familienunternehmen zusammen. Es ist auch möglich, dass Adam auf dem Weg zur Meisterprüfung war. Es war zumindest ein gemeinsamer Karriereweg für die Handwerker im Baugewerbe. Obwohl das Malern nicht zu den ältesten traditionellen Handwerksberufen in Deutschland gehörte, war es dennoch ein angesehener Beruf.

Adam Rutkowski muss einem beruflichen Ehrgeiz habt haben, der auf langen Traditionen beruhte. Gegen die Jahrhundertwende wurden die Zünfte nach gemeinsamen Gesetzen vereint. Das Handwerkerschutzgesetz von 1897 legte den Grundstein für die 1899 gegründete Handwerkskammer in Berlin, eine von 71 ähnlichen Kammern im Deutschen Reich. Sie bestanden aus Vertretern der verschiedenen Stadtteile (Kreise). Eine für die Innenstadt und für alle anderen Stadtteile, hierunter Charlottenburg, Rixdorf, Schöneberg, Teltow, Niederbarnim, Oberbarnim, Beeskow-Storkow, Angermünde, Templin und Prenzlau. Die Gebiete rund um die Stadt waren auch in der Handwerkskammer vertreten. Das waren Brandenburg, Potsdam, Spandau, Jüterbog-Luckenwalde, Zauch-Belzig, Ost- und Westhavelland, Ost- und Westprignitz und Ruppin.

Die Vertreter wurden von den Mitgliedern gewählt. Im Jahr 1900 zog die Organisation in ein eigenes standesgemäßes Haus im Zentrum Berlins. Der Präsident war damals für ein Einzugsgebiet von über 20.000 Quadratkilometern mit etwa 70.000 tätigen Handwerkern im Dienst für 3,8 Millionen Einwohner (Berlin und Umgebung) verantwortlich.[9]

Die Todesdokumentation von Adam Rutkowski zeigt, dass er als Soldat in der Wehrmacht den Grad Schütze hatte. Auf dem Grabstein selbst ist er nur als Soldat aufgeführt. Wer Schütze war, hatte den niedrigsten Rang in der Armee. Da er jedoch verheiratet war, lag das Bezahlung (*Besoldung)* für einen Soldaten einige Mark über dem der sehr jungen und ledigen Soldaten. Außerdem bekam Rutkowski wahrscheinlich einen kleinen Zusatz, weil er eine Wohnadresse in Berlin hatte, wo die Lebenshaltungskosten hoch waren. Im Allgemeinen war das Gehalt für die Wehrmachtssoldaten recht gut, was ihnen eine starke Kaufkraft in den besetzten Ländern verlieh. Ob es gut genug war, um sich für den Dienst an sich zu motivieren, kann sicherlich von Person zu Person unterschiedlich gewesen sein. Man konnte in den Läden und Geschäften nicht alles kaufen, und die besetzten Einheimischen verkauften ihre Waren manchmal ungern an die deutschen Soldaten. Während des Krieges schwächte sich die Kaufkraft ab, und der Mangel an verschiedenen Waren wurde deutlicher. Adam Rutkowski hatte allerdings keine Gelegenheit, in Norwegen einzukaufen. Er starb im Oslofjord schon bevor er norwegische Boden betreten hatte.

Obwohl Rutkowski in Deutschland kaum ein weit verbreiteter Familienname ist, zeigen die Datenbanken des Volksbundes, dass bis zu 200 Rutkowskis im Ersten und Zweiten Weltkrieg gefallen sind. Sehr viele der Gefallenen kamen aus den ehemaligen östlichen Gebieten wie Danzig, Bromberg, Königsberg, Altkiwitten und Theuernitz in Ostpreußen. Einige kamen auch aus dem Ruhrgebiet wie Dortmund und Essen und sogar aus Gebieten, die nicht einmal zum Deutschen Reich gehörten (sogenannte Volksdeutsche), wie Warschau in Polen. Neben Adam Rutkowski kamen mehrere Soldaten mit demselben Nachnamen aus Berlin. Adams Mutter, die Witwe Aniela Rutkowska, hatte sich in Dortmund niedergelassen. Vielleicht wohnten dort Verwandte der Familie?

Heute erinnert nur noch ein Grab aus Granitstein an den jungen Maler. Auch er hatte einmal ein Leben mit einer Familie, er ging in die Schule, liebte seine Freizeitaktivitäten und machte sich Gedanken über seine Zukunft.

9 https://www.bb-wa.de/leistungen/archivierung/650-k-5-1-handwerkskammer-berlin.html

Wie ist Adam Rutkowski gestorben? Sein Schicksal ist eng mit einem der berühmtesten Ereignisse der norwegischen Kriegsgeschichte verbunden, der schon oben ausführlich geschrieben ist – dem Untergang des Schwerkreuzers Blücher am 9. April 1940 in *Drøbaksundet*, einem Teil des Oslofjords. An Bord dieses riesigen Kriegsschiffes war er Soldat in der *Kompanie 6 des Infanterieregiments 307*. Die Einheit war wieder Teil der *163. Infanteriedivision*. Diese Infanterie wurde als Ergebnis der 7. sogenannten Wehrpflichtwelle in den frühen 1940er-Jahren aus dem Wehrkreis 3 in Berlin gegründet. Obwohl noch nicht lange Krieg war, bedeutet dies, dass die Wehrmacht gerade dabei war, immer mehr junge Männer in zivilen Positionen in den Krieg zu zwingen, einem Krieg, der einige Jahre später schon zu einem sogenannten totalen Krieg werden würde.

Nach Adam Rutkowski sollte es noch viele weitere Aufstellungswellen der Deutschen zur kriegführenden Macht geben. Im Jahr 1945 gab es noch die Welle Nummer 35, sie war die letzte.

Infanteristen auf dem Kreuzer Blücher. Einer von ihnen könnte Adam Rutkowski sein. Foto: Das NRK-Archiv (Norwegische Reichsrundfunk).

Der größte Teil der Infanterie und der Besatzung des beschädigten Schiffes kam nicht mit dem Leben davon. Unterschiedliche Nummern von gestorbenen Soldaten sind in verschiedenen Dokumenten zu finden. Es wird davon ausgegangen, dass etwa 830 Soldaten starben, die meisten davon im Meer. Einer von denen, die ertranken, war Adam

Rutkowski. Nach den Aufzeichnungen in den Sterbeurkunden wurde die Leiche des Malers aus Berlin erst am 30. Mai an Land gespült. Man kann davon ausgehen, dass der Körper im kalten Wasser konserviert und dadurch später identifiziert werden konnte. Wahrscheinlich hatte man an der Leiche Informationen über die Identität des Toten finden können. Er wurde an das Kriegslazarett 1./509 übergeben. Rutkowski hat man erstmals in Vestre Gravlund in Oslo beigesetzt, wahrscheinlich weil der Kriegsfriedhof in Ekeberg noch nicht fertiggestellt war. Das Grab wurde später mit anderen Gräbern von anderen gefallenen deutschen Soldaten nach Alfaset verlegt.

Adam Rutkowski, der 29-jährige Berliner, trieb mehrere Wochen tot um den Oslofjord. Wofür bloß? Wie motiviert war er für diese Mission gewesen, die so schicksalhaft enden sollte? Er hatte nie norwegischen Boden betreten. Er starb wahrscheinlich einen schnellen Tod im kalten Wasser. Zu Hause in der Holzmarkstraße saßen seine Frau und vielleicht seine Kinder und wussten von nichts, bis sie fast zwei Monate nachdem Rutkowski sie verlassen, hatte die Todesnachricht erhielten. Es muss ein kleiner Trost gewesen sein, dass er gefunden worden war, sodass er wenigstens ein Grab bekommen konnte.

Beerdigung und Markierung der toten und vermissten deutschen Soldaten vom Kreutzer Blücher. Foto: krigsbilder.net (Tore Greiner Eggan).

Nach dem Untergang der Blucher errichteten die Deutschen ein Denkmal für toten Soldaten das nach dem Krieg entfernt wurde. Es wurde während einer anderen Zeit und mit den deutschen Idealen von damals erbaut. Über der großen Gedenktafel mit der Inschrift »Blücher 9.4.1940« stand »Für Führer und Vaterland« mit einem großen Eisenkreuz darüber.

Anlässlich des 100. Geburtstags von Oberst Birger Eriksen im Jahr 1975, wurden am Strand von Drøbak eine größere Büste und ein Denkmal für ihn errichtet.

Das deutsche Denkmal für den Kreuzer »Blücher« erbaut auf Askholmene, nach dem Krieg wurde es abgerissen. Foto: Das Nationalarchiv.

Das norwegische Denkmal für Birger Eriksen.

In einer norwegischen Fernsehdokumentation zum 75. Jahrestag des Untergangs der Blücher im Jahr 1990, trafen zehn überlebende Deutsche erneut auf die norwegischen Streitkräfte, die Oscarsborg und die Batterien besetzt hatten. Die emotionale Begegnung stand im Zeichen der Freundschaft und Versöhnung. Der ehemalige deutsche Seemann, Alexander Dietzsch, konnte sehr bewegend erzählen, wie gut es war, so viele Jahre später vor den Norwegern stehen zu können und sich gegenseitig in die Augen zu schauen. Der Krieg war alles kein Thema mehr.

In Interviews sagten die überlebenden Deutschen, sie hätten nicht gewusst, dass es nach Norwegen gehen würde, bevor sie Wesermünde verließen. Sie hatten an keinen Gegenangriff der Norweger geglaubt, und hatten die Überzeugung gehabt, Verbündete mit dem Norweger zu sein.

Adam Rutkowski gehörte nicht zu den Glücklichen, die viele Jahre später zurückkehren würden, um ihre Traumata zu verarbeiten, sich mit Norwegern zu treffen und sich zu versöhnen

Die Versenkung der Blücher ist zu einem wichtigen Bestandteil der norwegischen Identität und des Selbstbewusstseins der Norweger geworden. Von diesem Ereignis hat jeder gehört. Norwegen ist ein kleines und stolzes Land, das seit mehreren Jahrhunderten mit Dänemark und Schweden verbunden ist. Die Kriegserfahrung hat Norwegen wahrscheinlich von Europa weggeführt, während sie den gegenteiligen Effekt auf Deutschland hatte. Es ist daher kein Zufall, dass Norwegen durch zwei Volksabstimmungen beschlossen hat, außerhalb der Europäischen Gemeinschaft zu bleiben.

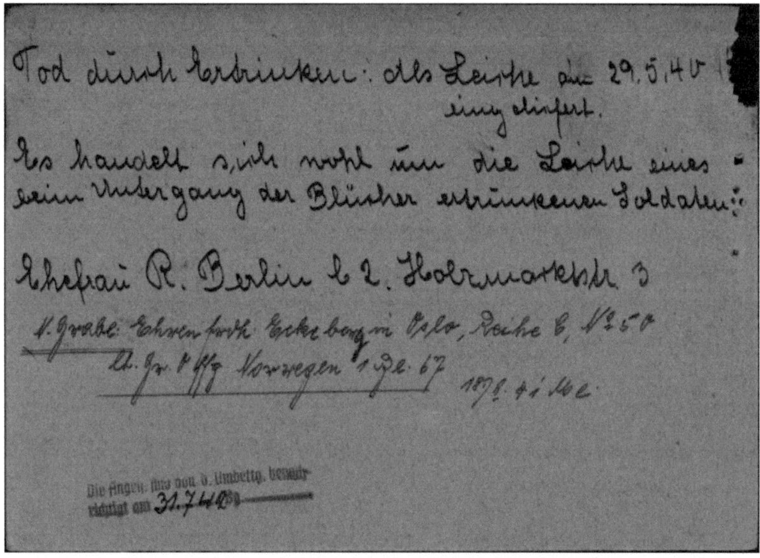

Tod durch Ertrinken: Als Leiche am 29.5.40 eingeliefert.

Es handelt sich wohl um die Leiche eines beim Untergang der Blücher ertrunkenen Soldaten.

Ehefrau R. Berlin C 2. Holzmarktstr. 3

»Es handelt sich wohl um die Leiche eines beim Untergang der Blücher ertrunkenen Soldaten,« heißt es dort Auf der Rückseite des Todesdokuments von Adam Rutkowski.

Dr. Fritz Dietert (23.4.1910–12.4.1940)

«Fossum Brücke»

Gefreiter Dr. Fritz Dietert hat seine letzte Ruhe auf dem Friedhof von Alfaset, zusammen mit dem Schützen Erwin Karschefsky und OT Mann (Organisation Todt) Alfred Hudy gefunden. Die Inschrift sticht in den Reihen der Granitsteine hervor, weil Dietert ein Promovierter war. Wie beim Maler aus Berlin, Adam Rutkowski, sagt auch hier das Todesdatum Dieterts am 12. April 1940 etwas über sein Schicksal aus.

Dr. Fritz Richard Dietert wurde am 23. April 1910 in der Kleinstadt Kreuz in Netzekreis, Grenzmark Posen-Westpreußen, später Teil Pommerns, geboren. Die Stadt wurde oft unter dem Namen Kreuz a. d. Ostbahn geführt, und war ein wichtiger Knotenpunkt für die Eisenbahn nach Osten in Richtung Königsberg. Der gesamte Kreis hatte etwa 40.000 Einwohner in den 1930er-Jahren, während Kreuz etwa 5.000 Einwohner zählte.

Die Stadt befindet sich heute in Polen und heißt Krzyż. Obwohl die Stadt lange vor der Weimarer Republik und dem Dritten Reich als deutsche Stadt gegründet wurde, hatte sie wie viele der deutschen Ostgebiete auch Elemente der älteren polnischen Kultur und Geschichte. Die Geschichte von Kreuz ist genau so dramatisch wie das Schicksal von Dr. Fritz Dietert. Die Stadt hatte wirtschaftliche Verbindungen mit den Rittergütern von Schwerin und war darauf gegründet. Im März 1945 wurden die Einwohner von der russischen Roten Armee vertrieben. Die ganze Stadt wurde dem Erdboden gleichgemacht und nie wieder aufgebaut.

Dietert ist ein seltener deutscher Name. Dies war auch in Kreuz der Fall. Nach alten Adressbüchern lebte die Familie Dietert in der Wilhelmstraße 92. Dies war mit hoher Wahrscheinlichkeit die Familie von Dr. Fritz Dietert, der zu Beginn des Krieges nur noch 3 Tage nach die der Besetzung Norwegens starb. Es gab nur diese Familie in der kleinen Stadt mit diesem Namen, auch die Vornahmen stimmen mit anderen Unterlagen überein. Hier lebten der Vater, Friedrich Wilhelm, die Mutter, Elsa Hedwig (geb. Mörsig), zusammen mit Fritz Richard und Helga, die wahrscheinlich seine Schwester oder ein Dienstmädchen war. In einigen Dokumenten verwendet der Vater auch den Namen Fritz, eine gebräuchliche Abkürzung für Friedrich. Die Familie war evangelisch-protestantisch.

Laut Dokumentation war der Vater Friedrich Postsekretär von Beruf. Er arbeitete in der Position als Beamter im Postdienst. Das war zwar kein hochrangiger Beruf, aber eine qualifizierte im öffentlichen Dienst. Er hat der Familie bestimmt Sicherheit gegeben. Der Sohn Fritz übertraf seinen Vater in der Ausbildung, als er promovierter Zahnarzt wurde.

Die Wilhelmstraße muss eine zentrale Adresse in der Kleinstadt gewesen sein, mit niedrigen Backsteinwohnhäusern auf 2–3 Etagen, zusätzlich zu den Kellern – wie in den meisten Kleinstädten. Alte Fotos zeigen einfache Fassaden. Im Erdgeschoss gab es oft lokale Fachgeschäfte wie Bäckern, Metzgereiern und Schuhmachern.

Alte Geburtsregister belegen, dass die Eltern von Dr. Dietert, Elsa und Friedrich Dietert, am 28. Juli 1920 einen totgeborenen Sohn mit dem Geburtsort Kreuz, Netzekreis in Preußen, bekamen. Es muss der zehn Jahre jüngere Bruder von Fritz Dietert gewesen sein. Dies war, damals wie heute, eine traumatische Erfahrung für jede betroffene Familien.

Während sich der Sohn Fritz in Berlin als Zahnarzt niederlassen sollte, setzten die Eltern ihr Leben in Kreuz auch nach dem Tod des Sohnes fort. Nach Angaben aus dem Kriegsregister starb Vater Friedrich Dietert bereits 1943. Das Schicksal der Mutter und anderer Familienmitglieder ist unbekannt. Eine Hildegard Dietert ist lange nach dem Zweiten Weltkrieg in Berlin als Zahnärztin gelistet. War sie vielleicht Fritz Dieterts Schwester? Fritz Dietert hatte eine Ausbildung zum Zahnarzt absolviert und eine eigene Zahnarztpraxis in Berlin geöffnet, bevor er zum Militärdienst einberufen wurde. In den Dokumenten der Wehrmacht wurde er als promovierter Militärzahnarzt aufgeführt. Diese Informationen wurde jedoch erst nach seinem Tod hinzugefugt.

Trotz seines jungen Alters hatte er es bereits geschafft, ein erfahrener Zahnarzt zu werden. Er hat im Jahr 1934 seine Doktorarbeit an der Friedrich-Wilhelms-Universität zu Berlin (später Humboldt-Universität) im Alter von 24 Jahren verteidigt. Seine Lizenz erhielt er bereits 1932, im Alter von nur 22 Jahren. Im Jahr 1935 wurde er als Zahnarzt ohne eigene Praxis in das deutsche Zahnarztbuch aufgenommen. Drei Jahre später wurde er dann mit seiner eigenen Praxis in der Höppnerstraße, Berlin, dokumentiert, wo er auch seine Wohnadresse hatte.

Das Thema der Dissertation war »Fokale Infektion und Episkleritis«. Das Thema hat eine größere medizinische Relevanz über die Zahnmedizin hinaus. Es geht dabei um Infektionen im Mund, die auch andere Körperteile betreffen können. In seiner Wissenschaft betont Fritz Dietert den Zusammenhang zwischen Infektionen der Zähne und des Zahnfleisches mit Entzündungen der Augen (Episkleritis). Die Dissertation wurde am 16. April 1934 offiziell von der medizinischen Fakultät akzeptiert. kaum sechs Jahre bevor Dr. Dietert als Besetzungssoldat in Norwegen ein dramatisches Schicksal erlitt.

Die Dissertation enthält eine kleine Zusammenfassung seines Lebens. Es heißt, er wurde 1910 in Kreuz a. d. Ostbahn als Sohn eines Postsekretärs geboren. In der kleinen Stadt Kreuz verbrachte er vier Jahre in der Grundschule, gefolgt von sechs Jahren in der Realschule. Dann besuchte er drei Jahre das Gymnasium in Schönlanke (Trzcianka auf Polnisch), wo er wahrscheinlich in jungen Jahren in ein Studentenwohnheim gezogen sein muss. Dies war in der Verwaltungsstadt Netzekreis, die doppelt so groß war wie Kreuz. Er bestand die sogenannte Reifeprüfung (Artium), die ihm den Zugang zu Zahnmedizinstudien in der Stadt Königsberg ermöglichte. Dort wiederum bestand er 1930 das *Physikum*. Im Jahr 1932 legte er dann in Leipzig das Staatsexamen ab und wurde so zum vollwertigen Zahnarzt.

Danach ist er wahrscheinlich nach Berlin gezogen, wo er die Arbeit an seiner Doktorarbeit begann. Er muss intelligent gewesen sein und hart und fleißig gearbeitet haben, um einen solchen akademischen Fortschritt zu verfolgen.

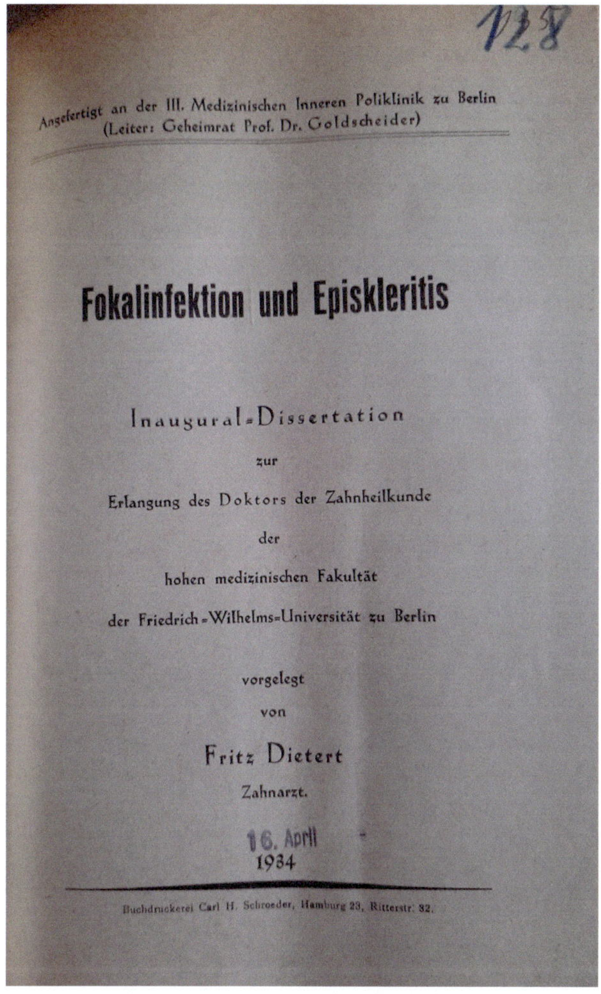

Angefertigt an der III. Medizinischen Inneren Poliklinik zu Berlin
(Leiter: Geheimrat Prof. Dr. Goldscheider)

Fokalinfektion und Episkleritis

Inaugural-Dissertation
zur
Erlangung des Doktors der Zahnheilkunde
der
hohen medizinischen Fakultät
der Friedrich-Wilhelms-Universität zu Berlin

vorgelegt
von
Fritz Dietert
Zahnarzt.

16. April
1934

Buchdruckerei Carl H. Schroeder, Hamburg 23, Ritterstr. 32.

Die Dissertation von Fritz Dietert.

Motiv der alten Wilhelmstraße in Kreuz, wo Dr. Dietert aufgewachsen ist. Wahrscheinlich ist dies die Hauptstraße gewesen. Foto: netzekreis.de.

Im Adressbuch für Berlin von 1940 ist Fritz als Zahnarzt mit einer Adresse in Berlin Tempelhof aufgeführt. Es ist dieselbe Adresse, die auf der Todesurkunde steht und die ausgestellt wurde, nachdem er im Kampf in Norwegen gestorben war. Die Dokumentation war für die Verwandten bestimmt, aber es hat lange gedauert, bis solche tragischen Nachrichten eingetragen wurden. Die Briefsendungen waren nicht immer absolut zuverlässig.

Der deutsche Professor für Bioethik und Medizingeschichte an der Universität Aachen, Dominik Gross, hat die Situation deutscher Zahnärzte im Dritten Reich untersucht.[10] Sie spielten im NS-Apparat keine so große Rolle wie Ärzte anderer medizinischer Zweige, waren jedoch sowohl in der SS tätig als auch in Konzentrationslagern als Missetäter. Deutsche Zahnärzte konnten auch Opfer sein. Es gab jüdische Zahnärzte oder Zahnärzten, die den Nationalsozialismus ablehnten.

In der Sterbedokumentation von Dr. Fritz Dietert ist auch seine Frau Maria (geb. Flügel) aufgeführt, mit der Wohnadresse Höppnerstrasse 37, Berlin Tempelhof, die gleiche Adresse

10 Gross, Zahnärzte als Täter Zwischenergebnisse zur Rolle der Zahnärzte im »Dritten Reich«, Deutsche Zahnärztliche Zeitschrift 2018; 73 (3).

wie die von Fritz. Es ist nicht bekannt, ob sie Kinder hatte, aber unwahrscheinlich ist es nicht, wenn man bedenkt, dass Fritz ein gut situierter erwachsener verheirateter Mann war. Seine Zahnarztkarriere hat wiederum bestimmt viel Zeit in Anspruch genommen. Ein anderes Dokument besagt, dass Dr. Dietert mit Johanna Margareta Marie verheiratet war, was wohl ihr vollständiger und korrekter Name war. Die Angaben auf den Todesurkunden der Soldaten der Wehrmacht sind möglicherweise etwas ungenau gewesen, was wahrscheinlich auf Zeitdruck in einer chaotischen Situation zurückzuführen ist.

In der Sterbedokumentation ist Fritz Dietert an einigen Stellen nur als Soldat aufgeführt. Der Doktortitel wurde anschließend rot eingetragen, als hätte der Titel keine große Bedeutung gehabt, oder hatte der Person, die die Sterbeurkunde ausgefüllt hat, kein vollständiger Überblick gehabt. Ärzte hatten normalerweise den Titel eines Offiziers. Dietert war aber »nur« Gefreiter, ein Soldat mit einer kleinen Rekrutenausbildung ganz unten in der Militär-hierarchie. Dies ist etwas verwunderlich und könnte darauf hinweisen, dass er als regulärer Pioniersoldat eingesetzt wurde, was er wahrscheinlich auch war. Es ist logisch, dass auch Zahnärzte im Krieg gebraucht wurden. Es scheint jedoch nicht, dass Dr. Dietert seinen Beruf in der Wehrmacht ausgeübt hat, da dies nicht in den Sterbedokumenten des Militärs angegeben war. Nur im Todesregister von Berlin ist er als Militärzahnarzt aufgeführt, allerdings nur in Klammern hinter der Bezeichnung Gefreiter.

Vielleicht erlitt Dr. Dietert das gleiche Schicksal wie der jüdische Dr. Crott, der seine Promotion versteckte, um seine jüdische Herkunft zu verbergen? Vielleicht war Dietert auch Jude oder ein sogenannter Mischling? Eine andere Erklärung könnte sein, dass es bereits genügend Zahnärzte in der Wehrmacht gab oder Dietert nicht die »richtige« nationalsozialistische Einstellung hatte.

Dr. Fritz Dietert war Teil der zur Operation Weserübung abgeordneten Streitkräfte der Wehrmacht. Er gehörte zur *Kompanie 1 im Pionier Bataillon 234*. Das Bataillon wurde am 1. Dezember 1939 in Berlin-Spandau aufgestellt.[11] Man gründete es ursprünglich nur mit 2 Kompanien. Das Bataillon war der *163. Infanteriedivision* unterstellt. Erst am 15. Januar 1940 war es erst einsatzbereit. Außerdem wurde die *15. Kompanie des 338. Infanterieregiments* Teil dieses Bataillons. Die erste Kompanie des Bataillons 234 trat im November 1940 in die *Infanteriedivision 199* ein. Die Pioniersoldaten unterstützten

11 https://www.lexikon-der-wehrmacht.de/Gliederungen/PionierBat/PiBat234.htm

den Streitkräften mit verschiedenen technischen Funktionen, z. B. die Erleichterung der Infrastruktur, der Kommunikation, der Unterbringung usw. In Norwegen benötigten die deutschen Streitkräfte eine umfassende Verbesserung aller Straßen und Infrastrukturen, der Versorgungsleitungen, Kasernen, Lagerräumen, und Werkstätten usw. Die sogenannte Pioniersoldaten mussten die verschiedenen Unterstützungsfunktionen bereitstellten, mussten aber keine Ingenieure sein. Es gab separate technische Abteilungen, einschließlich der OT-Einheiten (Organisation Todt, benannt nach dem Ingenieur Fritz Todt). Diese werden später in diesem Buch näher erläutert.

Das Bataillon von Fritz Dietert war daher kaum eine Einheit, die aus hochqualifizierten und leistungsfähigen Elitesoldaten bestand, wie andere Teile der Wehrmacht oder insbesondere die Waffen-SS-Einheiten. Es war eine der Einheiten, die dabei helfen würden, die Infanterie schnell und effizient dorthin zu bringen, wo es nötig war. Das Ziel war es, so schnell wie möglich die Kontrolle über ganz Norwegen zu übernehmen. Die erste Priorität waren die großen Städte, strategische Orte entlang der Küste, alle Verteidigungsanlagen wie Festungen und Batterien sowie Verkehrsknotenpunkte, Flughäfen und Brücken.

Der Zahnarzt aus Kreuz sollte nur einen kurzen Aufenthalt in Norwegen haben. Er sollte die brutale Natur des Krieges erleben, fast direkt beim Betreten Norwegens. Niemand weiß, was er über seine Reise und das unbekannte Ziel der Mission gefühlt oder gedacht hat. Er wurde im Erwachsenenalter zu den deutschen Infanterietruppen einberufen, kurz nachdem er sich in der deutschen Hauptstadt als Zahnarzt niedergelassen hatte. Die Mobilisierung für den Krieg, erforderte dass jeder zum deutschen Fortschritt und Sieg beitragen sollte, an den Hitler und seine Komplizen so glaubten und den sie dem Volk des Dritten Reiches auf so effektive und listige Weise indoktrinieren konnten.

Wie ist Dr. Fritz Dietert gestorben?

Die Kämpfe an der Fossum Brücke sind aufgrund der Zeit, des Umfangs und des Dramas eines der bedeutendsten Ereignisse in der norwegischen Besetzungsgeschichte. Die Brücke über dem Fluss Glomma befindet sich in der Nähe von Askim im alten Østfold, etwa eine Stunde südlich von Oslo. Auf alten Fotos der Brücke aus den dramatischen Apriltagen im Jahr 1940, ist leicht zu erkennen, dass immer noch viel Schnee lag. Der Wasserstand des Flusses Glomma hingegen war niedrig, und das Wasser war vielerorts mit Eis bedeckt. Der Winter hielt an. Die langen Nächte hatten viele Minusgrade. Das kalte Wetter machte es für die Norweger, die den Wald entlang des Flussufers besetzten und die Brücke verteidigen mussten, besonders schwierig.

Bis heute ist die alte Fossum Brücke als eine kleine Festung mit ihren Betonmauern und ausgedehnten Bunkern in den Abhängen erhalten. Es gibt dort eine Reihe von Räumen, die für die Unterbringung von Militärpersonal genutzt worden waren. Die Anlage zeugt von der Bedeutung der Brücke, die um die Jahrhundertwende als Unterstützungseinheit für das *Høytorp Fort*, außerhalb von Mysen, für die Verteidigung gegen Schweden errichtet wurde. Die Hohlräume der Festung vermitteln immer noch das etwas unangenehme Gefühl, eine seit Kriegstagen stehen gebliebenen Zeit.

Die deutschen Streitkräfte waren am 9. April in zentralen Teilen Norwegens eingetroffen. Sie waren aus verschiedenen Richtungen transportiert worden, und kamen mit Transportmitteln aus der Luft, auf dem Meer und auf dem Land über das Eisenbahn- und Straßennetz. Besonders viele deutsche Besetzungstruppen kamen nach Oslo. Eine davon war das Pionierbataillon von Fritz Dietert. Die norwegischen Straßen waren jedoch in den zentralen Bereichen nicht besonders gut ausgebaut. Das Bataillon muss beauftragt worden sein, nach Østfold zu gelangen, um die Kontrolle über diesen Teil des Landes zu sichern. Zu diesem Zweck wurden norwegische Busse angefordert. Einer von ihnen gehörte zum Arbeitsplatz von Harald Nybråten. Der erfahrene Busfahrer bekam damit eine völlig neue Aufgabe. Eine Wahl hatte er nicht. Er sollte die sogenannten »Schøyen-Busse« fahren, die die Streitkräfte unterstützen sollten, um die Forts und Verteidigungsanlagen zu besetzen, darunter das Høytorp Fort, eines der größten und wichtigsten inländischen Forts des Landes.

Nybråten sagte später, dass ein deutscher Offizier neben ihm gesessen habe. Der Bus war sonst voller gewöhnlicher Soldaten. Einige Schnapsflaschen waren herumgegangen. Es war still und ruhig gewesen. Die Gegend entlang der Glomma in der inneren Østfold war ihm bekannt, einst war sie seine Heimat gewesen. Die Sonne hatte geschienen, als sie die Fossum Brücke erreichten. Die Brücke war nicht sehr lang, aber schmal und mit wenig Vegetation herum.

Die Norweger hatten es geschafft, sich auf die deutsche Bewegung vorzubereiten. Es waren Briefe über die Mobilisierung an mehrere Personen verschickt worden, aber den einberufenden Männern waren schon informiert worden. Eine Schule in der Stadt Askim wurde als Hauptquartier genutzt. Von dort gingen die Befehle an die verschiedenen

Verteidigungseinheiten. Auf der anderen Seite der Fossum Brücke warteten an diesem Abend, der bald zu einer eisigen Nacht werden würde, viele einheimische Jungen. Sverre Finholt und Arvid Østby waren zwei von ihnen. Busfahrer Nybråten kannte viele von ihnen. Jungen im Alter von 17 Jahren und darüber, hatten sich am Mobilisierungsort getroffen, wo sie eine Uniform, ein Gewehr und 120 scharfe Schüsse erhalten hatten. Außerdem bestand die Truppe aus einer Gruppe eingezogener Artilleristen aus der Stadt Fredrikstad etwas südlicher.

Die norwegischen Streitkräfte wurden beauftragt, die fünf Brücken zu verteidigen, die den Fluss Glomma im Distrikt überquerten. Fossum Brucke war einer dieser fünf Brücken. Rollen von Baumstämmen quer über die Straßen war eine in ganz Südnorwegen bekannte norwegische Methode, um das Tempo der deutschen Offensive zu verlangsamen. Um den Vormarsch zu verhindern, waren die norwegischen Soldaten befohlen worden, die Brücke in die Luft zu sprengen. Sie hatten die ganze kalte Nacht hindurch gewartet, und waren inzwischen ungeduldig geworden. Am frühen Morgen des 12. April kam von einem der Wachposten an einer Tankstelle die Nachricht, dass die Deutschen unterwegs seien.

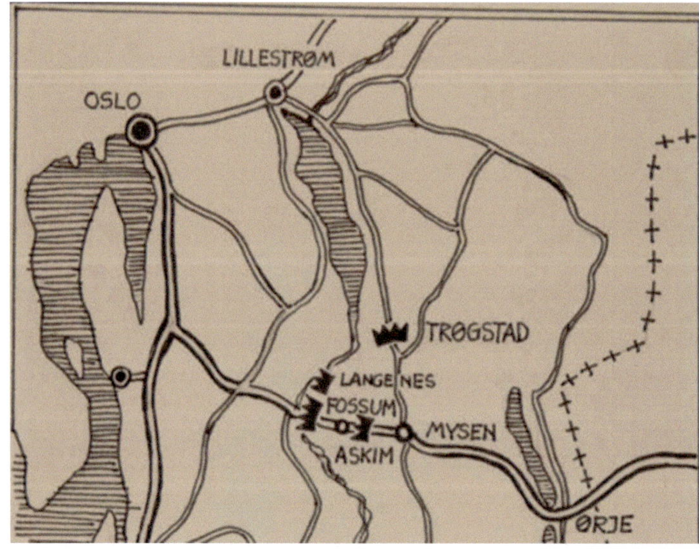

Zeichnung von den Kämpfen bei Fossum Brücke im April 1940 (Thomas Hauge).

Einigen Quellen zufolge muss der deutsche Vormarsch bereits am frühen Morgen des 12. April aus bis zu 1.500 Soldaten bestanden haben mit 11 Schøyen-Busse zusammen. Es sollte der erste größere Angriff auf die Norweger sein. Die angegebene Zahl der Deutschen scheint dennoch viel zu hoch zu sein. Es handelte sich schließlich um die erste Angriffswelle, die hauptsächlich aus Pioniersoldaten bestand.

Als der Busfahrer Nybråten und die deutschen Truppen auf die Brücke zukamen, musste er wegen der Baumstämme bremsen. Man wusste nichts Genaues über die Anzahl der deutschen Soldaten im Bus, wahrscheinlich waren es etwa ein Dutzend. Die norwegischen Streitkräfte begannen sofort, den Bus mit ihren Gewehren und Maschinengewehren zu beschießen. Auch ein weiterer Bus wurde beschossen. Die Deutschen schrien. Einige stiegen aus und warfen sich hin, aber es gab keinen Ort, an dem sie Deckung suchen konnten. Tote Deutsche lagen sowohl innerhalb als auch außerhalb der Busse.

Der norwegische Soldat Aasmund Erøy schrieb später in sein Tagebuch, dass niemand außer dem Fahrer Nybråten überlebte, der hinter dem Getriebe Deckung gesucht hatte, obwohl auch er getroffen worden war.

Nach einigen lokalen historischen Quellen gibt es auch Informationen darüber, dass einige verletzte Soldaten in das Kriegskrankenhaus in Oslo gebracht worden waren.

Erøy erklärte später, dass die Schießerei voreilig und unnötig gewesen sei. Es hatte lange gedauert, bis alle gestorben waren. Eigentlich war es klar, dass die Norweger versuchen würden, einen Vormarsch an der Stelle aufzuhalten.

Später am Morgen waren mehrere Deutsche mit schwerem Geschütz angekommen. Obwohl der Versuch der Norweger, die Brücke in die Luft zu sprengen, gescheitert war, hatten die Deutschen noch nicht die Brucke unter Kontrolle. Einige hatten sogar versucht, den Fluss auf dem Eis oder mithilfe von Gummibooten zu überqueren, aber auch damit scheiterten sie.

Es war trotzdem nur noch eine Frage der Zeit, wann die deutschen Streitkräfte ihre Überlegenheit in Bezug auf Ausrüstung, Material und kampffähige Soldaten demonstrieren würden, genauso wie an anderen Fronten während des Feldzugs in Südnorwegen. Am 12. April sollte die Fossum Brücke unter deutsche Kontrolle geraten. Hier hatte es aber zunächst eine andere Wendung als erwartet gegeben, aber der Triumph der Norweger hielt nicht lange an.

In der Nacht zum 13. April nahmen die deutschen Stellungen an Stärke zu, und einer der norwegischen Offiziere fiel, der am Tag zuvor besonderen Mut und Stärke gezeigt hatte. Es war Kapitän Fredrik Solie. Den Deutschen gelang es bald, die norwegischen Stellungen mit Maschinengewehren und Handgranaten zu überwältigen. Sergeant Blindheims Männer mussten sich ebenfalls durch den Wald zurückziehen, während sie deutsche Stimmen und das Geräusch von Kugeln und Granaten hörten.

Im Stadtarchiv für lokale Geschichte von Askim ist eine Notiz eines Interviews mit Harald Nybråten erhalten (Übersetzung von dem Verfasser dieses Buches):

»Als Nybråten mit seinem Bus auf die Brücke fahren wollte, musste er anhalten, weil ein Baumstamm über die Straße gelegt worden. Dann brach das Schießen von der Gegenseite an. Die Deutschen schrien. Einige stürmten hinaus und warfen sich hin, aber es war keine Deckung zu finden. Die Hälfte kam nicht heraus. Sie wurden im Bus erschossen und viele blieben auf ihren Sitzen, ohne sich zu bewegen. Nybråten warf sich neben den Motorraum. Er bekam eine Kugel in den Kopf und fiel, aber es war nicht tödlich. Als er wieder zu sich kam, gab es eine Pause in der Schießerei.«[12]

Als die Deutschen die Kontrolle über die Brücke erlangt hatten, wurde der zerstörte Bus beiseitegeschoben, damit andere Fahrzeuge vorbeifahren konnten. Norwegische Gefangene mussten die Leichen beiseiteschaffen und Decken über sie legen.

In der Nacht zum 13. April überquerte die Wehrmacht Fossum Brücke und die anderen Brücken über dem Fluss Glomma. Während des norwegischen Rückzugs in der Region, rückten die deutschen Streitkräfte vor. Einige Zivilisten kamen dabei in die Schusslinie. Als das Høytorp Fort in Mysen nach umfangreichen Bombenangriffen erobert worden war, war Østfold in Wirklichkeit den Besetzungsmächten zum Opfer gefallen.

Das brutale deutsche Verhalten könnte durch die überraschend gnadenlosen Angriffe der Norweger beeinflusst worden sein. Die norwegisch-deutsche Autorin Ebba D. Drolshagen beschreibt anhand von Tagebucheinträgen in ihrem Buch »Der freundliche

12 https://www.klikk.no/side3/historie/endestasjon-fossum-bro-6922312

Feind« (2009 in Deutschland und 2012 in Norwegen veröffentlicht) über die Begegnung deutscher Soldaten und Offiziere mit den norwegischen Streitkräften.[13] Aufgrund mangelnder Ausrüstung erschienen die Norweger als paramilitärische Miliz, in einem Moment waren sie uniformierte Soldaten, kurz darauf einfache Zivilisten. Dies wurde von den Deutschen als feige Art empfunden, etwas, an das sie nicht gewöhnt waren und für das sie nicht ausgebildet waren. Dem Kampf an der Fossum Brücke waren ein typisches Beispiel für eine solche Art des Kampfes. Die wenigsten norwegischen Streitkräfte waren ausgebildete Berufssoldaten. Sie wussten nichts über die Genfer Konventionen für das internationale Kriegsrecht und dachten, sie müssten alle ihnen zur Verfügung stehenden Mittel und Methoden anwenden. Dies trug dazu bei, Repressalien bei den Deutschen zu provozieren, auch mit Konsequenzen für zivilen Norweger.

Fritz Dietert wurde am 12. April als Soldat im Bus auf der Fossum Brücke im Kopf erschossen. Die Dokumentation diese Todesursache besagt auch, dass er getötet worden war. In kräftiger roter Schrift mit zwei Zeilen darunter war dies notiert. Die Tatsache, dass dies so deutlich hervorgehoben wurde, sollte betonen, dass er nicht im gewöhnlichen Kampf starb. In der Meinung der Deutschen wurde er unehrenhaft von Partisanen getötet, die eine unregulierte Form der Kriegsführung führten.

Der Umfang der deutschen Repressalien in Form von Hinrichtungen norwegischer Zivilisten, wurde dennoch auf ein Minimum beschränkt, da die deutschen Streitkräfte die Norweger nicht wirklich als Feinde betrachteten. Von norwegischer Seite war es nur natürlich, die Besatzer als Feinde zu betrachten.

Nach einigen Quellen sind möglicherweise bis zu 250 deutsche Soldaten bei den Zusammenstößen in Østfold um den 12. April 1940 herum, ums Leben gekommen. Die Zahl ist jedoch offensichtlich zu hoch. Es gab auch eine Reihe von Norwegern, die getötet worden waren, sowohl militärische als auch zivile. Diese Opferzahlen sind jedoch viel geringer.

Das Kämpfen an der Fossum Brücke ist, ähnlich wie die Versenkung des Kreuzers Blücher, zu einem wichtigen Bestandteil der norwegischen Identität geworden. Es

13 Drolshagen, Der freundliche Feind – Wehrmachtssoldaten im besetzten Europa, Droemer Verlag, München 2009, S. 25 (norwegische Ausgabe).

ging hier um tapfere Jungen und Männer, viele ohne militärische Ausbildung, die erkannten, dass die Zeit gekommen war, ein Opfer für eine Sache zu bringen, an die sie glaubten – im Kampf gegen die Diktatur und das Böse. Die deutschen Streitkräfte waren überlegen. Aber ein völlig korrektes Bild wird wahrscheinlich nicht gezeichnet, wenn alle deutschen Soldaten als leidenschaftliche ideologische Nazis oder bestausgebildete Elitesoldaten dargestellt werden. In Wahrheit waren viele gewöhnliche Jungen und Männer, die wegen eines hoffnungslosen und bedeutungslosen Krieges, der durch ein grausames diktatorisches Projekt gerechtfertigt war, und aus ihrem zivilen Leben gerissen wurden.

Ein kunstvolles Relief aus massivem Stein steht bis heute bei der Fossum Brücke. Das Motiv in der Skulptur zeigt einen uniformierten und bewaffneten Soldaten, umgeben von zwei Frauen und zwei Kindern. Auf der Steintafel steht (Übersetzung bei dem Verfasser):

»In Erinnerung an die Helden, die in den April-Tagen 1940 bei den Kämpfen auf der Fossum Brücke für Norwegens Freiheit fiel.«

Im Gegensatz zu den gefallenen Norwegern erhielten die Deutschen an der Brücke, auf der die Kämpfe stattgefunden haben, nie ein Denkmal.

Der junge Zahnarzt aus Kreuz, Dr. Fritz Dietert, befand sich wahrscheinlich an Bord des zerstörten Busses. Auf der Rückseite einer der Todesurkunde steht, dass seine erste Grabstalle aufgegeben wurde. Er wurde am 16. April bei *Sjømannsskolen* (Schule für Matrosen in Oslo) beigesetzt, vor der Errichtung des Ehrenfriedhofs auf Ekeberg. Diese wurde später nach dem Krieg nach Alfaset verlegt, wo Dietert heute begraben liegt.

Einer der angeforderten Busse mit deutschen Soldaten, die erschossen wurden. Dr. Fritz Dietert war wahrscheinlich hier, als er starb. Foto: krigbilder.net (Tore Greiner Eggan).

Fossum Brücke über den Fluss Glomma, April 1940. Foto: krigsbilder.net (Tore Greiner Eggan).

Familien- u. Vorname: Dr. Dietert, Fritz

G-A 087/0290

geboren am 23.4.10 in: Kreuz Kreis: Netzekreis

Truppenteil: 5. Pi. E. 3 1./Pi. 234

Dienstgrad: Gefr.

Erkennungsmarke: Nr. 32 5./Pi. E. 3

Tag des Todes	Ort des Todes Norwegen	Beerdigt am
16. 4. 40	Oslo	

Lage und Nr. des Grabes: Ehrenfriedhof Ekeberg in Oslo Grablage: Reihe E Nr. 119

Gemeldet durch Gr. Off. Norwegen v. 18.5.40

Dokument zur Bestätigung des Todes von Dr. Fritz Dietert. Hieraus geht hervor, dass er getötet wurde (umgebracht). Als Todeszeitpunkt (16.4.40) wurde ein falsches Datum eingetragen. Es müsste am 12.4.40 gewesen sein, am 16.4. war seine Beisetzung.

Christian Börnsen (30.5.1906–16.1.1944)

(Blinddarmentzündung, Skien)

Obergefreiter Christian Börnsen ruht neben dem Matrosen Heinrich Glasow und dem Gefreiten Werner Pirkotschl auf dem Friedhof von Alfaset. Sein voller Name war Christian Johannes Börnsen.

Obergefreiter Christian Johannes Börnsen wurde am 30. Mai 1906 in dem kleinen Dorf Stolk in der Gemeinde Stolk geboren. Stolk liegt im Landkreis Schleswig-Flensburg im äußersten Norden Deutschlands, etwas südlich der Stadt Flensburg an der Grenze zu Dänemark. Heute hat das Dorf etwa 800 Einwohner. Gemeinde-Stolk besteht neben Stolk aus den Dörfern Basland Helligbek, Stolkerfeld und Schwenshöh. Der Ort hat ein eigenes Wappen, das aus drei grünen Eichenblättern mit zwei Eicheln, einem grünen

Pflug und zwei blauen Bögen besteht, die durch den leuchtend gelben Hintergrund des Wappens verlaufen. Das Wappen trägt eine Inschrift mit der Information des Ortes. Der politische Rat besteht aus Freizeitpolitikern und es gibt eine freiwillige Feuerwehr. Das Gebiet ist eher flach, hat idyllische Bauernhöfe und kleine Mühlen, die oft als Holländermühlen bezeichnet werden. Schleswig ähnelt ein wenig den Niederlanden oder Dänemark. Stolk erscheint als ein Ort, an dem jeder jeden kennt, und an dem die Geschichte für die Nachwelt dokumentiert wird.

Wer war Christian Börnsen? Der Name Börnsen klingt skandinavisch und es gibt seit dem Mittelalter viel dänischen kulturellen Einfluss in der Region. Es könnte sein, dass dieser Name ursprünglich dänisch ist. Börnsen gehört nicht zu den weit verbreiteten deutschen Namen und scheint eher im Norden des Landes konzentriert vorzukommen. Der deutsche Politiker Wolfgang Börnsen (*1942) ist wahrscheinlich noch der bekannteste mit diesem Namen. Er war mehrere Amtszeiten CDU-Politiker im Bundestag und lange Zeit auch Generalsekretär der Konservativen Partei in Schleswig-Holstein. Der Autor dieses Buches hat Kontakt zu ihm aufgenommen, um eine mögliche Verbindung zu Christian Börnsen zu finden. Wolfgang Börnsen hat freundlicherweise große Anstrengungen unternommen, um Spuren in der Vergangenheit von Christian Börnsen zu finden, leider blieb dies ohne Erfolg. Es stellt sich heraus, dass es sehr schwierig ist, Verwandte des gefallenen Soldaten aufzuspüren. Grund dafür ist wahrscheinlich das große Ausmaß der gefallenen Soldaten zusammen mit den 80 Jahren, die der Krieg nun schon zurückliegt. Für manche mag es auch immer noch schmerzhaft sein, in der Vergangenheit zu graben.

Auf der Suche nach diesem gefallenen deutschen Soldaten, sollte ich dann doch noch Hinweise finden, die mich Christian Börnsen, seinem Schicksal und seiner Familie näherbringen würden. Adressenbücher aus den Jahren 1938 und 1939 zeigen, dass ein Christian Börnsen in Flensburg lebte (Waiss-Straße 16h), wo er als sogenannter Schulhauswart arbeitete. Es ist der Titel für einen Hausmeister, der an einer Schule beschäftigt ist und unter anderem ein wenig über den technischen Betrieb von Gebäuden weiß. Eine Person mit dem gleichen Namen wird auch mit einer Adresse in Gemeinde Barg etwas östlich von Flensburg angegeben (Sörup auf Dänisch). Dieser Mann war ein Arbeiter. Man konnte sich deshalb vorstellen, dass der Mann, der als Hausmeister in Flensburg arbeitete, derselbe war, der aus Stolk stammte und während des Krieges in Norwegen starb, und auf dem Friedhof in Alfaset begraben ist. An derselben Adresse wohnte auch eine Martha Börnsen, die den Beruf der Verkäuferin ausübte. Dies ist der gleiche Name, den die Witwe in der Todesurkunde von Christian Börnsen trägt. Mit diesen Informationen war es denkbar, dass er verheiratet war und in der Nähe seiner Heimatstadt blieb, wo er aufgewachsen war. Der Kontrast zwischen der friedlichen Landschaft zuhause und dem brutalen Krieg in der Ferne war groß, aber so war es für so viele Soldaten.

Lange Zeit dachte ich (der Autor), dass ich »unser« Christian Börnsen aufgespürt hätte, aber diese Informationen sollten sich als falsch herausstellen. Er könnte mit einem seiner Brüder verwechselt worden sein. Historische Personen haben manchmal Mittelnahmen und verschiedene Varianten der Vornähme die für Missverständnis sorgen kann. Später stellte sich heraus, dass es doch noch möglich war, den richtigen Mann zu finden.

Historisch gesehen gehört das Gebiet, zu dem Stolk gehört, zu Südjütland, das sich vom Fluss Kongå im Norden bis zur Eider im Süden erstreckt. Südjütland ist heute fast in der Mitte zwischen Dänemark und Deutschland aufgeteilt. Zuvor gehörte es mal zu Dänemark, dann zum Herzogtum Schleswig und dann wieder zum Herzogtum Holstein. Im Jahr 1864 wurde Südjütland nach der Schlacht von Dybbøl Banke Preußen zugeteilt. Das Gebiet setzte dennoch seine gemischte Kultur fort, in der auch die Dänen wohnten, insbesondere im nördlichen Teil. Nach dem Ersten Weltkrieg fand eine Volksabstimmung über die weitere nationalstaatliche Zugehörigkeit statt. Südjütland wurde dann in zwei Zonen unterteilt. In der Nordzone stimmten drei Viertel für die dänische Zugehörigkeit, während in der Südzone 80 Prozent für die deutsche Zugehörigkeit zum Freistaat Preußen stimmten. Die Grenzen blieben unverändert, auch während des Zweiten Weltkriegs und danach.

Nur wenige Kilometer von Stolk entfernt, liegt Idstedt. Dies ist ein historisches Gebiet, das für die große Schlacht des ersten Schleswig-Krieges bekannt ist, die im Jahr 1850 stattfand. Zwischen Stolk und Idstedt befindet sich das Denkmal für Generalmajor Friderich Adolph Schleppegrell (1792–1850), der, während der Schlachten gefallen war.[14] Interessanterweise war er ein norwegischer Berufsoffizier, sowohl väterlicher- als auch mütterlicherseits westfälischer Abstammung. Er kämpfte für die dänisch-norwegischen Streitkräfte gegen die Schleswig-Armee.

14 https://snl.no/Frederik_Adolph_von_Schleppegrell

Früheres Stolk in Schleswig. Aus der Sammlung von Gerd Tams.

Nach Angaben des Volksbundes gab es 17 Soldaten mit dem Nachnamen Börnsen, die im Zweiten Weltkrieg starben. Die überwiegende Mehrheit stammte aus kleineren Dörfern in Schleswig, einige wenige aus Hamburg. Christian Johannes Börnsen hatte sogar einen jüngeren Namensvetter aus Hamburg, der am Heiligabend 1944 in Arsdorf in Luxemburg fiel. Er ist heute in Frankreich begraben.

Christian Börnsen auf Alfaset Friedhof gehörte zur *Kompanie* 10./III. /*Grenadier Regiment 740*, der Teil der *710. Infanteriedivision* des Oberkommandos der Armee (AOK) in Norwegen war. Diese Einheit wurde von dem erfahrenen und hochdekorierten General der Infanterie aus beiden Weltkriegen, Theodor Petsch aus Berlin, angeführt, der den Krieg überlebte.[15] Im Jahr 2009 wurde in dem Haus, in dem er in Kassel gelebt hatte,

15 https://www.lexikon-der-wehrmacht.de/Gliederungen/Infanteriedivisionen/710ID.htm

in einer Wand eine alte Aufbewahrungsbox mit verschiedenen Dokumenten, Büchern, Karten, Fotos und einer Waffe gefunden. Unter den Büchern befand sich auch das Propagandabuch »Wofür kämpfen wir?« von 1944. Das ist ein Buch, das den General, der am Ende des Krieges eine passive Rolle übernahm, kaum beeindruckte. Er kam mit nur zwei Jahren in amerikanischer Gefangenschaft davon.

Den Quellen zufolge wurde die Divisionseinheit am 2. Mai 1941 als bodengestützte Ersatztruppe für die Infanterie und für einen Teil der besetzten Gebiete eingerichtet. Die Einheit befand sich unter dem Kommando LXX nördlich von Oslo. Sie war für die Küste von der schwedischen Grenze nach einem Teil die Küste Südnorwegens verantwortlich. Im Jahr 1943 wechselte der Verantwortungsbereich in den Abschnitt Oslo – Lindesnes, sodass die Hauptstadt die nördlichste Grenze der Division bildete. Die Division war dem Oberkommando der Wehrmacht in Norwegen untergeordnet und zielte unter anderem darauf ab, die Küstenabschnitte in Südnorwegen zu schützen – eine sehr schwierige Aufgabe aufgrund der Natur der norwegischen Küste mit all ihren Fjorden, Riffen und Inseln.

General Theodor Petsch, Oberbefehlshaber von Christian Börnsen in Norwegen. Foto: Lothar Koch.

Christian Börnsen wurde im April 1941 im Rahmen der 15. Welle zur Wehrmacht einberufen. Es handelte sich um den Wehrkreis X, unter der Leitung des dekorierte preußischen Generals Erich Raschick. Die einberufenen Wehrpflichtige kam aus Schleswig, Hamburg und den Gebieten um Bremen und Hannover. Diese Kreise wurden in mehrere geografischen Untereinheiten (*Standorte*) unterteilt. Börnsen war wahrscheinlich in der Nähe seiner Heimatstadt im Kreis Stolkerfeld eingeschrieben, kam aber wahrscheinlich schnell zum Hauptquartier des Bezirks Hamburg, wo er seine Rekrutenausbildung erhielt, bevor er nach Norwegen kam.

Nach der Schlacht von Stalingrad vom Herbst 1942 bis zum Winter 1943, entwickelte sich der Krieg zu Gunsten der Alliierten, was sich auch auf das Muster der Militärbewegung in Norwegen auswirkte. Im August 1943 wurde die 710. Infanteriedivision mit einem Ingenieurbataillon verstärkt, gefolgt von einem Artillerie-Regiment im Juli 1944. Offensichtlich war Verstärkung erforderlich. Zum ersten Mal seit der deutschen Besetzung Norwegens, bestand die reale Möglichkeit eines alliierten und hauptsachlich englischen Überfalls mit Truppen auf norwegischem Boden. England hatte 1944, sowohl in norwegischen Gewässern als auch im Luftraum, sich die Oberhand gewonnen.

Am Februar 1945 wurde das Bataillon von Christian Börnsen über Dänemark an die italienischen Fronten gebracht. Diejenigen, die das Glück hatten, die letzten Schlachten vor der Kapitulation zu überleben, landeten in amerikanische Gefangenschaft. Sie waren nicht die schlimmsten, die gefangen genommen wurden. Den Wehrmachtsoffizieren war befohlen worden, bis zu der letzten Patrone zu kämpfen, aber nicht jeder nahm dies wörtlich.

Von den zwischen 350.000 und 400.000 deutschen Soldaten, die sich in den Besetzungsjahren von 1940 bis 1945 zu verschiedenen Zeiten in Norwegen befanden, überlebte die überwiegende Mehrheit. Viele Soldaten hatten ihre Herausforderungen. Bei dem Treffen mit Einheimischen kam es zu Spannungen, da viele Norweger ihre Unzufriedenheit zum Ausdruck brachten, häufig jedoch ohne gegen formelle Regeln oder Verbote zu verstoßen. Es gab auch viele Beispiele für eine pragmatische Haltung, in der die Besetzer ein Weg fanden, mit Norwegern zu interagieren, ohne Würde und Menschlichkeit in dieser notwendigen Gemeinschaft zu bewahren. Die Soldaten könnten beispielsweise auf norwegischen Bauernhöfen helfen und ihr Wissen und ihre Kräfte gut nutzen. Manche deutschen Soldaten langweilten sich im friedlichen Norwegen und hatten wenig zu tun. Es war wahrscheinlicher, an Krankheiten, in Unfällen oder durch Selbstmord zu sterben als im Kampf.

Christian Börnsen war einer von denen, die außerhalb der Kämpfe starben. Er starb am 16. Januar 1944 an etwas so Trivialem, aber Ernsthaftem wie einer Blinddarmentzündung in einem Kriegskrankenhaus in Skien, an genau dem Tag, an dem General Dwight D. Eisenhower oberster Befehlshaber der Alliierten in Europa und im Atlantik wurde. Börnsen diente zu der Zeit im Gebiet Grenlands, zwei Stunden Südwest von Oslo entfernt, als einer von zu 6.000 deutsche Soldaten, die während des Krieges in der Region gedient haben. Die meisten waren gewöhnliche Wehrmachtssoldaten.

Es gibt viele Hinweise darauf, dass Börnsen mit dem »Vallermyrene Lager« in Porsgrunn in Verbindung gebracht werden kann. Dieses wurde 1940/41 von den Deutschen von Grund auf neu gebaut, um Pferde unterzubringen. Auch deutsche Tierärzte waren wegen der Pferde beschäftigt. Das Lager, dass »Lager Franken« genannt wurde, ist bis heute gut erhalten. Es liegt auf dem Land in einem großen Gebiet mit Kasernen, Stallgebäuden und einem größeren Haus, das als Militärmesse genutzt wurden war. Die in Deutschland gebauten Ställe zeichneten sich dadurch aus, dass sie einen erhöhten Mittelteil hatten. Obwohl die Pferdepflege vielleicht der Hauptzweck von Vallermyrene war, bezeugen mehrere Wälle mit Bunkeranlagen, dass es auch ein Militärlager war.

Nach der Kapitulation im Mai 1945 wurde Vallermyrene als Arbeitslager für die deutschen Kriegsgefangenen weitergeführt. Dort versuchten gesuchte Nazis, darunter auch der SS-Offizier Heinrich Fehlis, sich nach der Kapitulation zu verstecken. Als er merkte, dass er damit keinen Erfolg haben würde, beging er Selbstmord.

Christian Johannes Börnsen stammte aus einem von Bauernhöfen dominierten Gebiet, als Sohn von Jürgen Heinrich Börnsen (1871-1928) und Margaretha Christina Möller (1876-1969). Er war selbst Bauer auf einem Bauernhof mit mehreren Pferden in Stolk, bevor er im Dienst der Wehrmacht nach Norwegen musste. Er wusste sicherlich viel über die Pflege von Pferden, was im Lager Franken mit seinen riesigen Pferdeställen nützlich war.

Bauer Christian Börnsen wurde am 21. Januar 1944 in Ekeberg beigesetzt, und sein Grab wurde später nach Alfaset verlegt. Er war damals kein ganz junger Mann mehr. Er wurde 37 Jahre alt. Er hinterließ seine Frau namens Meta Börnsen, mit der Heimatadresse Stolkerfeld, Kreis Schleswig.

Durch den Kontakt mit dem Bürgermeister von Stolk, Hans-Werner Staritz, ergaben sich neue Informationen für der Verfasser dieses Buches. Er hatte Meta Börnsen gekannt. Sie war im Jahr 2012 geboren, und lebte noch bis 2009. Das Ehepaar hatten auch einen Sohn, Jürgen-Heinrich (1938-2008). Der Sohn von Christian Börnsen heiratete Charlotte Irma Kreutz, im Jahr 1940 in Königsberg geboren. Das Ehepaar bekam vier Kinder: Manuela Marta (1961), Kirsten Meta (1963), Anja Margret (1966) und Jörg Christian (1969). Bürgermeister Staritz hat wahrscheinlich mitfühlend als Vermittler zwischen dem Autor und der Verwandte von Christian Börnsen fungiert.

Christian und Meta heirateten am 25. August 1935. Jürgen-Heinrich war ihr einziges Kind. Metas Mädchenname war Carstens. In der Lokalzeitung »Schleswiger Nachrichten« wurde am 7. Februar 1944 ein Nachruf auf Christian Börnsen veröffentlicht, in dem es heißt, seine Kameraden wären bei seiner Beisetzung auf dem Ekeberger Ehrenfriedhof anwesend gewesen. In tiefster Trauer hinterließ er seine Frau und seinen Sohn, seine Mutter Margot (Margaretha), die Schwiegereltern und den Rest der Familie Börnsen und Carstens.

Die Anzeige ist wie üblich nach nationalsozialistischem Standard gestaltet. Über dem Namen des gefallenen Soldaten befindet sich ein Kriegskreuz neben dem folgenden Einführungstext: »Immer bereit, für unseren Führer im Kampf um das Schicksal unseres Vaterlandes …«

Christian Börnsen hatte neun Geschwister, drei Brüdern und sechs Schwestern, geboren zwischen 1896 und 1917. Er war Nummer sechs in der Reihenfolge. Die Familie muss eine der größten in dem kleinen Dorf mit 600–700 Einwohnern gewesen sein. Peter Börnsen (1896–1986), die ältesten Geschwister von Christian Börnsen, ließ sich in Eckernförde bei Kiel nieder. Er war während des Ersten Weltkriegs Soldat gewesen, und trat neben seiner Arbeit als Landarbeiter als aktiver und ideologischer Nazi auf. Er wurde NSDAP-Führer in Eckernförde, SA-Standartenführer und Mitglied des Deutschen Reichstags im gesamten Dritten Reich. Er wurde wegen seines Engagements im nationalsozialistischen Deutschland im Rahmen einer gerichtlichen Einigung im Bielefeld, zu drei Jahren Gefängnis verurteilt. Später arbeitete er als Beamter in Flensburg im Bauwesen und wurde ein alter Mann. In Stolks Wikipedia-Artikel gibt es einen Link zu einem Artikel über ihn als berühmte und öffentliche Persönlichkeit aus dem kleinen Dorf. Der Artikel ehrt ihn nicht, sondern stellt ihn als einen bekannten Menschen des Dorfes dar, obwohl er ein aktiver Nationalsozialist war.

Christian Börnsen entschied sich für eine völlig andere Karriere, die von einem starken Willen, harter Arbeit und Eigenständigkeit in einer zehnköpfigen Geschwistergruppe geprägt war. Auf einem alten Bild vom Hof in Stolk, sieht man ihn mit Kindern, die zusammen mit Pferden stehen. Im Jahr 1939 übernahm Christian den elterlichen Bauernhof in Stolk, ein Jahr nachdem er Vater geworden war. Er war also in erster Linie ein Bauer, aber sein Tod in Norwegen wurde auch zum traurigen Schicksal seines Bauernhofs.

Nach dem Krieg, der Christian Johannes genommen hatte, zusammen mit dem Traum, als Familie gemeinsam einen Bauernhof in Stolk zu führen, verpachtete Meta das Land um die Wirtschaftsgebäude herum. Sie nahm eine Stelle in einer Gärtnerei im Nachbardorf Böklund an. Später verkaufte der Sohn das Land als Baugrund und baute sein eigenes Haus in der Nähe. Der ursprüngliche Bauernhof der Börnsens wurde leer gelassen, und mit der Zeit wurde er baufällig. Heute gibt es nur noch Ruinen, Wälder und Ödes Land.

Christian Börnsen im Militärurlaub 1942 mit Meta und Jürgen-Heinrich, etwa 4 Jahre alt. Privatfoto.

Christian Börnsen mit unbekannten Kindern auf dem Bauernhof, 1934. Privatfoto.

Die Tatsache, dass er erst 1941 einberufen wurde, könnte darauf hindeuten, dass er kein engagierter Nationalsozialist war, sondern ein gewöhnlicher Mann. Mit seiner Kriegsbeteiligung kam er mehr oder weniger unfreiwillig seiner Pflicht nach.

Immer bereit, für unsern Führer im Kampf für das Schicksal unseres Vaterlandes einzutreten, wurde mitten im großen Ringen unserer Zeit der Obergefreite

Christian Börnsen

ᛘ 30. 5. 1906 ᛣ 16. 1. 1944

infolge einer schweren Erkrankung dahingerafft. Auf dem Ehrenfriedhof Ekeberg in Oslo bestatteten ihn seine Kameraden zur letzten Ruhe.

In inniger Liebe gedenken seiner

seine Frau Meta Börnsen, geb. Carstens, und sein kleiner lieber Bub Jürgen-Heinrich; die tieftraurige Mutter Marg. Börnsen; die Schwiegereltern Fritz Carstens und Frau, Dennholm; Familie Börnsen; Familie Carstens.

Stolkerfeld, den 7. Februar 1944.

Ruhe in Frieden!

Der Todesanzeige auf Christian Börnsen in der Lokalzeitung »Schleswiger Nachrichten«.

Der Bauernhof der Börnsens in Stolk, bevor er verfiel. Privates Foto.

Hubertus Sapia (24.7.1920–23.2.1944)

(Hals- und Lungenentzündung, Kirkenes/Oslo)

Auf dem Alfaset-Friedhof erhielt der am 24. Juli 1920 geborene Obermaat Hubertus Sapia, zusammen mit dem Oberkraftfahrer Heinrich Halm und Schützen Hans Grothhof, sein Grab aus massivem Granit.

Obermaat war die Bezeichnung für einen Unteroffizier der Kriegsmarine. Es bedeutet, dass Sapia als einziger der zehn Soldaten, mit denen sich dieses Buch befasst, eine sogenannte Militärkarriere bei den deutschen Streitkräften absolviert hatte. Wie werden jedoch sehen, dass auch er ursprünglich ein ziviles Leben und Beruf, sowie eine zivil geprägte Rolle als Soldat hatte.

Der slawisch klingende Sapia ist ein seltener Name. Nur 10 Soldaten mit diesem Namen gelten nach den umfangreichen Archivquellen des Volksbundes als tot oder vermisst. Praktisch alle gefallenen Soldaten mit der Name Sapia stammen aus den östlichen Gebieten, aus Städten wie Tarnowitz, Laurahütte und Friedrichswille. Aus der letztgenannten Stadt kamen zwei junge Männer namens Karl und Nikolaus Sapia, beide im Jahr 1913 geboren. Alle diese Städte befinden sich heute in Polen. Während Karl in Belarus als tot registriert ist, wird Nikolaus immer noch vermisst.

Hubertus Sapia stammte aus der Kleinstadt Boberröhrsdorf im Kreis Hirschberg, einem Teil des Regierungsbezirks Liegnitz. Die Kreisstadt hieß auch Hirschberg (Jelenia Góra auf Polnisch), eine Stadt, die 1910 fast 90.000 Einwohner hatte. Die Einwohnerzahl sank aber im Jahr 1925 auf 70.000, im Jahr 1939 stieg sie dann wieder auf 80.000 Einwohner.

Diese Gegend ist ein Teil des Berggebiets namens Riesengebirge im alten deutschen Schlesien. Hirschberg wurde oft Hirschberg im Riesengebirge genannt.

Als Hubertus Sapia sieben Jahre alt war, hatte Boberröhrsdorf 1.728 Einwohner, die nach alten Registern etwa in 400 Haushalten lebten. Die Bevölkerungszahl blieb in den 1930er-Jahren stabil. Dies war eine ländliche Umgebung, aber das Adressenbuch von 1927 zeigt, dass das Einkommen weit mehr als nur aus der Landwirtschaft stammte. Es gab mehrere Handwerker (die meisten waren Schneider), aber auch viele ungelernte und qualifizierte Industriearbeiter. Auf dieser Grundlage lässt sich leicht feststellen, dass der Bezirk Hirschberg ein ausgesprochen industrielles Gebiet war, und dass die meisten Menschen in Boberröhrsdorf in der Industrie tätig waren. Die Ungelernten wurden nur als Arbeiter aufgeführt. Daneben gab es auch Beamte so wie Lehrer. Diejenige die Privilegien eigener Wohnsitz zu besitzen hatten, wurden als sogenannte Hausbesitzer aufgeführt, oft in Kombination mit einem Beruf wie Maurer oder Fabrikarbeiter dokumentiert. Aufgeführt sind auch Witwen, die wahrscheinlich während des Ersten Weltkriegs ihre Ehemänner verloren hatten und von einer kleinen Rente lebten.

Die Nationalsozialisten haben schon früh in der Region Fuß gefasst. Bei den Parlamentswahlen Anfang März 1933, erhielt die NSDAP mehr als die Hälfte der knapp 50.000 gültigen Stimmen im Wahlkreis Hirschberg, mehr als doppelt so viele wie die Sozialdemokraten (SPD), und das in einem Gebiet, das eine sichere Bastion der Arbeiterbewegung gewesen sein muss. Die nationalsozialistische Wochenzeitung »Beobachter im Riesengebirge« verbreitete Propaganda. Die Zeitung wurde gegründet, bevor Hitler an die Macht kam. Das Logo war ein großer Adler mit dem Hakenkreuzsymbol. In der Schule, in die Hubertus Sapia und die anderen Mitschüler gingen, wurde durch den Einfluss der NS-Lehrergewerkschaft Grundbegriffe der Nationalsozialismus gelernt.

Hubertus Sapias Mutter hieß Hedwig. Sein Vater hieß Matthias Sapia und war Maschinist (Maschinenführer). Es gab nicht viele mit diesem Beruf und diesem Titel. Es muss etwas Besonderes und Außergewöhnliches gewesen sein, diesen Beruf auszuüben. Wahrscheinlich galt seine Arbeit als höherwertiger als die eines gewöhnlichen Industriearbeiters, aber auch möglicherweise weniger als die eines Ingenieurs. Er hatte vermutlich eine Form der Ausbildung in der lokalen Industrie durchgeführt, eine Industrie, die den Einsatz von Maschinen erforderte.

Am 30. Juni 1938 wurde Hubertus Sapia in die Marine eingetreten. Sein offizieller Dienst begann am 1. November desselben Jahres. Die ersten Monate bestanden aus der Grundausbildung. Inzwischen Dezember 1938 und April 1939 wird in den Dienstdokumente angegeben, dass er Teil einer Ausbildungseinheit unter dem Namen 11. S.St.A. war, wahrscheinlich eine sogenannte Schutzstaffel-Abteilung, also der SS.

Bevor er zur Marine kam, ist er beruflich als Schmied aufgeführt, eine in seiner Heimatstadt übliche Beschäftigung mit viel Handwerk und Maschinenbau. In den Militärpapieren steht bei Religion »Glbl.« Das ist die Abkürzung für »Gläubiger«, aber es fehlt die Information, ob er Katholik oder ein Protestant war. Es ist höchstwahrscheinlich, dass er ein sogenannter *Gottgläubiger* war. Das war eine Art von nationalsozialistischem Christentum, das die NSDAP gegründet hatte, um den Einfluss der katholischen und protestantischen Kirchen zu schwächen. Diesen Kirchen, insbesondere der katholischen, distanzierten sich deutlich vom Nationalsozialismus, mussten sich aber wie alle deutschen Organisationen an die Diktatur anpassen.

Seine Religion als Gottgläubiger und die Tatsache, dass Sapia möglicherweise eine Ausbildung bei einer SS-Einheit absolviert hat, könnte Aufschluss über seine Motivation als Soldat geben. Es ist dennoch schwer zu sagen, ob er tiefe ideologische Überzeugungen hatte. Möglicherweise ging es um externen Druck und Erwartungen aus der Umgebung. Nachfolgend wird beschrieben, dass er einen aktiven und besonderen Dienst innehatte.

Auch seine spätere Tätigkeit im Militär konnte hindeuten, dass Hubertus Sapia unter den zehn Soldaten in diesem Buch wahrscheinlich der am meisten ideologisch überzeugte war.

Beim Militär absolvierte Sapia eine Ausbildung zum Maschinisten. Aus den Unterlagen geht hervor, dass er am 1. Oktober 1939 seinen ersten Abschluss als Maschinengefreiter machte. Im folgenden Jahr wurde er Maschinen-obergefreiter. Am 1. Juni 1941 wurde er Maschinistenmaat, und zwei Jahre später, zu einer Zeit, als sich der Krieg zugunsten der Alliierten gewendet hatte, wurde Hubertus Sapia Obermaschinistenmaat.[16] Das bedeutet, dass er ein Unteroffizier mit technischer Verantwortung für Maschinen war, höchstwahrscheinlich an Bord von Kriegsschiffen. Dies belegen auch die Dokumente während seines Dienstes in Norwegen. Er hat seine Ausbildung 1941 abgeschlossen mit der Beurteilung 4+, eine ziemlich schwache Note. In jedem Fall ist es interessant, dass man auch während des Krieges eine formelle Ausbildung beim Militär absolvieren konnte. Bei ihm war dies ein Teil der Unteroffiziersausbildung in der Marine (Lehr-Abteilungen). Das konnte für ihm die Möglichkeit gewesen sein, eine kostenlose technische Ausbildung zu erhalten. Gleichzeitig muss er verstanden haben, woran er beteiligt war und was es bedeutete, sich aktiv an der deutschen Marine und für die Streitkräften einzubringen. Diese Erkenntnis mag nicht vor dem Angriff des Dritten Reiches auf Polen im September 1939 gekommen sein, aber vielleicht kurz danach, als Sapia Teil der Marine geworden sind. Es sieht ganz so aus, als hätte er sich freiwillig gemeldet, und zwar noch bevor die großen Aufstellungswellen in den Wehrkreisen gestartet hatten. In jedem Fall wäre er so oder so zu einem späteren Zeitpunkt hinzugezogen worden.

Hubertus wuchs kurz nach dem Ersten Weltkrieg im Osten der Weimarer Republik auf. Sein Heimatgebiet gehört heute zu Polen und heißt Siedlęcin. Auch Sapias Heimatstadt blieb von den Verwüstungen des Krieges nicht unberührt, aber der alte mittelalterliche Turm ist fast vollständig erhalten. Er wurde 1936 renoviert und verstärkt, und ist bis heute das vielleicht wichtigste Wahrzeichen des Ortes. Der aus dem 13. Jahrhundert stammende Turm hat 1,5 Meter dicke Mauern und ist 35 Meter hoch. An dem Mauern des Inneren sind gut erhaltene Fresken zu sehen.

16 Bundesarchiv, Personalakten von Hubertus Sapia, geb. 24.07.1920 (B 563 V/SPA-S/50).

Ansonsten war das Haus von Sapia vor allem für seine große Molkerei, Molkerei Boberröhrsdorf GmbH, bekannt. Während des Zweiten Weltkriegs stieg die Produktion in der Region, und die Molkerei wurde mit bis zu 80.000 Litern Milch pro Tag versorgt.

Der alte mittelalterliche Turm von Boberröhrsdorf (Siedlęcin) ist ein seltenes Denkmal aus der Heimatstadt von Hubertus Sapia.

Die Geschichte dieses Gebiets ist viel älter als der Nationalsozialismus. Zu Beginn des 16. Jahrhunderts war es kleinen Dörfern in der Gegend um Hirschberg gelungen, ein

Handwerksbetrieb für die Landbesitzer aufzubauen, die den Bauern in den Zeiten der Wirtschaftskrise mehr als ein Standbein gaben. Dies bedeutete, dass auch die kleinen Orte Handwerk entwickeln konnten. In der Habsburgerzeit bis zum 18. Jahrhundert war Schlesien mit Handelshäusern in Ungarn, Nürnberg und Augsburg verbunden, die in die Gewinnung von Mineralen aus dem Erz in den Bergen investierten. Dies führte zu einem wirtschaftlichen Aufschwung und einem weiteren Bevölkerungswachstum.[17]

Im 17. Jahrhundert war das Gebiet von dem schwedischen Präsenz infolge des Krieges zwischen Schweden und Polen geprägt. Das war, während die sogenannte »Dreißigjährigen Krieges«, die Elemente religiöser Konflikte enthielt. Hirschberg war ein Gebiet, in dem der Protestantismus mehrheitlich gelebt wurde (wie in Schweden), was im frühen 18. Jahrhundert unter Kaiser Joseph I. von der österreichisch-ungarischen habsburgischen Monarchie zum Bau der sogenannten Gnadenkirche Hirschberg führte. Die Schweden belagerten Glogau (Głogów), Brieg (Brzeg) und Oppeln (Opole) weiter östlich in Oberschlesien, einem Gebiet, das bereits in der 1920-Jahren polnisch wurde.[18]

Textilhandwerk war seit der Renaissance ein wichtiger Wirtschaftszweig in Hirschberg. Ende des 18. Jahrhunderts gab es unter den Webern Proteste gegen die hohen Garnpreise. Trotz des Wachstums und der Entwicklung in Industriezweigen, erlebte dieser Teil Schlesiens keine ähnliche Zentralisierung wie weiter östlich, wo Breslau zu einer Großstadt wurde. Aber auch im Westen hatten man eigenen kulturellen Angebote, zum Beispiel ein eigenes Theater In Hirschberg.

Nach dem Zweiten Weltkrieg konzentrierten sich die Polen, neben dem Bergtourismus, auf die weitere Entwicklung der Industrie in der Region.

In dem Buch »Schlesien – Kultur und Arbeit einer Deutschen Grenzmark« von 1926, schrieb Professor Dr. Bruno Dietrich aus Breslau, dass die schlesische Geschäftswelt lange vor dem Ersten Weltkrieg über nationale Grenzen hinweg bekannt war.[19] Nach dem Ruhrgebiet war Schlesien das zweitgrößte Gebiet der Schwerindustrie in Deutschland, unter anderem mit großen Kohle- und Eisenhütten. Im Jahr 1922 wurde das Gebiet infolge des Versailler Vertrags zwischen Deutschland und Polen aufgeteilt. In dem

17 Herzig, Geschichte Schlesiens: Vom Mittelalter bis zur Gegenwart C.H.Beck Verlag, München 2015, S. 22.

18 Englund, Peter, *Ofredsår*, Atlantis, Stockholm 1993.

19 Salomon/Stein, Schlesien, Kultur und Arbeit einer deutschen Grenzmark, Deutscher Kommunal-Verlag 1926.

Artikel des Breslaus Professors wird deutlich, dass die Folgen der Teilung die schlesische Industrie geschwächt hatten, weil die Produktionsflächen und die Infrastruktur zerrissen wurden. Einige die ehemaligen deutschen Bezirke, die an die polnische Regierung übergingen, wurden jedoch nach dem Ergebnis der Volksabstimmung von 1921 mit klaren pro-polnischem Zugehörigkeit freiwillig aufgegeben.

Der polnische Teil Schlesiens, die Gebiete um Katowice (Kattowitz), war ebenfalls von Industrie geprägt. Der bekannte polnische Kommunist, Widerstandskämpfer und Spion mit jüdischer Abstammung, Leopold Trepper (1904–1982), lebte in diesem Gebiet, das nach dem Ersten Weltkrieg von Österreich-Ungarn nach Polen verlegt wurde. Er beschrieb seine Heimatstadt Dombrowa als schwarz von Kohlenstaub. Die miserablen Bedingungen der Arbeiter weckten seine Zugehörigkeit zur Arbeiterklasse. Die Juden wurden von der polnischen Bevölkerung unter anderem durch Beschränkungen im öffentlichen Leben und bei der Zulassung zu Universitäten diskriminiert. Kampagnen sollten jüdische Unternehmen aus ihren Geschäften zwingen. Viele meinten, sie gehörten zu Palästina.[20]

Nach Angaben in Sapias Sterbedokumenten, war er mit der Soldatennummer O. 2874/38 T der Marineabteilung *Hafenschutz-flottille Kirkenes* angeschlossen, als er krank wurde und im Februar 1944 starb. Dort diente er als Obermaschinistenmaat. Diese Einheit wurde im März 1941 gegründet, aber Sapia kam erst später dazu. Obwohl sein Tod im Februar 1944 nicht durch einen Kampf verursacht wurde, können Sapias Dienst und Erfahrungen als sehr dramatisch beschrieben werden.

Die Dokumente zeigen, dass er eine aktive militärische Karriere im Zusammenhang mit der norwegischen Besetzung hatte.[21] Vom 4. April 1939 bis zum 9. April 1940, dem Tag, der Besetzung Norwegen, war er Maschinist auf dem Kreuzer »Königsberg«. Sapia war somit aktiv an der Invasion Norwegens beteiligt. Zuvor war er, seit der Gründung der Einheit in Stralsund, Mitglied der *11. Schiff-Stamm-Abteilung*.

20 Trepper, *Le Grand Jeu*, Frankreich 1975, S. 12-13.

21 Bundesarchiv, Personalakten von Hubertus Sapia, geb. 24.07.1920 (B 563 V/SPA-S/50).

Der Leichtkreuzer Königsberg, Hubertus Sapias Arbeitsplatz während der Invasion Norwegens am 9. April. Foto: Online-Bibliothek des Naval Historical Center.

Der im Jahr 1927 von der Kriegsmarinewerft in Wilhelmshaven gelieferte und bereitgestellte Leichtkreuzer Königsberg, war Teil der *Invasionstruppe Operation Weserübung der Kriegsschiffgruppe 3*. Das Hauptziel war die Eroberung von Bergen in der Nacht des 9. April, unter der Leitung von Konteradmiral Hubert Schmundt. Dieser Teil der Invasionstruppe bestand aus den Kreuzern Königsberg und »Köln« sowie mehreren Schnellbooten, Torpedobooten und einem Artillerieschulschiff.

Als die Truppe gegen Mitternacht in Korsfjord eintraf, wurde sie vom norwegischen Wachboot »Manger« kontaktiert, dass das Wachboot einem feindlichen Angriff standhalten wollte. Auch vor Signalleuchten wurde gewarnt. Die Deutschen gingen weiter in Richtung Bergen. Sie kamen an Minen vorbei. Am Eingang zum Hafen von Bergen wurden viele Infanteristen auf »Königsberg« auf die kleineren Hochgeschwindigkeitsboote umgeschifft. Der damalige Maschine-Obergefreite Sapia muss an Bord des Kreuzers geblieben sein. Zusammenstöße brachen aus, als die norwegischen Batterien »Kvarven« und »Hellen« das Feuer eröffneten. Die deutsche Taktik bestand darin, als britische Schiffe mit friedlichen Absichten aufzutreten. Diese Täuschung gelang nicht, aber die norwegische Kust-Artillerie war veraltet und hatte eine geringe Kapazität. In der Gegenseite zu Oscarsborg mit seinen Unterstutzungsbatterien, waren Kvarven nicht betriebsbereit, konnte aber mit Granaten feuern, die den Feind treffen konnten.

Mit Unterstützung aus der Luft war es der deutschen Marine trotzdem schnell gelungen, die strategischen, militärischen und zivilen wichtigen Punkte in Bergen und der Umgebung zu erobern, jedoch nicht ohne Verluste von Leben und Schäden an den Schiffen. Die Könighberg wurde getroffen, konnte aber bis zum Zentrum der zweitgrößten Stadt Norwegens weiterfahren. Dort wurde sie in einem desolaten Zustand zurückgelassen.

Königsberg lag in der Nacht von 9. bis 10. April am *Skoltegrunnskaien* am *Vågen* im Zentrum von Bergen, wo Hubertus Sapia und die anderen Maschinisten hart daran arbeiteten, Schäden zu reparieren. In Erwartung eines britischen Angriffs hielten sie die Kanonen bereit. Wie erwartet kam dieser Angriff, aber sie hatten keinen Blitzangriff aus der Luft erwartet. Bald brannte das Schiff und das Feuer konnte nicht gelöscht werden, da die elektrischen Wasserpumpen aufgrund von Stromausfällen nicht verwendet werden konnten. An Bord brach Panik aus. Nicht jeder konnte evakuiert werden, bevor das Schiff sank. 18 Männer starben, viele von ihnen waren Maschinisten wie Sapia.

Hubertus Sapia hatte das Glück zu überleben. Es ist nicht bekannt, ob er verletzt wurde, aber in den Dienstunterlagen heißt es, dass er ab dem 11. August 1940 mit der *Hafenschutzflottille Bergen* in Verbindung gebracht wurde. Es ist nicht bekannt was er nach die ersten drei Monate nach dem Angriff auf den Kreuzer, getan hat. Es kann nicht ausgeschlossen werden, dass er verletzt war und im Krankenhaus lag.

Wie viele andere deutsche Soldaten war sich Sapia wahrscheinlich dessen nicht bewusst, dass er an der Besetzung Norwegens teilnehmen sollte. Seine Aufgabe war es, dafür zu sorgen, dass die Maschinen an Bord funktionierten. Eine Aufgabe, bei der er sich zu einem Unteroffizier qualifizierte. Er war unter anderem im Jahr 1939 in der Nordsee beteiligt, bevor das Schiff 600 Infanteristen in Wilhelmshaven, kurz vor ihrer Abreise nach Bergen, aufnahm.

Nach dem Schicksal das Königsberg, gefolgt vom Dienst im Hafen von Bergen, wurde Sapia bis zum 9. Mai 1942 in die *Marine-Stamm-Abteilung Oslo*, die *Hafenschutzflottille Stavanger* und die *Hafenschutzflottille Oslofjord* versetzt. Hier war er wahrscheinlich auf mehreren kleineren Küstenkriegsschiffen im Einsatz. Nach den verschiedenen Stationen in Südnorwegen ging es dann für ihn bis nach Kirkenes, ganz in den Norden an die sowjetrussischen Gränse.

Die Papiere zeigen auch deutlich, dass er sowohl vor als auch während der Invasion von Norwegen in einem erwähnenswerten Dienst stand. Er hatte Kontakte zu der geheimen Marineeinheit Marinestoßtruppkompanie (kurz MSK), einer Eliteeinheit, die während der Invasion in Polen und dem Memelland, zwischen Ostpreußen und Litauen, im Jahr 1939 eingesetzt wurde. Das Memelland war ein weiteres Gebiet, das Deutschland nach dem Ersten Weltkrieg verlor. Sapia hatte heimliche Kontakte unbekannter Art zwischen Oslo und Elbing, östlich von Danzig, in den Jahren 1941–1942. Wenn er nicht auf See war, war er mit der *3. Artillerieabteilung Landkraft* verbunden.

Deutsche Soldaten evakuieren Königsberg im Hafen von Bergen.
Einer von ihnen könnte Hubertus Sapia gewesen sein.
Unbekannter Fotograf. Aus der Sammlung von Vegard Toska.

Es mag den Anschein haben, dass Sapia ein umfangreiches Bewegungsmuster hatte, das sich nicht nur auf Kirkenes erstreckte. Aufgrund seiner strategischen Lage im Norden nahe der russischen Grenze, gab es in Kirkenes eine große deutsche Militärpräsenz. Im Juli 1940 richtete die deutsche Marine unter dem deutschen Oberkommando für die nördlichen Gebiete von Norwegen die Kommandozentrale für den Hafenkapitän in Kirkenes ein. Im März 1942 wurde Kirkenes direkt dem deutschen Admiral der norwegischen Polarküste unterstellt. Admiral Hermann Böhm war der Oberbefehlshaber, gefolgt von Otto Ciliax.

Die Flottille bestand aus kleineren Gruppen von Kriegsschiffen oder U-Booten. Unter dem Namen Hafenschutz war Sapia Teil einer solchen Streitmacht, die den Hafen von Kirkenes vor Angriffen schützen sollte. Er muss die Gesamtverantwortung für den Maschinenraum eines Schiffes getragen haben. Hubertus war teilweise in die Fußstapfen seines Vaters getreten, der Maschinenführer und Industrieangestellte war. Ursprünglich war Hubertus dennoch, wie schon erwähnt, Schmid von Beruf.

Sapias Militäreinheit war kurz vor dem Beitritt der Sowjetunion zum Krieg gegen Deutschland, am Ende Juni 1941, gegründet worden. Die Verstärkung in Kirkenes muss daher im Zusammenhang mit der *Operation Barbarossa* gesehen werden. Die Hauptversorgungsleitung von USA und Großbritannien nach Murmansk und Archangelsk, verlief über die Nordsee. Bereits im August 1941 segelte der erste Konvoi von Handelsschiffen mit Kriegsgütern nach Nordrussland. Dazu sollte es während des Krieges eine Eskalation geben. Bis Mai 1945 gab es 41 alliierte Konvois. Die Deutschen wollten diese sowohl aus der Luft als auch auf See angreifen. In Kirkenes gab es nicht nur ein zentraler Schiffshafen, sondern auch ein Flughafen. Hier gab es auch eine separate Marineeinheit der OT-Organisation.

Der südliche Teil der Barentssee wurde während des gesamten Krieges zu einem der gefährlichsten Kriegsgewässer. Trotz schwerer Verluste durch Angriffe deutscher Torpedoflugzeuge und U-Boote, wurden 3,7 Millionen Tonnen Munition an ihre Ziele in Russland transportiert. Die Konvois wurden von Kriegsschiffen mit Flugabwehrgeschützen begleitet. Sie konnten sich gut verteidigen, sodass auch die Deutschen Verluste erlitten. In den letzten zwei Kriegsjahren war der Feind sowohl auf See als auch in der Luft stark geschwächt worden. Gleichzeitig war klar, dass russische Bodentruppen im Sommer 1944 mobilisieren wurden, um Öst-finnmark (nördlicher Teil von Norwegen) zu besetzen. Unter diesen Umständen operierte der junge Maschinist Hubertus Sapia aus in Kirkenes. Für den jungen Schlesier ging es einfach um das nackte Überleben, und trotz der mentalen Belastung auf sein Schicksal zu warten.

Kirkenes, Norwegen, als strategische Teil der umfangreichen Kämpfe im Norden.

Die Deutschen hatten sich früh in der Region Petsamo (Petsjenga auf Russisch) an der Grenze zu Norwegen in Finnmark niedergelassen. Diese Region gehörte vor dem Krieg zu Finnland. Die Finnen, die im Kampf gegen den Russland Unterstützung von den Deutschen erhalten hatten, begrüßten die Deutschen und konnten ihnen helfen, Murmansk anzugreifen. Im Sommer 1944 mussten sich die Deutschen jedoch nach einer großen russischen Offensive auf Finnmark zurückziehen.

Während die Norweger die Sowjetrussen als ihre Befreier betrachteten, war es für die Finnen anders. Sie hatten schon Karelien infolge des Winterkrieges von 1939 bis 1940 verloren. Nach dem Zweiten Weltkrieg verloren sie auch Petsamo.

Nach heftigen Kämpfen gegen russische Streitkräfte, unterstützt von norwegischen Widerstandskämpfern, verließ die Wehrmacht Kirkenes am Ende Oktober 1944. Der Befreiungstag war der 25. Oktober 1944. Kirkenes war die erste Stadt, über die die Rote Armee auf norwegischem Boden die Kontrolle erlangte. Auf diese Weise hat Kirkenes auch für die russische Identität eine wichtige historische Bedeutung erlangt. Ein Denkmal für die gefallene russische und norwegische Soldaten wurde gereist. Der russische Außenminister Sergej Lavrov nahm 2019 zusammen mit dem norwegischen Premierministerin Erna Solberg und der Königpaar Harald und Sonja an der Feier zum 75-jährigen Jubiläum die Befreiung Norwegens teil.

Die Russen nutzten die Befreiung der Finnmark aktiv, um Norwegen politisch zu beeinflussen. Nach dem Krieg befürchteten viele, dass Norwegen auch Teil des sowjetisch-russischen Warschauer Paktes werden würde. Es bedurfte politischer und diplomatischer Taktik, um Norwegen nach Westen auszurichten und bereits 1949 die Mitgliedschaft in der NATO zu sichern, als die diplomatischen Beziehungen zu Stalins Sowjetrussland gescheiterte.

Der Eintritt der Russen in Finnmark führte dazu, dass die Deutschen an mehreren Orten in Finnmark eine umfassende Verbrennung und Zerstörung von Siedlungen und strategischen Orten in Gang setzten, um der russische Vormarsch zu verzögern und zu erschweren. Sie hatten an vielen Orten in Petsamo dasselbe getan. Kirkenes war eine der Städte, die von dieser »Taktik der verbrannten Erde« schwer getroffen wurden. Die Gegenwart der deutschen in Finnmark hinterließ hässliche Spuren, was verständlicherweise bei vielen Einwohnern in Hass und Bitterkeit resultierte. Es wurde jedoch nicht alles zerstört. Die Wehrmacht gab ein Dokument über schutzwürdige Gebäude. In der Finnmark war dabei von mehreren Kirchen die Rede.

Einer der Augenzeugen war Kalle Wara aus Kirkenes (1923–2014), der über seine Erfahrungen während der Besetzung schrieb. In einen seine Bücher beschreibt er eine Reihe von Episoden über deutsche Brutalität, insbesondere gegen russische Kriegsgefangene, er schreibt aber auch über die Freundschaft mit einem gleichaltrigen deutschen Soldaten namens Franz.[22] Kalle lernte Franz nach der Kapitulation zu kennen, als dieser und die anderen Deutschen, selbst entwaffnet, gefangen gehalten und Minen und andere

22 Wara, *Nordpå, okkupasjonsminner fra Kirkenes-traktene,* Falken Forlag, Oslo 1984.

Spuren von der Besetzung aufräumen mussten, während sie darauf warteten, in ihrer Heimat zurückzukehren.

Hubertus Sapia nahm nie an der Zerstörung und den letzten Schlachten teil, erlebte jedoch, dass der Krieg in der Region eskalierte, dass die Russen mobilisierten und auf dem Weg in den östlichen Teil der Finnmark waren.

Obermaat Sapia starb am 23. Februar 1944 im Kriegslazarett 1./509 in Oslo an einer Hals- und Lungenentzündung. Seine Krankheit muss ernst gewesen sein da er den ganzen Weg nach Oslo transportiert worden war. Es könnte auch darauf hindeuten, dass er ein wertvoller Mann für die deutschen Streitkräfte war, bei dem alles darauf gesetzt wurde sein Leben zu erhalten. Nach einigen Tagen im Krankenhaus starb er und wurde am 29. Februar 1944 in Ekeberg beigesetzt. Später wurde sein Grab auf den Friedhof von Alfaset umgelegt.

Hubertus ist nur 23 Jahre alt geworden. Obwohl er wahrscheinlich nationalsozialistische Neigungen hatte, beschäftigte er sich als Maschinist vielleicht mehr mit den technischen Details an Bord von Schiffen als mit dem Kampf mit Waffen. Trotzdem war er offensichtlich ein motivierter Teil der deutschen Streitkräfte. Sein Dienst legt nahe, dass er mit der Artillerie in Verbindung gebracht wurde, wo er möglicherweise aktiv mit Waffen gekämpft hat und nicht nur technische Aufgaben hatte.

Nach Angaben in den Sterbeurkunden war Sapia unverheiratet. Man kann daher auch davon ausgehen, dass er keine Kinder hatte. Die Verwandte war seine Eltern Hedwig und Matthias Sapia. Matthias wurde als Werksführer einer Werkstatt, aufgeführt. Was mit seiner Familie passiert ist, als die Sowjetrussen kamen, ist unbekannt. Vielleicht hatte er Geschwistern.

Was von der Heimatstadt übriggeblieben war, wurde nach der Vertreibung der Deutschen von polnischen Siedlern besetzt. Die feuergeschädigten Dokumente über Sapia zeigen die Sichtbarkeit der verheerenden Bombardierung des Zentralarchivs von Kiel im Jahr 1945, oder dass die deutsche Wehrmacht selbst Spuren und Beweise vernichten würden.

Boberröhrsdorf und Hirschberg waren wie die anderen Gebiete des alten deutschen Schlesien nach dem Krieg Gegenstand der deutschen Erinnerungskultur. Im Jahr 1970 war Schlesien längst als polnisch etabliert. Damals kam es zu einem ernsthaften Konflikt mit gewaltsamen Zusammenstößen zwischen Industriearbeitern und Behörden. Als der deutsche Bundeskanzler Willy Brandt die Region besuchte, befürchtete die ältere polnische Bevölkerung, dass die Deutschen versuchen würden, ihre alten Gebiete zurückzuerobern. Das war nicht Brandts Absicht. Er versicherte die polnische Bevölkerung, dass Deutschland die sogenannten Oder-Neiße-Linie stand, die nach den beiden Flüssen benannt war. Brandt wollte die Beziehungen zwischen die West-Deutschen und Polen verbessern, als Teil sein strategische Öst-politik, eine Politik worüber er sein internationales Format als Friedenkämpfer zeigte.[23]

Militärische Aktivität im Hafen von Kirkenes, April 1942. Foto: krigsbilder.net (Lizenznehmer: Tore Greiner Eggan).

23 Herzig, S. 113.

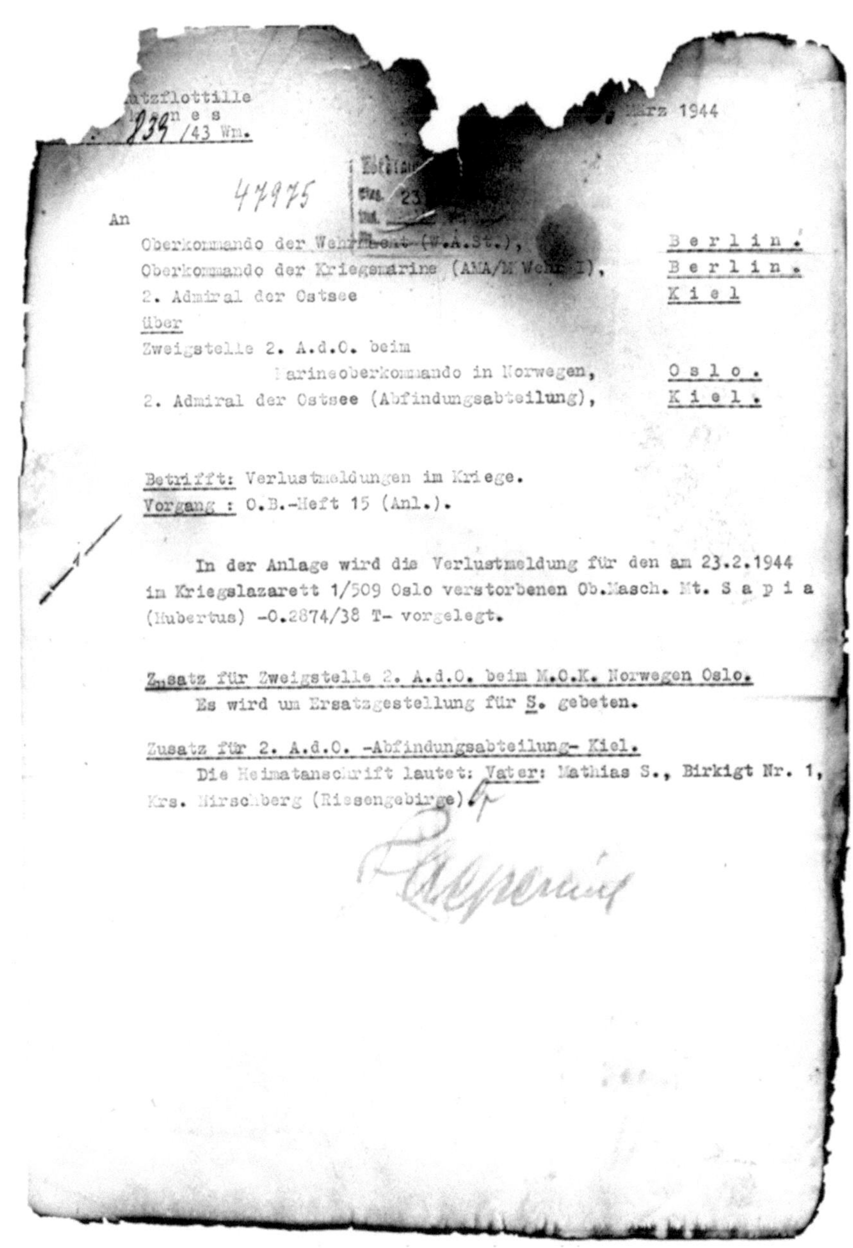

...tzflottille
...n e s
...839/43 Wm.

...ärz 1944

47975

An

Oberkommando der Wehrmacht (W.A.St.), Berlin.
Oberkommando der Kriegsmarine (AMA/M Wehr I), Berlin.
2. Admiral der Ostsee Kiel
über
Zweigstelle 2. A.d.O. beim
Marineoberkommando in Norwegen, Oslo.
2. Admiral der Ostsee (Abfindungsabteilung), Kiel.

Betrifft: Verlustmeldungen im Kriege.
Vorgang : O.B.-Heft 15 (Anl.).

In der Anlage wird die Verlustmeldung für den am 23.2.1944 im Kriegslazarett 1/509 Oslo verstorbenen Ob.Masch. Mt. S a p i a (Hubertus) -O.2874/38 T- vorgelegt.

Zusatz für Zweigstelle 2. A.d.O. beim M.O.K. Norwegen Oslo.
Es wird um Ersatzgestellung für S. gebeten.

Zusatz für 2. A.d.O. -Abfindungsabteilung- Kiel.
Die Heimatanschrift lautet: Vater: Mathias S., Birkigt Nr. 1, Krs. Hirschberg (Riesengebirge).

Hubertus Sapia muss ein wichtiger Mann gewesen sein, denn es wurde ein Brief an das Oberkommando geschrieben, in dem um Ersatz gebeten wird. Quelle: Bundesarchiv.

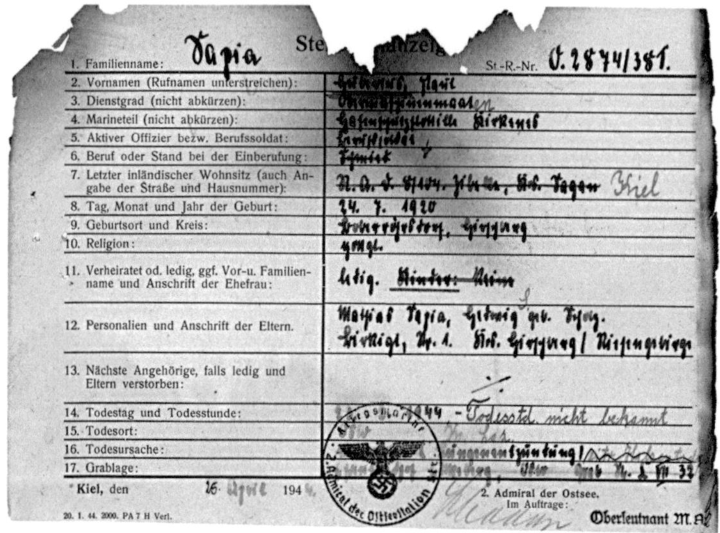

Sapia Ste[…]zei[…] St.-R.-Nr. 0.2874/381.

1. Familienname:	Sapia
2. Vornamen (Rufnamen unterstreichen):	[illegible]
3. Dienstgrad (nicht abkürzen):	[illegible]
4. Marineteil (nicht abkürzen):	[illegible] Kirkenes
5. Aktiver Offizier bezw. Berufssoldat:	[illegible]
6. Beruf oder Stand bei der Einberufung:	[illegible]
7. Letzter inländischer Wohnsitz (auch Angabe der Straße und Hausnummer):	[illegible] Kiel
8. Tag, Monat und Jahr der Geburt:	24. 7. 1920
9. Geburtsort und Kreis:	[illegible]
10. Religion:	[illegible]
11. Verheiratet od. ledig, ggf. Vor-u. Familienname und Anschrift der Ehefrau:	ledig. ~~Kinder: keine~~
12. Personalien und Anschrift der Eltern.	[illegible]
13. Nächste Angehörige, falls ledig und Eltern verstorben:	./.
14. Todestag und Todesstunde:	[illegible] 1944 – Todesstd. nicht bekannt
15. Todesort:	[illegible]
16. Todesursache:	[illegible]
17. Grablage:	[illegible]

Kiel, den 26. April 1944

2. Admiral der Ostsee.
Im Auftrage:
Oberleutnant M.A.

20. 1. 44. 2000. PA 7 H Verl.

Teile der Todesdokumentation von Hubertus Sapia, die einem Feuer ausgesetzt gewesen sein muss. Quelle: Bundesarchiv.

Kirkenes 1944/45 nach Bombenangriffen und Zerstörung. Foto: Finnmark fylkesbibliotek.

Ernst Schönfuss (22.12.1881 – 26.7.1944)

(Schädelbruch, Drammen)

Der zufolge des Grabsteines am 22. Dezember 1881 geborene Ingenieur Ernst Schönfuss, hat zusammen mit den Obergefreiten Erich Haertel und Joseph Welches seine letzte Ruhe gefunden. Das Geburtsdatum auf den Grabstein ist wahrscheinlich falsch. In anderen Quellen wird das Geburtsdatum 22. November 1881 angegeben. Ernst sticht sich unter den Soldaten hervor, nicht wegen des zivilen Ingenieurtitels, sondern wegen seines reifen Alters. Die alten Quellen, die im Genealogie-Forum *Ancestry* gesammelt wurden, liefern glaubwürdige Informationen über seine Familie. Sein voller Name war Ernst August Gustav Schönfuss. Die Eltern waren August Friedrich und Wilhelmine Friederike Schönfuss (geb. Wendt, ein Name, der auf schwedische Abstammung hindeuten könnte). Er hatte einen älteren Bruder namens Max Christian Friedrich August Schönfuss, 1879 geboren.

Die Familie Schönfuss stammte aus Segbadenhau, einem kleinen Dorf in der Gemeinde Sundhagen im Landkreis Vorpommern-Rügen, (ehemals Kreis Grimmen) in der ehemaligen preußischen Provinz Pommern. Die nächstgelegene Stadt ist die alte Hansestadt Stralsund, aber auch die Hansestädte Greifswald und Rostock befinden sich in der Nähe. Das Dorf liegt etwas abgelegen in einer flachen und ländlichen Gegend, die nach deutschen Verhältnissen dünn besiedelt ist. Landwirtschaft ist die wichtigste wirtschaftliche Basis.

Schönfuss' Heimat ist reich an turbulenter Geschichte. Die Gegend war von Mitte des 17. Jahrhunderts bis zum Ende der Napoleonischen Kriege im frühen 19. Jahrhundert Teil des Schwedischen Pommern. Die Schweden wurden in den deutschen Staaten gefürchtet. Auf den Wandtafeln der pommerischen Bewohner könnte stehen: »Bet Kindchen, Bet, Morgen kommt der Schwed«.[24]

Die Schweden begnügten sich nicht mit dem Einmarsch in Pommern. Sie griffen auch Brandenburg an, was 1675 zur berühmten Schlacht von Fehrbellin führte, in der schwedische Streitkräfte, angeführt von Graf Carl Gustaf Wrangel, gegen den Kurfürsten von Brandenburg und den Herzog von Preußen, Friedrich Wilhelm, verloren haben. Feldmarschall Wrangel muss ein ausgesprochen kriegerischer schwedischer Offizier gewesen sein. Er hatte lange versucht, den Friedensvertrag von Westfalen im Jahr 1648 zu vereiteln, obwohl die meisten beteiligten Parteien vom Krieg zerrissen waren und kurz vor dem Bankrott standen. Wrangel war von seinen eigenen Kriegserfolgen motiviert. Die Führung einer Armee brachte eine Reihe von Privilegien mit sich. Es waren oft arme Bauern, die den Preis für die Kriege zahlen mussten.

Die Schlacht von Fehrbellin inspirierte den deutschen Dichter Heinrich von Kleist, zum Stück »Prinz Friedrich von Homburg« (1810) zu schreiben, dass viel über den militärischen Ehrenkodex und das Gleichgewicht zwischen Entschlossenheit und Disziplin aussagt.

Nach dem Zweiten Weltkrieg wurde Westpommern in die sowjetische Kontrollzone und einen Teil der DDR eingegliedert, während Hinterpommern und der östliche Teil Pommerns (Stettin und Umgebung) von Polen übernommen wurde. Der sozialistische Staat der DDR wurde Ostdeutschland genannt, obwohl er in Wirklichkeit der zentrale Teil des Deutschen Reiches gewesen war, bevor das Land seine ursprünglichen Ostgebiete

24 Englund, S. 445

verlor. Heute gehört das Gebiet zum Land Mecklenburg-Vorpommern, einem schönen und grünen landwirtschaftlichen Gebiet mit alten Städten, die nach der Wiedervereinigung von Solidaritätszuschüssen der westlichen Bundesländer profitiert haben. Der Zugang zur Ostsee ist eine wichtige Lebensader für die Region.

Obwohl Schönfuss in Deutschland ein relativ seltener Familienname ist, zeigt die Übersicht des Volksbundes, dass im Zweiten Weltkrieg bis zu 22 Soldaten mit diesem Namen als gefallen sind oder vermisst gemeldet sind.[25] Es überrascht nicht, dass die meisten an der Ostfront fielen, einschließlich Gotthold Schönfuss, der in Stalingrad verschwand. Einige starben auch in Südeuropa und in Frankreich. Darüber hinaus starben im Ersten Weltkrieg mehrere mit dem Namen Schönfuss. Die Soldaten mit diesem Namen kamen aus ganz Deutschland, ihre Herkunft konzentrierten sich jedoch hauptsächlich auf kleinere Städte im sächsischen Raum wie Oberlungwitz, Stassfurt und Ottendorf-Okrilla, ebenfalls Städte in der ehemaligen DDR. Aus der Stadt Rodewisch kamen sowohl Johannes (geb. 1881) als auch Gustav Siegfrid Schönfuss (geb. 1913), möglicherweise Vater und Sohn. Während der ältere im Ersten Weltkrieg fiel, starb der jüngere im Zweiten Weltkrieg.

Unter den Gefallenen war nur Ernst Schönfuss aus Segebadenhau. Dieses kleine Dorf wird nur als sein Geburtsort angegeben. Ingenieur Schönfuss ist möglicherweise im Erwachsenenalter von dort weggezogen. Es könnte sein, dass einige der gefallenen Schönfuss-Soldaten, die in den ersten Jahrzehnten des 20. Jahrhunderts geboren wurden, seine Söhne waren. Ernst Schönfuss war, als er in Norwegen fiel und dort begraben wurde, der Einzige, der diesen Namen in der Wehrmacht trug.

In den alten Kirchenbüchern von Rostock fand sich 1934 ein Otto Georg Ernst Schönfuss (geb. 1920 in Schönberg bei Kiel). Sein Vater hieß Ernst Schönfuss, möglich »unserer« Ernst Schönfuss.

Unbekannt ist, wo Ernst Schönfuss studiert hat. Die nächstgelegene Ingenieursschule befand sich in Wismar. Allerdings wurde die dortige Ingenieurakademie erst 1908 gegründet, als Ernst Schönfuss bereits zwischen 26 und 27 Jahre alt war. Den Quellen zufolge arbeitete er als Schiffsingenieur, also musste er sich irgendwo spezialisiert haben. Möglicherweise hat er auch einen Ingenieurabschluss durch das preußische Militär

25 Digitale Suchdienst der Volksbund Deutsche Kriegsgräberfürsorge.

erhalten. Nach den militärischen Unterlagen im Bundesarchiv, diente er in der Marine, nachdem er zunächst als Zivilangestellter in einer Reederei.

Die Schifffahrtsingenieure hatten ihre eigenen Verbände, die auf einen gewissen Status und professionellen Stolz hinwiesen. Diese waren besonders in Hansestädten wie Hamburg und Bremen bekannt. Aber auch weiter östlich in Städten wie Rostock, Stettin, Danzig und Königsberg gab es separate lokale Verbände nur für Schiffsingenieure. Danzig (heute Gdansk) war eine große Stadt und ein sogenannter Freistaat, über den die Deutschen nach dem Ersten Weltkrieg die Kontrolle verloren, und das Ostpreußen zu einer Enklave machte.

Aus den Quellen geht hervor, dass Ernst Schönfuss eine Minna Anna Berta, geborene Niemann, geheiratet hat. Die Hochzeit fand am 8. November 1912 in Zingst am Darss in Pommern statt. Ihre letzte Wohnadresse, als Ernst Schönfuss starb, war die Strandstraße 13 in Zingst, der Stadt, in der sie verheiratet hatten. Das Ehepaar haben wahrscheinlich einige Jahre hier gelebt. Es ist nicht bekannt, ob sie Kinder hatten, aber das ist nicht unwahrscheinlich. Auch in Bezug auf die erwähnten Kirchenbücher in Rostock. Als der Schifffahrtsingenieur nach Norwegen ging, hätte er es auch schon schaffen können, Großvater sein können.

Ernst Schönfuss hatte auch eine Adresse in Hamburg angegeben, möglicherweise im Zusammenhang mit seiner Arbeit für die Reederei A. Kirsten, die ihre Büros in der großen Hansestadt hatte. Zu diesem Arbeitsverhältnis wird es nachfolgend noch weitere Informationen geben. Diese Wohnadresse befand sich am Dammerows Weg 4 in Hamburg.

Zingst liegt idyllisch auf einer Halbinsel an der Ostsee, und ist traditionell ein beliebtes Touristengebiet mit wunderschönen Stränden und Kuranstalten. Viele Deutsche verbrachten hier Sommermonate mit Ruhe und Erholung. Dies wurde so wichtig, dass die Eisenbahnlinie von Stralsund und Stettin im Jahr 1910 nach Zings erweitert wurde. Dort Zeit zu verbringen, mit Salzwasser und frischer Seeluft, galt als gesundheitsfördernd. Die norddeutschen Strände, sowohl an der Nordsee als auch an der Ostsee, sind sehr flach. An der Nordsee kann man bei Ebbe bis zu mehreren hundert Meter im Watt waten, bevor man das Wasser erreicht.

Im Jahr 1912 hatte die Stadt Zingst fast 1.300 Einwohner. Schönfuss arbeitete als Schiffsingenieur und hatte wahrscheinlich eine Arbeit, bei der er viel Zeit auf Schiffen verbrachte. Die Schifffahrt war vom 19. Jahrhundert bis zum Ersten Weltkrieg ein wichtiger Wirtschaftszweig der Stadt. Neben der Fischereiflotte, die in der Ostsee fischte, wurden auch Edelhölzer über kleinere Frachtschiffe nach Schweden transportiert. Die Stadt hatte zeitweise drei kleine Werften.

Motiv vom Strand in Zingst an der Ostsee etwa 1900.

Schönfuss ist ein Name, der wie viele aus Deutschland stammende Namen, auch in den USA vorkommt. Informationen über Passagiere, die zu Beginn des 20. Jahrhunderts aus Bremen ausgewandert sind, zeigen auf den Passagierlisten deutsche Auswanderer mit diesen Namen. Seit der Gründung der Reederei Norddeutscher Lloyd Bremen im Jahr 1857, stieg die Zahl der Auswanderer von Deutschland nach Amerika über die Hafenstadt Bremerhaven, sodass um die Jahrhundertwende fünf Millionen Menschen auswanderten. Einige der Auswanderer namens Schönfuss hatten auch eine technische Ausbildung wie Ernst Schönfuss. Ein Mann namens Frank H. Schönfuss gewann 1917 in Amerika sogar einen Ingenieurpreis. Der Familienname hatte somit Verbindung zu Technik.

Alten Büchern zufolge, die einen Überblick über Beamte in Preußen gaben, lebte ein Lehrer namens Schönfuss in Segebadenhau unter der Kreisschulinspektion Grimmen. Er ist in den Handbüchern für 1876, 1893 und 1907 eingetragen. Im Amtsblatt der Preußischen Regierung zu Stralsund von 1861, ist auch ein Lehrer namens Carl Wilhelm Schönfuss aufgeführt. Der Lehrer namens Schönfuss in Segebadenhau ist als einzige Person mit diesem Nachnamen in dem winzigen kleinen Dorf aufgeführt. Es scheint, dass er Lehrer an einer Internatsschule war, vielleicht mit einer Verbindung zur Landwirtschaft. Das Internat wird als sogenannte Landschule bezeichnet. Dabei handelt es sich um August Friedrich Schönfuss, dem Vater von Ernst Schönfuss. August Schönfuss ist im Kirchenbuch als Lehrer aufgeführt. Und vielleicht war daher Carl Wilhelm Schönfuss sein Vater, also der Großvater von Ernst Schönfuss auf Alfaset.

Im Kirchenbuch des Bezirks steht auch, dass Ernst am 18. Dezember 1881 getauft wurde, als viertes Kind der Familie.

Die Beamten hatten gut besetzte Positionen, da sie unter dem hohen Schutz des Königs von Preußen standen. August Friedrich Schönfuss hatte seine letzte Wohnadresse in Horst im Kreis Grimmen. Bei seiner Frau, der Mutter von Ernst, war Wismar als ihr letzter Wohnsitz eingetragen. Es könnte sein, dass sie eine Zeit als Witwe lebte.

Der alte Bahnhof in Zingst um 1910. Foto: Fischland-Darss-Zingst.net.

Der deutsche Schiffsingenieur Ernst Schönfuss überlebte den Zweiten Weltkrieg nicht, obwohl er lange durchhielt. Sein Schicksal in Norwegen war trivial, aber immer noch tragisch genug. Die Dokumente besagen, dass er von einem Fahrrad gefallen ist und sowohl einen Schädelbruch als auch eine schwere Hirnverletzung erlitten hat. Es liegt keine Information darüber vor, um was für ein Fahrrad es sich gehandelt hat, ob es mechanisch oder motorisiert war. In jedem Fall muss es einen starken Sturz gegeben haben. Er starb am 16. Juli 1944 in einem Krankenhaus in Drammen, einer mittelkleinen Hafenstadt eine Stunde von Oslo entfernt.

Nach den Unterlagen von Ernst Schönfuss hatte er eine Position als Schiffsingenieur (1. Ingenieur) auf dem Schiff »Titania« der Hamburger Reederei A. Kirsten. Das Unternehmen war 1878 vom Hamburger Schiffsmakler Adolph Kirsten (1839–1915) gegründet worden, und hatten sich zu eines der größten in Deutschland entwickelt. Das Unternehmen betrieb mehrere Linien, darunter eine zwischen Hamburg und London. Das Schiff Titania wurde nach Kriegsausbruch wahrscheinlich als Hilfsschiff für die deutsche Marine eingesetzt. Dies bedeutet, dass die Rederei eine aktive militärische Rolle übernahm, ohne direkte Beteilungen an Kriegshandlungen.

Es heißt auch, dass Schönfuss auf einem anderen Schiff namens »Jessica« gedient hatte, dass derselben Reederei gehörte. Dieses knapp über 1.000 Tonnen schwere Schiff wurde 1908 von der Flensburger Schiffsbau Gesellschaft für die Hamburg-London-Line gebaut. »Jessica« war in der deutschen Marine während des Ersten Weltkriegs im Einsatz.

Titania war ein kleines Küstenfrachtschiff mit einem Eigengewicht von weniger als 1.000 Tonnen, das 1912 in Elbing (Elbląg auf Polnisch) gebaut wurde. Das Schiff war zivil, konnte aber als Hilfsschiff beispielsweise U-Boote und andere Kriegsschiffe mit verschiedenen Gütern und Petroleum versorgen. Solch ein kleines Schiff fuhr logischerweise im lokalen Nahverkehr, wahrscheinlich entlang der norwegischen Küste im Süden. Das in Hamburg ansässige Unternehmen verfügte in seiner historischen Flotte über viele Schiffe. Bis zu vier Schiffe trugen zu der einen oder anderen Zeit den Namen »Titania«.

Als vertrauenswürdiger und loyaler Mitarbeiter im Dienst der Rederei hatte Ernst Schönfuss wahrscheinlich ausführliche technischer Kenntnis angeeignet. Mit großer Wahrscheinlichkeit verbrachte er die meiste Zeit auf Schiffen die verschiedenen Linien dienten, unter anderen von Hamburg bis London. Er hat sich vielleicht schon während des Ersten Weltkriegs um die Streitkräfte bemüht, ist aber in keinem Soldatenregister zu finden. Im Gegensatz dazu ist er infolge der Register der deutschen Marine im Zweiten Weltkriegs im Kriegsdienst zu finden.

Die Tatsache, dass er zur Marine gehörte, obwohl er hauptsachlich als Ingenieur diente, bedeutet wahrscheinlich, dass er mehr als ein gewöhnlicher Seemann auf einem Zivilschiff war als ein Soldat.[26]

Das Schiff »Titania« wurde nach der Kapitulation 1945 (damals unter dem Namen SS »Badenia«) von den Alliierten beschlagnahmt und 1950 verschrottet. Im Jahr 1942 wurde »Jessica« ebenso destruiert.

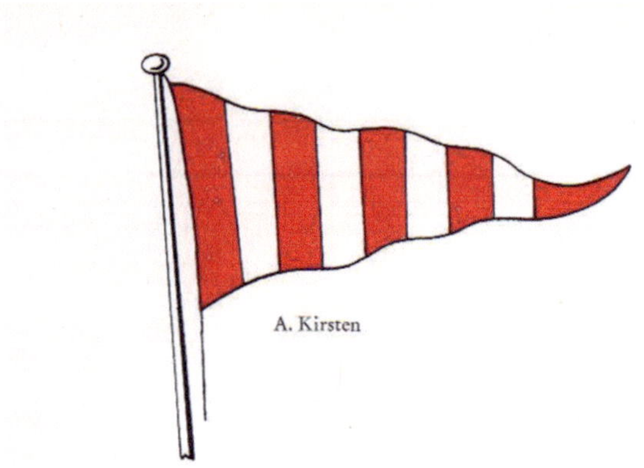

Die Schifffahrtsflagge der Reederei A. Kirsten, Hamburg, dem Arbeitgeber des auf dem Friedhof in Alfaset begrabenen Schiffsingenieurs, Ernst Schönfuss.

Sein Schiff muss sich zum Zeitpunkt des Unfalls im Hafen von Drammen befunden haben. Es war kein Zufall, dass ein Schifffahrtsingenieur der Wehrmacht in Drammen war. Drammen hatte ein großes Hafengebiet, das neben der Eisenbahn in der Stadt von strategischer Bedeutung war. Es ist nicht bekannt, ob Schönfuss auf einer besonderen Mission war. Vielleicht war es reine Erholungsfahrt mit einem Motorrad. In den letzten zwei Kriegsjahren stellte man bei den Besatzungsmächten eine gewisse Knappheit an dem Nahrungsmittel und Medikamenten fest.

Für die Soldaten muss diese Lage eine große mentale Belastung gewesen sein, unter

26 Bundesarchiv, Personalakten von Ernst Schönfuss, geb. 22.12.1881 (B 563 V/HPK-S-6-160).

feindlichen Umständen und der Gewissheit, dass das Deutsche Reich jeden Tag dem Ende zuging. Immer mehr Soldaten wurden krank und starben ohne direkte Beteiligung am Kampf. Auch die norwegische Widerstandsbewegung war mutiger geworden. Die Motivation zum Handeln hatte zugenommen, nachdem die Besetzungsmächte zwischen 1943 und 1944 die Mobilisierung von Arbeitsdiensten für norwegische Jugendliche eingeleitet hatten. Schönfuss' Schicksal wird auf jeden Fall als Unfall beschrieben und nicht als Folge von Angriffen oder Sabotage.

Seine Sterbedokumentation wurde bestätigt, unter der Schirmherrschaft der Reichskommissare für die Seeschifffahrt in Oslo, als Teil des obersten Leitungsorgans der deutschen Zivilverwaltung im besetzten Norwegen, unter dem direkten Kommando von Josef Terboven.

Ingenieure wie Ernst Schönfuss waren bei den deutschen Streitkräften gefragt. Es gab separate Ingenieurkorps, die sowohl der Zivilverwaltung als auch der Kriegsapparat angegliedert waren. Viele der Ingenieure waren die schon erwähnten OT-Ingenieure, die vom Rüstungsminister Fritz Todt eingesetzt wurden. Unter seiner Schirmherrschaft wurde eine umfassende Organisation aufgebaut, die verschiedene technische Dienstleistungen im Dritten Reich und in den besetzten Ländern erbrachte. Die OT-Organisation setzten eine große Anzahl von Kriegsgefangenen als Arbeitskräfte ein, oft unter grausamen Bedingungen. Unter anderem bauten 26.000 russische Kriegsgefangene in Nord-Norwegen Eisenbahnen für OT. Diese Organisation nutzte zwar norwegische Mitteln, aber auch die Deutschen investierten erheblich in norwegische Aktivitäten und Infrastrukturen, die aus dem eigenen Budget herausnahmen. Das führte dazu, dass Norwegen wahrscheinlich das Besetzungsland war, das materiell am besten aus dem Krieg hervorging.

Die OT war verantwortlich für den Bau von Verteidigungsanlagen, Kasernen, Straßen und Infrastrukturen, Versorgungsleitungen, Strom und Energie, Flughäfen usw. Die Mitglieder waren kein direkter Teil der Wehrmacht, aber hatten indirekte militärische Aufgaben und mussten dem Kommandanten wie den übrigen Verteidigungskräften die Treue schwören. Diese Organisation wurde durch die Legion Speer ersetzt, nach der Tod von Todt bei einem Flugzeugabsturz am 8. Februar 1942. Albert Speer (1905–1981) war bis dahin Hitlers Chefarchitekt und Rüstungsminister.

Der Begriff OT und die ursprüngliche Organisation blieben dennoch erhalten. Die OT-Ingenieure hatten wahrscheinlich hauptsächlich Aufgaben für die Armee, die Landstreitkräfte und die Luftwaffe, aber sie konnten auch mit der Marine in Verbindung gebracht werden. In Norwegen hatten sie viel zu tun, wo die Infrastruktur schlecht entwickelt war.

Im Sommer 1942 wurde im Rahmen der OT die sogenannte Einsatzgruppe Wiking mit Sitz in Kirkegata 15 in Oslo gegründet. Diese Gruppe war für Ingenieuraufgaben in Norwegen, Dänemark und Nordfinnland zuständig. Die Organisation übernahm die Arbeit, die das Reichskommissariat (RK) seit der Besetzung in Norwegen geleistet hatte, was darauf hinwies, dass Norwegen immer wichtiger wurde. Albert Speer gründete auch eine eigene Transportflotte kleiner Küstenschiffe in Norwegen, die für die Einsatzgruppe Wiking arbeiten sollten. Seine Rolle im Dritten Reich ist kaum zu unterschätzen. Speer sagte, er sei vielleicht der einzige richtige Freund von Adolf Hitler gewesen.

Es gibt keine Hinweise darauf, dass der evangelisch-protestantische Ernst Schönfuss ein ideologischer Nazi oder ein Berufssoldat mit starker Kampfmotivation war. Er war wahrscheinlich in erster Linie ein Zivilist, ein qualifizierter und engagierter Schiffsingenieur mit einer langjährigen Beschäftigung in einer traditionellen deutschen Reederei, die im Grunde nichts mit der deutschen Marine und der Wehrmacht zu tun hatte. Die zivilen Schiffe wurden für militärische Zwecke beschlagnahmt. Jeder musste zu einem totalen Krieg beitragen. Trotzdem war Schönfuss auch Teil einer Besetzungsmacht und eines Regimes, das keine friedlichen Absichten hatte. Niemand weiß, was er fühlte und dachte. Im Gegensatz zu vielen jungen und vielleicht etwas unreifen und naiven Soldaten, war er ein reifer Mann, der überall ein bisschen beteiligt war. Er ist in Preußen aufgewachsen. Das Militär war ein wichtiger Teil der alten preußischen Gesellschaft.

Im 17. Jahrhundert raste der Dreißigjährige Krieg, der zum Westfälische Frieden von 1648 führte (in Münster und Osnabrück). Darauf wird noch näher eingegangen. Im 19. Jahrhundert wurden mehrere Kriege gegen Schweden (der Pommerschen Krieg) und gegen Napoleon, Dänemark, Österreich und Frankreich geführt. Unter der Führung des preußischen Ministerpräsidenten, Otto von Bismarck, wurden die deutschen Staaten 1871 nach dem Sieg über Frankreich vereinigt und die Siegessäule in Berlin als Symbol für die Siege Preußens und des Deutschen Reiches errichtet. Preußen sollte sowohl während des Ersten als auch des Zweiten Weltkriegs weiterhin eine Rolle als Militärmacht spielen. Herman Göring (1893–1946) war Premierminister, Chef der Luftwaffe und einer der engsten Vertrauten Hitlers.

Preußen hatte seine Identität in vielerlei Hinsicht während der verschiedenen Kriege aufgebaut, bereits seit der großen Schlacht von Tannenberg und Grünfelde im Jahr 1410, im Rahmen des »Großen Krieges« (1409–1411) zwischen dem sogenannten *Deutschen Orden* unter der Führung von Hochmeister Ulrich von Jungingen gegen polnische und lettische Streitkräfte.[27]

Die besondere preußische Kriegeridentität könnte offenbar viel tiefer als der Nationalsozialismus gehen. Ein gutes Beispiel dafür ist der prominente Feldmarschall Erich von Manstein (1887–1973), preußischer Krieger, Stratege und einer der wichtigsten Militärführer Hitlers. Er war nie von Hitler beeindruckt, widersetzte sich aus militärischen Gründen dem Krieg der Führer an der Ostfront und protestierte sogar dagegen.[28] Es hätte ihm die Position kosten können, aber es hatte ihn dazu gebracht, etwas von seiner Selbstachtung zu behalten. Für Diktatoren ist es wichtig, dass sie es vorziehen, mit Dilettanten in Verbindung zu treten, und kritische Stimmen zu eliminieren.

Vielleicht wollte Ernst Schönfuss, wie Manstein, aus einem rein preußischen Pflichtgefühl heraus zum Kriegsgeschehen beitragen. Aber wahrscheinlich hatte er keine andere Wahl. Er begleitete seine Schiffe in Krieg und Frieden mit der Reederei als sein Arbeitgeber. In jedem Fall war die Arbeit mit zivilen Unterstützungsfunktionen als Ingenieur »unschuldiger« als das Tragen einer Waffe. Irgendetwas muss den älteren Ingenieur »mobilisiert« haben, sodass er seine Familie und sein idyllisches Zuhause mit ungewissem Ziel in der Ferne überließ. Er war so alt, dass es auch Alternativen hätte geben können. Die Pflicht jedoch stand für ihn an erster Stelle. Es kostete ihm das Leben. Die offizielle Beerdigung fand auf der Kriegsgräberstätte Ekeberg statt, eine ehrenwerte Beisetzung, die von dem Kommandanten von Oslo, als Teil der Besetzungsbehörden, organisiert wurde. Wie bereits erwähnt, wurden die deutschen Kriegsgräber nach Alfaset im Jahr 1952/1953 verlegt, wo Ernst Schönfuss seine letzte Ruhe gefunden hat.

27 Kossert, Andreas, Ostpreußen: Geschichte und Mythos, Siedler 2005, S. 40.
28 Knopp, Guido, Hitlers Krieger, Goldman Verlag 2000, S. 167-241.

Klemens Kellinghaus (1.12.1913–11.9.1944)

(Explosionsunfall, Lista)

Auf dem Alfaset Friedhof in Oslo liegt der Obergefreite Klemens Kellinghaus begraben, zusammen mit dem Oberschützen Hugo Lindemann und dem Gefreiten Albert Möller. In diesem Kapitel werden Kellinghaus, seine Wurzeln, sein Leben und sein Schicksal als Soldat unsere Aufmerksamkeit in Anspruch nehmen. Wer war er? Wo kam er her?

Am 1. Dezember 1913 wurde Klemens Kellinghaus in der kleinen Stadt Ibbenbüren, im Kreis Steinfurt in Westfalen, geboren. Hier wuchs er in einer großen Familie mit mindestens vier Geschwistern auf, mit seiner Mutter und seinem Vater, der als Bergarbeiter in den Kohlgruben arbeiteten. Die Stadt liegt in der Nähe der Universitätsstadt Münster, etwas nördlich des Ruhrgebiets in Westdeutschland.

Es gibt ein historisches Treiben in dieser Gegend. Westfalen hat unter verschiedenen Königreichen eine lange Geschichte erlebt. Am Anfang dem 17. Jahrhundert bestand Deutschland aus mehreren selbstverwalteten Kleinstaaten als löslichem Teil des sogenannten Heiligen Römischen Reiches. De größten und wichtigsten waren Preußen, Pommern, Mecklenburg, Brandenburg, Sachsen, Hessen, Westfalen und Bayern.

Schon seit dem späten Mittelalter verwüsteten mehrere Kriege das Gebiet unter anderem des Dreißigjährigen Krieges, mit der Beteiligung von deutschen Kleinstaaten und verschiedenen einfallenden Militärverbänden, an denen Spanien, Frankreich und Schweden beteiligt waren. In Westfalen wurden im Oktober 1648 zwei Friedensverträge geschlossen, die als Westfälischer Frieden bekannt sind. Der Friedensvertrag mit Frankreich wurde in Münster unterzeichnet, während der formelle Friedensvertrag mit Schweden in Osnabrück unterzeichnet wurde. Die Abkommen hatten erhebliche Auswirkungen auf große Teile Westeuropas und legten den Grundstein für wichtige Grundsätze des Völkerrechts – wie die Anerkennung der Souveränität der Staaten.

Die Friedensverträge führten in keiner Weise zu einem dauerhaften Frieden in den deutschen Staaten. Sie sollten weiterhin von allen Seiten bedroht werden, insbesondere von Frankreich und Schweden. Die Entwicklung der deutschen nationalen Identität, die die Kriegsnation Deutschland, und noch später den Nationalsozialismus prägen sollte, hat tiefe historische Wurzeln. Dieses Ereignis ist insbesondere von dem deutscher Philosoph Johan Gottlieb Fichte (1762-1814), der »Vater des deutschen Selbstbewusstseins« (Formulierung der Verfasser), zu spuren.[29]

Nach den Napoleonischen Kriegen, 1803–1815, wurde Münster als Teil des Königreichs Preußen die Landeshauptstadt Westfalens. Zuvor war das Gebiet seit einiger Zeit unter französischer Kontrolle. Obwohl Ibbenbüren seit dem 12. Jahrhundert bestand, wuchs die Stadt erst im 18. Jahrhundert im Zusammenhang mit dem Bergbau. Die wirtschaftliche Basis der Stadt sollte stark vom Kohlebergbau beeinflusst werden. Hier wurde bis 2018 Kohle gefördert.

Während der Weimarer Republik gelang es den Nationalsozialisten, einen starken Einfluss auf die Bergbauunternehmen zu erlangen. Das hat die Familie Kellinghaus direkt betroffen, da der Vater, August Kellinghaus, seine Arbeit in den Kohlengruben hatte, um seine große Familie zu versorgen. Eine lokale NSDAP-Fraktion wurde be-

29 Thorsen, *Tyske selvbilder og tysk identitet 1800-1914*, Historisk institutt - Universitetet i Oslo, 1998.

reits 1928 zu einer mächtigen Einheit zusammengeführt und begann früh, ihre Propaganda zu verbreiten.[30] Nachdem Hitler, Ende März 1933, die Macht übernommen hatte, konnten die Nazis mithilfe der Sturmabteilung (SA) und der SS die Kontrolle über die wichtigsten Regierungsfunktionen der Stadt übernehmen. Beim Gerichtsgebäude in der Stadt war es ein Muss, Naziflaggen zu hissen. Ibbenbüren war nicht die einzige Stadt, die unter die scharfen Befehle der Nationalsozialisten geriet. In ganz Westfalen wurden immer mehr Straßen nach dem preußischen Ministerpräsidenten, Hermann Göring, benannt.

Für die Juden von Ibbenbüren war diese dunkle Ära der Beginn einer Zeit der Belästigung und Verfolgung, die unter anderem die jüdischen Ladenbesitzer zu spüren bekamen. Am 10. November 1938 wurde die Synagoge in der Schulstraße im Rahmen der Kristallnacht (Pogromnacht, wie sie heute in Deutschland heißt) von der Menge in Brand gesteckt. Mehrere Juden beschlossen, die Stadt zu verlassen, während Nationalsozialisten und andere ihre Grundstücke für billiges Geld übernahmen.

Das alte Ibbenbüren. Foto: Stadtmuseum Ibbenbüren.

30 https://wiki.ibb.town/Nationalsozialismus_in_Ibbenburen

Für Klemens Kellinghaus war der Krieg kein unbekanntes. Er wuchs in der Zeit auf, als der Erste Weltkrieg an den Fronten Ostfrankreichs unweit seiner Heimatstadt tobte. Das Gebiet war geprägt von der Geschichte der vielen Kriege. Mit dem Bergbau hatte die Schwarzkohle dem Gebiet neue Möglichkeiten eröffnet – Möglichkeiten, die Wachstum und Arbeitsplätze boten. In dem Jahr, in dem die Nationalsozialisten die Macht übernahmen, wurde er 20 Jahre alt, alt genug, um seine eigene Meinung zu haben, aber vielleicht zu jung, um dem Druck der ständig von Faschismus geprägten Umgebung, standzuhalten. Er lebte seine Kindheit und Jugend in einer typisch deutschen Kleinstadt mit all ihren Eigenarten und einer sicheren Umgebung.

Kellinghaus ist ein seltener Name. Einige tragen den Namen zusammen mit Schulte (Schulte-Kellinghaus). Ein Clemens Kellinghaus soll im Ersten Weltkrieg gefallen sein. Das Adressenbuch für Ibbenbüren von 1939 zeigt zwei Personen namens Clemens Kellinghaus mit einer Wohnadresse in der Stadt, einen Bergmann und einen Maler. Das Staatsarchiv bestätigt, dass der in Norwegen verstorbene Klemens Kellinghaus, in Lehen 46 lebte und Maler von Beruf war (Handwerksmaler). Er war Katholik. Seine Wohnadresse in Ibbenbüren hat er mehrmals geändert.

Laut Immobilienregister waren die Wohnung im Besitz der Familie Kellinghaus. Als Maler arbeitete er wahrscheinlich für eine Firma. In Übereinstimmung mit den deutschen Handwerkstraditionen gab es aktive lokale Vereinigungen für Handwerksmaler, die häufig dem Kammersystem und dem Gildensystem angeschlossen waren. Viele deutsche Handwerker wurden im gleichen Beruf wie ihre Väter ausgebildet. Dies galt nicht für Klemens, obwohl der Bergmann als Fachberuf lange Traditionen hatte. Bergmann zu sein, war sowohl anspruchsvoll als auch gefährlich. Vielleicht hat August Kellinghaus seinen Sohn davon abgehalten, in seine Fußstapfen zu treten. Im Laufe des 20. Jahrhunderts wurden die Schächte immer tiefer. Aus einer Tiefe von 200 Metern konnte es eine ganze Stunde dauern, zurück ans Tageslicht zu kommen.

Dokumente (Kriegssterbefallanzeige), die den tragischen Tod von Klemens Kellinghaus auf Lista in Südnorwegen registrieren, geben Auskunft über seine Familie.[31] Als sein erster Verwandter wurde sein Vater, der Bergmann August Kellinghaus, genannt. Die Informationen über Klemens Tod wurden dennoch erst im März 1946 von den ameri-

31 Stadtarchiv Ibbenbüren.

kanischen Besetzungsbehörden (*Office of Military Government of Germany, US Armed Forces*) veröffentlicht. Der Name seiner Mutter war Josefine, geborene Brinkmann. Die Verwandten haben möglicherweise mehr als anderthalb Jahre in der Unsicherheit gelebt. Ein Dokument vom 2. Oktober 1944 zeigt, dass Klemens Kellinghaus bei einem Explosionsunfall ums Leben kam. Es heißt auch, laut der Anzeige, interessanterweise noch fast einem Jahr nach der Kapitulation, dass er auf dem »Feld der Ehre« gestorben ist und auf dem Ehrenfriedhof Ekeberg beigesetzt wurde. Diese Notiz ist jedoch nicht urkundlich bestätigt.

Aus einem Heiratsregister in Ibbenbüren geht hervor, dass August und Josefine Kellinghaus vier weitere Kinder hatten, die heirateten: Maria (geb. 1909), Franz (geb. 1911), Josef Karl (geb. 1916) und Josefa (1919). Die beiden jüngsten müssen den Krieg überlebt haben, da sie 1946 und 1953 geheiratet haben. Außerdem gab es einige andere Zweige der Familie Kellinghaus. Es ist daher nicht überraschend, dass es bis heute einige Verwandte gibt, die diesen Namen tragen, und auch aus demselben Stammbaum wie »unser« Klemens Kellinghaus stammen.

Dem Autor dieses Buches ist es gelungen, über einen etwas weiter entfernten Verwandten in Ibbenbüren namens Michael Kellinghaus, mit den Nachkommen von Klemens Kellinghaus, der auf dem Friedhof von Alfaset begraben liegt, in Kontakt zu treten.

Die Dokumente sagten nichts darüber aus, ob er verheiratet war. Er hatte jedoch auch einen Sohn namens Berthold. Berthold hatte wiederum zwei Kinder, Uwe und Heike. Uwe ist heute unter anderem als Fußballtrainer für die Kinder- und Jugendabteilung des örtlichen Vereins SV Dickenberg tätig. Das Schicksal von Klemens war ihnen unbekannt, außer dass sie wussten, dass er im Krieg gefallen war.

Die meisten Menschen mit dem Namen Kellinghaus leben oder lebten in der Umgebung der kleinen Städte Ibbenbüren und Mettingen nördlich des Ruhrgebiets. Wir sprechen über Menschen, die Facharbeiter und Handwerker waren, einige hatten akademische Berufe, insbesondere im Gesundheitssektor. Ein überparteilicher Politiker namens Helmut Kellinghaus, war von 1999 bis 2014 Bürgermeister von Mettingen.

Soldaten wie der Maler Klemens Kellinghaus waren oft berufstätig in der nahe ihres Geburtsortes, bevor sie zum Militärdienst einberufen wurden. Die meisten Wehrmachtssoldaten, die als Gefreiter und Obergefreiter dienten, kamen aus der Arbeiterklasse. Hitler und die Nazis hatten nicht nur die echten Arbeiterparteien, die SPD und die KPD, niedergeschlagen, als sie 1933 die Macht übernahmen. Sie sorgten auch dafür, dass Facharbeiter und Handwerker zu Soldaten der Wehrmacht gezwungen wurden. Die traditionellen Organisationen von Handwerkern und Facharbeitern müssen eine ideologische Bedrohung für die Nazis gewesen sein, genauso wie die Kirchen, insbesondere die Katholische.

Die kleine Heimatstadt von Klemens Kellinghaus war vom Krieg ebenso betroffen wie die meisten anderen deutschen Städte. Nach Angaben des Volksbundes, fielen von 1940 bis 1945 etwa 30 Männer und eine Frau aus Ibbenbüren. Darunter starb auch der Oberfeldwebel Aloysius Hermann Metke aus Ibbenbüren in russischer Gefangenschaft in Sibirien. Aus der Nachbarstadt Mettingen im Landkreis Tecklenburg starb am 26. Februar 1944 eine Schütze namens Alfons Kellinghaus (geb. 1921) während der sogenannten *Nikopol-Krivoi-Rog-Offensive* in der Ukraine, einer der umfangreichsten Schlachten an der Ostfront.

Die Kellinghaus-benannte Soldaten waren nicht die Einzige gestorbene Ibbenbürener von der Arbeiterbewegung. Über das Schicksal von Ludwig Bitter (1908-1942), ein ehemaliger Kommunist, Pazifist und ausgebildete Prediger aus Ibbenbüren, ist ebenso ein interessantes und emotionales Buch geschrieben.[32]

Klemens Kellinghaus, der auf dem Friedhof Alfaset in Oslo begraben ist, starb am 11. September 1944 in Lister (Lista) in Südnorwegen, zunächst unter unbekannten Umständen. Lister oder Lista ist eine Region, die aus mehreren Gemeinden im äußersten Süden Norwegens besteht. Hier wurde während des Krieges ein strategisch wichtiger Flughafen eingerichtet, der regelmäßig einige der Elite-Einheiten der Luftwaffe enthielt, die sogenannte Nachtjagdstaffel, mit *Junkers Ju 88*-Flugzeuge die regelmäßig zwischen Finnland und Südnorwegen pendelten. Ansonsten beherbergte Lista den *Stab Heeres-Küsten-Artillerie-Abteilung 493*, die auf Lista stand. Diese Einheit wurde erst am 20. März 1941 in Norwegen als Personaleinheit eingerichtet, und Im Mai 1942 wurde die Einheit auf Lista als Artillerie-Gruppe unter das Kommando der Artillerie Kristiansand-Süd gestellt. Aufgabe war es vermutlich den Flughafen mit Flugabwehrgeschützen zu verteidigen, zusammen mit anderer Küstenbatterie. Weitere Einheiten unter dem Kommando dieser Abteilung waren unter anderem die Küstenbatterien auf Farsund und Lindesnes.

32 Ortgies, Zwischen Bolschewismus und Bergpredigt: Ludwig Bitter, Tredition Verlag 2020.

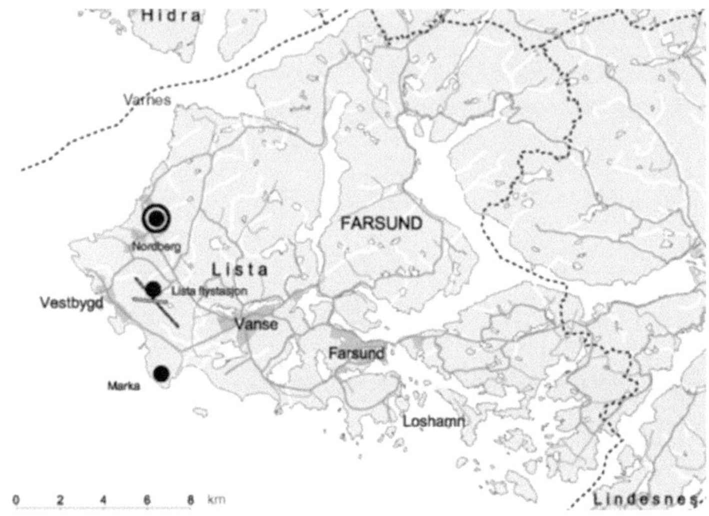

Karte über Lista an der sudnorwegischen Küste (Forsvarsmuseene).

Die Deutschen, die Lista zu Beginn der sogenannten »Festung Norwegens« besetzten, bauten am Land zunächst Küstenbatterien auf einen kleinen Ort benannt Stavestø mit Blick nach Westen. Trotz größerer Bemühungen, Batterien mit 2-15-cm-Kanonen, Aussichtstürmen, Kasernen und Schutzräumen zu bauen, wurde die Anlage ziemlich schnell nach Nordberg, etwas weiter landeinwärts auf dem Festland auf Lista, verlegt. Das Fort Nordberg wurde zu einer permanenten Küstenbatterie. Hier verfugten die deutschen großen Militäranlagen, unter anderen 15-mm-Kanonen mit einer Reichweite von 16 km. Die Besetzung stand aus 100 Soldaten. Das Fort ist eines der bis heute am besten erhaltenen, und ist mit einem interessanten Museum gestaltet.

Es war offensichtlich, dass das gesamte Lista-Gebiet für die Deutschen als sehr wichtig angesehen wurde. Hier konnte man eine englische Invasion befürchten. Deutsche militärische Aktivitäten wurden hier an mehreren Orten etabliert. Es wurden Kasernen, Kommandozentralen und Verteidigungsstellungen in Form von Batterien errichtet. Besonders wichtig war der Flughafen. Er war zunächst für einen Ort geplant, der noch nahe an der Küste liegt, aber die gewählte Landebahn war nicht geeignet. Region Lista sollte während des Krieges die Anwesenheit von höchstens 4.000 deutsche Soldaten ermöglichen.

Motiv der schön ausgeschmückte deutsche Soldatenmesse auf Nordberg (Forsvarsmuseene).

Hätte Klemens Kellinghaus einer Küstartillerie-Einheit (wie Flak) angehört, wäre er bei seinem Tod am 11. September 1944 vielleicht einem Luftangriff ums Leben gekommen. Es gibt jedoch keine Hinweise aus den Quellen über besondere Schlachten oder Bombenangriffe zu diesem Tag. Das Nordberg Fort wurde nie angegriffen. Die Einheimischen auf Lista beschrieben die Deutschen folgendermaßen: sie benahmen sich im Allgemeinen gut und bemühten sich, friedlich mit der norwegischen lokalen Bevölkerung zu leben. Sie luden zu gesellschaftlichen Veranstaltungen ein, hatten aber ansonsten ihre eigenen täglichen Abläufe. Sie züchteten ihr eigenes Vieh und bauten Gemüse für den Eigenverbrauch an. Im Keller der großen Militärmesse des Fort Norbergs und dem Flughafen, hatten sie eine eigene Räucherei für Fleisch und Fisch. Für die deutschen Lager war es charakteristisch, dass sich die Messe- und Sozialgebäude im Zentrum des Lagers befanden. Sie wurden oft mit schöner Architektur und Handwerk hergestellt, im Vergleich zu den Siedlungen, die mehr an Kasernen erinnern. Das war wichtig für die Moral der Soldaten, aber auch, um sich in den zivilen norwegischen Umgebungen besser zu integrieren. Klemens Kellinghaus und die anderen Deutschen hatten hier wahrscheinlich einen angenehmen Wehrmachtdienst in einer bildhübschen Küstenumgebung. Die Anwesenheit war dennoch von

Ernsthaftigkeit und Bereitschaft geprägt. Die Spuren der Deutschen sind auf Lista bis heute sehr gut sichtbar.

Der Schiffsverkehr von und nach Lista wurde ständig angegriffen. Ebenso befürchtete man, dass der Flughafen und das Fort ebenfalls aus der Luft bombardiert würden. Die Bombenangriffe verschärften sich in den letzten zwei Kriegsjahren, als klar wurde, dass Hitler den hoffnungslosen Krieg verlieren würde. Kellinghaus war nicht sehr jung, als er zum Militärdienst einberufen wurde. Er wäre 30 Jahre alt geworden, bevor sein Leben im Herbst 1944 abrupt enden würde. Dies bedeutet, dass er wahrscheinlich infolge einer späten Aufstellungswelle in die Wehrmacht musste. Die Vorladungen wurden immer umfangreicher und es wurden fast alle Männer aus den Städten und Dörfern des Deutschen Reiches rekrutiert. Das Militär war allumfassend geworden, lange bevor der Propagandaminister Joseph Goebbels, am 18. Februar 1943, im Berliner Sportpalast seine berühmte Rede hielt, und den totalen Krieg proklamierte.

Laut der Sterbedokumentation von Klemens Kellinghaus, gehörte er zum *Gruppenteil 108 F. B. K. (9).* Es ist nicht ganz einfach, die Handschrift des Dokuments (Kriegssterbefallanzeige) zu entziffern. Es gab eine spezielle Kampfgruppe 108 mit Verbindungen zur deutschen Küstenwache in Norwegen. Diese soll mehrmals neu organisiert worden sein, und Teile davon wurden 1943 an der Ostfront eingesetzt. Wahrscheinlich handelt es sich dennoch in diesem Zusammenhang um die *Flughafenbetriebskompanie 108*, eine Einheit, die mit der Entwicklung des wichtigen Flughafens in der Region verbunden war.

Am 11. September 1944, dem Todestag von Kellinghaus, wurde das Haugesunder Schiff »D/S Vang« vom britischen U-Boot »HMS Venturer« am Leuchtturm Lista auf einer Reise von Drammen nach Trondheim mit Zellulose versenkt. Wahrscheinlich hatte man es für den deutschen Dienst angefordert. Große Teile der norwegischen Handelsflotte segelten unter der staatlichen Reederei »Nortraship«, um den Alliierten zu dienen. Eine kleine norwegische Flotte segelte auch als sogenannte neutrale »Kvarstad-Boote« nach Schweden, aber die Neutralität wurde nicht respektiert. Die Besatzung der D/S Vang wurde an Land gerettet. Der Vorfall deutet auf die britische Eskalation der Kriegsaktivitäten vor der norwegischen Küste hin. Gleichzeitig hatten die Deutschen begonnen, nach die Landung der Alliierten in Normandie im Juni 1944, ihre Anwesenheit in der Region zu verringern. In der Gemeinde von Lista war die Zeit von Anspannung geprägt. Die Deutschen bemerkten das auch. Sie waren nicht willkommen. Beide Parteien verfolgten die Nachrichten und wussten, dass der Krieg zu Ende ging.

Einer derjenigen, die die Jahre der Besatzung kannten, war der in Lista lebende, August Andreassen, der 1986 sein Kriegstagebuch veröffentlichte. Er beschreibt einige Ereignisse am 11. September 1944, und verdeutlich damit das mögliche Schicksal des deutschen Malers aus Ibbenbüren liefern (Übersetzung bei dem Verfasser).

»Ein Munitionsdepot in Vigmostad, das 18 Tonnen schwer war explodiert. Mehrere Häuser und Scheunen in Mitleidenschaft gezogen worden. 4 Kühe und einige Kälber wurden getötet. Bewohner von Lista waren nicht betroffen, aber einige deutsche Soldaten hingegen schon. Ein mit Zellulose beladenes Haugesund-Boot wurde heute ebenfalls torpediert. Die Besatzung wurde gerettet und rettete sich nach Borhaug, das Boot aber sank. Ein Transportboot von Oslo nach Deutschland mit 300 Deutschen und 48 norwegischen Kriegsgefangenen wurde ebenfalls getroffen. Sieben der Kriegsgefangenen stammten aus Südnorwegen, zwei davon aus Farsund, der Schulleiter Syvertsen und der Reeder Gunnar Brøvig. Das Boot fuhr an der schwedischen Grenze und fuhr auf eine Mine. Alle sind gestorben.«

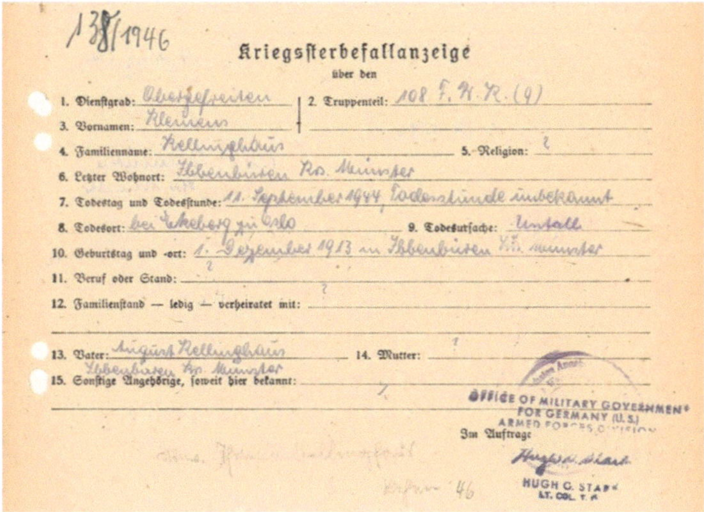

138/1946

Kriegssterbefallanzeige

über den

1. Dienstgrad: Obergefreiten | 2. Truppenteil: 108 F.H.R. (9)
3. Vornamen: Klemens
4. Familienname: Kellinghaus | 5. Religion: ?
6. Letzter Wohnort: Ibbenbüren Kr. Münster
7. Todestag und Todesstunde: 11. September 1944, Todesstunde unbekannt
8. Todesort: bei Ekeberg zu Oslo | 9. Todesursache: Unfall
10. Geburtstag und -ort: 1. Dezember 1913 in Ibbenbüren Kr. Münster
11. Beruf oder Stand: ?
12. Familienstand — ledig — verheiratet mit: ?
13. Vater: August Kellinghaus Ibbenbüren Kr. Münster | 14. Mutter: ?
15. Sonstige Angehörige, soweit hier bekannt: /

OFFICE OF MILITARY GOVERNMENT FOR GERMANY (U.S.) ARMED FORCES DIVISION

Im Auftrage

HUGH C. STARK
LT. COL. T. A.

Dokument, das bestätigt, dass Klemens Kellinghaus am 11. September 1944 an den Folgen eines Unfalls starb. Diese wurde von den US-Besetzungsbehörden bestätigt und abgestempelt.

Einer der Deutschen, die in Vigmostad infolge eines am 11. September 1944 explodierenden Munitionsdepots starb, muss Klemens Kellinghaus gewesen sein. Für die Versorgung der Kanonen auf Nordberg und der Luftwaffe, die den Flughafen für Angriffe mit ihren Messerschmidt-Flugzeugen nutzte, wurde viel Munition benötigt. Es war die Rede von mehreren solchen Munitionsdepots in der Gegend, aber es gab keine Dokumentation. Alles war streng geheim. Der kleine Ort Vigmostad, von dem wir sprechen, liegt nördlich von Lista und darf nicht mit Vigmostad in Audnedal verwechselt werden.

Mehrere norwegische Widerstandsgruppen hatten zu diesem Zeitpunkt begonnen, gegen Fabriken, Schiffe und Munitionsdepots vorzugehen. Es gibt jedoch keine Quellen, die bestätigen können, dass das Munitionsdepot in Vigmostad infolge einer Sabotageoperation in die Luft gesprengt wurde. Aus der Dokumentation von dem Tod von Kellingshaus geht auch hervor, dass es sich um einen Unfall gehandelt hat. Es war die Rede von einer sehr großen Explosion, durch die sogar die Fenster mehrerer ziviler Häuser weiter weg zerbrochen sein sollen.

Wir wissen nicht, was Klemens dazu dachte oder fühlte. Der Tod muss schnell eingetreten sein. Er war eindeutig kein inaktiver Soldat gewesen, der nur auf Frieden wartete. Er hatte eine Funktion, bei der es um große und wichtige Vorbereitungen für entscheidende Kämpfe auf norwegischem Boden gegangen ist. Die wenigen Fakten, die wir über ihn haben, deuten aber nicht darauf hin, dass er ein ideologischer Nazi und ein Krieger war. Er verstand wahrscheinlich, wohin der Krieg führen würde. Gleichzeitig war es wahrscheinlich nicht so einfach, nach Hause zu kommen. Es war ungewiss, was nach dem Krieg von Deutschland und der Heimatstadt Ibbenbüren übrigbleiben würde. Viele der deutschen Soldaten, die ihre Memoiren in Tagebüchern oder frei aus dem Gedächtnis niedergeschrieben haben, haben genau dies beschrieben. Sie waren getrieben von einer starken Sehnsucht nach ihrem Zuhause, aber auch von der Unsicherheit darüber, was sie Zuhause erwarten würde. Selbst nach der Kapitulation konnte es paradoxerweise vorteilhaft sein, »stationiert« oder eine Weile in »friedlicher« Gefangenschaft zu bleiben, bis im Heimatland das schlimmste Chaos überwunden hatte. Dies konnte allerdings Jahre dauern.

Trotzdem war Klemens Kellinghaus auch Teil der deutschen Streitkräfte. Diejenigen, die überhaupt Kriegsgräber erhielten, waren aktive Soldaten. Gegner und Deserteure zählten nicht dazu. Die überwiegende Mehrheit der Soldaten bestand auf jeden Fall aus gewöhnlichen Jungen mit einem etablierten Leben und zivilen Berufen, aus denen sie herausgerissen wurden, um an einem Projekt teilzunehmen, das unter dem starken Einfluss falscher Propaganda, Manipulation und Drohungen zustande kam. Dies bedeutet aber auch nicht, dass sie sich als Besetzungssoldaten dagegen wehrten, im Kriegsdienst in ein fremdes Land zu reisen. Besonders in den ersten Kriegsjahren suchten viele nach Abenteuer und neuen Erfahrungen. Sie fühlten sich wahrscheinlich auch wie auserwählte Menschen. Es war wahrscheinlich auch einfacher, sich mit Nazideutschland und Hitlers Großprojekt zu identifizieren, solange die Wehrmacht an allen Fronten siegte und innerhalb weniger Monate von 1939 bis 1940 große Teile Europas eroberte.

Als Klemens Kellinghaus im Herbst 1944 starb, war die Situation eine völlig andere. Es war klar, dass Deutschland den Krieg nicht mehr gewinnen konnte. Viele der Soldaten hatten es, auch im meistens friedlichen Norwegen, schon längst satt und wollten ein normales ziviles Leben wieder.

Gustav Paprotta (19.2.1907–26.9.1944)

(Unfall beim Minenlegen, Skar/Oslo)

Der Obergefreiter Gustav Paprotta teilt sein Grab auf Kriegsgräberstätte in Oslo-Alfaset mit dem Oberfeldwebel Heinrich Garms und dem Gefreiten Josef Hörsken aus Südkirchen in Ruhrgebiet. Dort haben sie ihre ruhe gefunden.

Gustav Paul Paprotta wurde am 19. Februar 1907 in Kowallik im Kreis Ortelsburg geboren, der sich damals im masurischen Teil Ostpreußens befand. Diese Provinz bildete eine Enklave im Deutschen Reich, nachdem Deutschland nach dem Ersten Weltkrieg Land neben der großen Hansestadt Danzig verloren hatte. Um 1930 war die alte Hansestadt Königberg die Provinzhauptstadt Ostpreußens mit 300.000 Einwohnern. Die Masuren waren der sudostlichen Teil der Provinz, noch ärmer als der nördliche Teil.

Die masurische Bevolkering waren ursprünglich ein eigenständiges Volk slawischer Herkunft mit eigener Kultur und Sprache, wurden jedoch unter preußischem Einfluss zunehmend »germanisiert«. Gustav Paprotta war ein deutscher Masur, aber seine Wurzeln und Identität waren komplex.

Paprotta wuchs in einem dünn besiedelten Gebiet auf; sparsam und karg für diejenigen, dic kcin Land besaßen, aber auch schön und charakteristisch mit kleine Seen, Kanälen und grünen Laubwäldern. Einige Teile von Masuren waren wichtiger Kornversorger für ganz Ostpreußen. Im Jahr 1939 hatten die drei zusammengeschlossenen Dörfern Waldburg, Klein Blumenau und Kowallik nur 287 Einwohner. Die Stadt Ortelsburg, das Verwaltungszentrum des Landkreises, hatte mehrere tausend Einwohner. Das Dorf Kowallik war auch als Kowalik bekannt (mit nur einem L), welches der polnische Name war. Kurz vor und während des Krieges wurde meistens nur der Name Waldburg auch für Kowallik verwendet, wahrscheinlich infolge der Germanisierung, die die preußischen Provinzbehörden in Ostpreußen anstrebten.[33]

Alte Motive aus Waldburg in Ostpreußen, Gustav Paprottas Heimat in den 1930er-Jahren. Die Feuerwehr mit Gustav Paprotta rechts. Foto: kreis-ortelsburg.info.

In der Folge die historische Statistik für Waldburg gab es 218 Beschäftigten Personen in der Landwirtschaft, sowie 22 Beschäftigten in Industrie und Handwerk. Der Bezirk

33 http://www.kreis-ortelsburg.info/
https://de.wikipedia.org/wiki/Masuren

hatte auch 19 Beamte. Viele Familien hatten sogenannte unterstützende Familienmitglieder (mithelfende Familienangehörige), und 25 Arbeitnehmer sind nur als Arbeiter aufgeführt. Wahrscheinlich handelte es sich dabei um ungelernte Helfer.[34]

Am 11. Juli 1920 gab es eine Volksabstimmung darüber, ob das Gebiet zu Polen oder Deutschland/Ostpreußen gehören sollte. Für die Zugehörigkeit zu Deutschland stimmten 252 Personen, während niemand für Polen stimmte. In Ortelsburg stimmten 5.336 Menschen für die deutsche Zugehörigkeit, während nur 15 Einwohnern zu Polen gehören wollten. Der Auftakt zum Referendum hatte einen gewissen Hauch von Propaganda. Es wurde ein Volksfest mit Fahnen und Bannern organisiert, auf denen stand: »Masuren bleibt Deutsch!« oder »Die Heimat begrüßt Sie, deutsche Masuren!« So sollten den Einwohnern sich als Teil des Deutschen Reiches unter der Weimarer Republik willkommen fühlen. Es war vielleicht nicht so überraschend, dass etwa 98 Prozent für die Zugehörigkeit zu Deutschland stimmte, eine ausgeprägte Tendenz in weiten Teilen Ostpreußens. Nur bei Ermland, Nord-Westlich von Masuren, bei denen es eine bedeutende Mehrheit von polnischen Katholiken gab, war die Stimmung eher für eine Zugehörigkeit zu Polen.

Der Erste Weltkrieg war eine schwere Belastung für dieses Gebiet, das im Spannungsfeld und im Interessensgebiet zwischen den russischen und deutschen Kämpfern lag. Im Bezirk Ortelsburg wurden 130 Zivilisten von den Russen getötet, 200 wurden gefangen gehalten und einige der Dörfer wurden niedergebrannt. Viele Nachbarn von Ortelsburg wie Lyck und Eylau erlitten das gleiche Schicksal und wurde zum Teil geplündert und niedergebrannt. In Allenstein, ebenfalls einer der Nachbarbezirke von Ortelsburg, fand im August 1914 die Schlacht von Tannenberg statt. Diese Schlacht fugte den Russen schwere Verluste zufügte und dazu beitrug, dem Militärstrategen, Feldmarschall und späterem Präsidenten des Deutschen Reiches, Paul von Hindenburg (1847–1934), enormes Prestige zu verleihen. Er galt auch nach dem Krieg als Retter von Ostpreußen, obwohl Das Deutsche Reich den Krieg verloren hatte, und Große Teile von Preußen abgegeben musste.[35]

Paradoxerweise war es Präsident Hindenburg, der viele Jahre später (am 30. Januar 1933) Adolf Hitler als obersten Führer des Reiches anerkannte, demokratisch gewählt,

34 http://kreis-ortelsburg.info/

35 Kossert, S. 202-203.

aber mit Hilfe von Gewalt und Korruption. Hindenburg, der eine Vereinigung nationalkonservativer Parteien (Deutschnationale Volkspartei, DNVP) vertrat, war kein Anhänger Hitlers, und Franz von Papen (1879–1969) wurde 1932 zum Kanzler gewählt, obwohl die NSDAP mit 27,4 Prozent der Stimmen und 230 Sitzen im Reichstag, genommen hatte. Hindenburg und von Papen wurden von Hitler schnell ausmanövriert. Die Tatsache, dass der populäre und verdienstvolle Offizier Hindenburg in eine Situation geriet, in der er Hitler zum Kanzler ernennen musste, trug dazu bei, dem österreichischen Emporkömmling weitere Legitimität zu verleihen.

Die Nationalsozialisten haben sich in vielen masurischen Kreisen, einschließlich Ortelsburg, früh durchgesetzt. Dort gewann die NSDAP im Jahr 1930 viele Stimmen für den Reichstag. In anderen preußischen Kreisen dominierten immer noch die nationalen Konservativen. Dass seine nationalsozialistischen Gegner im Kern Preußens eine solche Unterstützung erhalten haben, wurde vom konservativen Politiker Hindenburg sicher sowohl als beunruhigend als auch als illoyal empfunden. Im Wahljahr 1932 erhielt Hitler 400.000 Stimmen in Ostpreußen, während es für Hindenburg 500.000 Stimmen waren. Dennoch war es ein überraschendes Ergebnis auf dem heimischen Terrain des alten Offiziers. Der ältere Hindenburg vertrat die Vergangenheit, während die Nationalsozialisten Hoffnung auf eine neue Zukunft gaben. Es gelang ihnen, breite Bevölkerungsgruppen anzusprechen, die von größten Klassenunterschieden geprägt war, hierunter der alte Adelskultur.

Die teilweise arme Bevölkerung von Waldburg/Kowallik im Kreis Ortelsburg erlebte einen wirtschaftlichen Aufschwung, als die Nationalsozialisten in Ostpreußen an die Macht kamen. Gauleiter Erich Koch (1896–1986) wurde der starke Mann der NSDAP in der Region. Er war reformorientiert und konnte sich in Teilen der Bewegung zum Teil SA und SS widersetzen. Dadurch geriet er in direkten Konflikt mit Heinrich Himmler, wurde aber von Adolf Hitler beschützt. Insbesondere der sogenannte Ostpreußenplan, sollte die Landwirtschaft effizienter und produktiver machen. Die günstige Finanzierung modernerer Maschinen und Geräte, in Verbindung mit einer geregelten und vorhersehbaren Aufteilung der Produktion zu günstigen Preisen, ermöglichte es den Landwirten, ihren Wohlstand zu steigern.[36]

Die Idylle sollte jedoch bald durch ein Regime ersetzt werden, das von Zwang und Pflicht geprägt war. Die Arbeitslosigkeit verschwand, aber sie hatte ihren Preis. Die

36 Kossert, S. 275-276.

Bauern sollten nicht für sich selbst produzieren, sondern für das Reich und den Führer. Mit der Einführung des Reichsarbeitsdienstes (RAD) wurde die Landwirtschaft hart geprüft. In Ortelsburg sollte so viel Fläche wie möglich für die Lebensmittelproduktion wie Milch, Getreide und Fleisch genutzt werden. Innerhalb weniger Jahre stieg die Produktionsfläche des Bezirks um mehr als 30 Prozent, und die Milchproduktion war 1939 auf 38 Millionen Liter gestiegen, verglichen mit nur 8 Millionen im Jahr 1934.

Im Landkreis Rastenburg nördlich von Ortelsburg errichtete Adolf Hitler im Jahr 1941 seine operative Zentrale, »Wolfsschanze«.

Der Name von Gustav Paprottas Heimatstadt – Waldburg – war nicht nur im Ortelsburg zu finden. Waldburg war auch ein Name der einer alten deutschen Adelsfamilie, dem Grafen von Dohna. Die Familie betrieb das große Anwesen *Waldburg Capustigall*, östlich von Königsberg. Die prächtige Burg wurde am Ende des Zweiten Weltkriegs geplündert und zerstört, während die Bewohner und Arbeiter getötet, verfolgt und misshandelt wurden. Die Geschichte war eine Wiederholung den Geschehnissen des ersten Weltkrieges, aber 1945 war Rache aus Sicht die Rote Armee wahrscheinlich ein noch stärkeres Motiv.

Motiv der alten Stadt Ortelsburg.

Wer war Gustav Paprotta, der in Norwegen starb?

Er wuchs in einer von Preußenkriegen geprägten Region auf. Als er sieben Jahre alt war, brach der Erste Weltkrieg aus. Am 1. Januar 1917 stattete Kaiser Wilhelm II. selbst Ortelsburg einen Besuch ab, der in der kleinen Gemeinde Begeisterung und Patriotismus hervorgerufen haben muss. Alte Fotos von dem Besuch zeigen den majestätischen Kaiser, umgeben von lokalen Prominenten, einschließlich des Grafen von Dohna. Mit einiger Distanz zur Elite, waren lokale Zuschauer, Frauen und Männer jeden Alters dabei. Vielleicht war einer von ihnen sogar der damals 10-jährige Gustav Paprotta?

In den historischen Archiven gibt es mehrere Personen namens Paprotta aus Ostpreußen. Im Adressenbuch für Königsberg von 1942 ist ein Buchhändler namens Gustav Paprotta aufgeführt. Ortelsburg war zeitweise unter Königsberg eine regierende Landeshauptstadt. Die Paprottas sind auch in mehreren anderen masurischen Dörfern und Kreisen zu finden, wie Wystemp (Höhenwerder), Allenstein, Johannisburg, Altkirchen und Lindenort. In all diesen Orten gab es sowohl deutsche als auch polnische Einwohner. Die Deutschen waren die dominierende Bevölkerung unter den Masuren, aber es lebten auch polnische Menschen in der Gegend, und es gab wahrscheinlich auch Mischehen zwischen Einheimischen, die nicht eindeutig als deutsche oder polnische Masuren angesehen werden konnten. Darüber hinaus lebten dort auch Juden. Einige der Paprottas wanderten nach Amerika aus.

Viele mit diesem unverwechselbaren masurischen Namen fielen im Zweiten Weltkrieg. Aus dem Dorf Waldburg kamen Horst Paprotta (geb. 1924) und Emil Paprotta (geb. 1909). Ernst Paprotta (geb. 1922) fiel in Sewastopol auf der Krim. Ein Fritz Paprotta aus derselben Gegend (geb. 1920) starb am 23. Mai 1942 in der Nähe des russischen Uralgebirges an Nierenversagen, nachdem er an dem russischen Feldzug mit dem Infanterieregiment 511 teilgenommen hatte, dass an heftigen Kämpfen beteiligt war. Ob er und die anderen Paprottas aus Waldburg/Kowallik verwandte mit »unseren« Gustav Paprotta waren, ist ungewiss.

In Waldburg lebte auch eine Frau namens Auguste Paprotta, die möglicherweise eine von mehreren Deutschen war, die 1945 von den Russen erschossen wurden, als sie das Dorf übernahmen. Dies könnte die Frau von Gustav Paprotta gewesen sein. Aus den Sterbeurkunden geht hervor, dass er am 29. August 1931 in Wuthenow bei Neuruppin nordwestlich von Berlin, in der Nähe der historischen Stadt Fehrbellin, eine Martha Auguste Paprotta (geb. Goronczy) geheiratet hat. Sie heirateten weit entfernt von ihren

Heimatregionen in Ostpreußen. Bei Gustavs Tod 1944 war Weissuhnen im Kreis Johannisburg, ein kleines Dorf im Nachbarkreis von Ortelsburg, als Adresse des Ehepaares Paprotta eingetragen. Nach ebendiesen Unterlagen war Gustav Paprotta beruflich ein Landarbeiter, ein für die Region völlig typischer Beruf. Er arbeitete gegen Bezahlung auf dem Land anderer landbesitzender Bauern oder Gutsbesitzer. Paprotta war nicht wohlhabend, aber es gab wahrscheinlich immer Arbeit in der umfangreichen masurischen Landwirtschaft, die von Saisonarbeit geprägt war.

Ein altes Bild einer Feuerwehr in der Region zeigt einen Gustav Paprotta als Teil des Korps. Wenn dies derselbe Mann sein sollte, der in Norwegen gestorben ist, zeigt dies, dass er eine wichtige Funktion in der örtlichen Gemeinde hatte. Sie muss ihm einen gewissen Status und eine gewisse Verantwortung verliehen haben. Es ist nicht bekannt, ob Gustav und Martha Auguste Kinder hatten, aber sie waren seit über zehn Jahren verheiratet, daher ist es nicht unwahrscheinlich. Sollten sie Kinder gehabt haben, ist ungewiss, was mit ihnen passiert sein könnte, nachdem Gustav 1944 starb und seine Frau möglicherweise 1945 von den Russen getötet wurde. Vielleicht sind sie mithilfe anderer erwachsener Betreuer als Flüchtlinge in den Westen gekommen?

Eine Quelle zeigt, dass eine Auguste Paprotta 1954 in Schafstädt bei Leipzig lebte. Eine Elisabeth Paprotta lebte 1957 in Allenstein, noch in Ostpreußen, aber sie hatte einen Rettkowitz geheiratet. Nicht jeder namens Paprotta verschwand nach dem Krieg aus der Gegend, aber es waren wahrscheinlich nur noch wenige übrig. In Altkirchen, Thüringen (Teil der damaligen DDR) lebten viele Paprottas nach 1945, darunter drei Frauen namens Gertrud, Erika und Emilia Paprotta, die hier bis in die 2000er-Jahre mit einer Wohnadresse aufgeführt sind. Dies können Vertriebene aus dem Bezirk Ortelsburg sein, die während des Krieges jung gewesen sein müssen und möglicherweise mit Gustav Paprotta verwandt waren. Ein Lehrer namens Ernst Paprotta lebte 1961 mit seiner Frau Luise und seiner Tochter Hannelore in Lübeck.

Aus Johannisburg, dem Nachbarbezirk von Ortelsburg, stammte ein anderer Mann namens Gustav Paprotta, der 1904 geboren wurde. Er starb im April 1942 an der Ostfront in der Nähe von Sowostina in Russland. Auf seiner Todesdokumentation steht ein »M« für Mischling. Er war also ein halber Jude.

Die Heimat von Gustav Paprotta wurde im Februar 1945, vor der endgültigen Kapitulation, den polnischen Behörden übergeben. Insgesamt bestand Ostpreußen damals aus knapp 40.000 Quadratkilometer Landfläche. Der größte Teil ging an Polen als sogenanntes zurückerobertes Gebiet, eine Wahrheit mit Modifikationen. Eine polnische regionale Regierung wurde gegründet, während die Deutschen nach Westen vertrieben wurde oder von Der Roten Armee und polnischen Banden gefangen genommen oder getötet wurden. Die deutschen Städte und Dörfer wurden weitgehend zerstört.

Zusammen mit den anderen östlichen Gebieten wie Schlesien, Ostpommern, Posen und Böhmen wurden bis zu 14 Millionen Deutsche von ihrer Heimat vertrieben. Der deutsche Historiker Andreas Kossert hat dieses nationale deutsche Trauma in dem Buch »Kalte Heimat« angesprochen.[37] Hier beschreibt er, wie das Schicksals der Vertriebenen in Deutschland während der Nachkriegszeit verborgen wurde. Er gibt an, dass sie bei der Besetzung ihrer Häuser einem Verbrechen ausgesetzt und von ihren Landsleuten als Fremde behandelt wurden, als sie in der Bundesrepublik oder in der DDR ein neues Zuhause finden mussten. Viele betrachteten die Fluchtlinge als Ausländer oder als Nazis. In Westdeutschland beteiligten sich die vertriebenen Deutschen am Wiederaufbau des Landes, oft unter schwierigen Umständen. Erst in den letzten Jahrzehnten wurden ihre Bemühungen der Fluchtlinge anerkannt, und ihre Sorgen und Traumata wurden verstanden.

Die russischen Verwüstungen in Ostpreußen waren von barbarischen Vergeltungsmaßnahmen geprägt, von denen die deutsche Zivilbevölkerung stark betroffen war. Der Untergang des Schiffes »MV Wilhelm Gustloff« am 30. Januar 1945, mit fast 10.000 zivilen Flüchtlingen von Königsberg, wurde zu Symbol der viele unschuldige Deutsche Opfern in der Endphase des Krieges.

Die Rache der Russen erklärt sich so: Sie wollten Vergeltung für die deutschen Gräueltaten gegen die slawischen Völker im Osten, die unmenschlichen Behandlung russischer Kriegsgefangener in der Rüstungsindustrie und, am schlimmsten, die Ausrottung von Millionen von Juden in Konzentrationslagern. Die Taten gegen zahlreiche unschuldige deutsche Zivilisten können jedoch nicht gerechtfertigt werden, selbst wenn sie den Charakter von Vergeltungsmaßnahmen hatten.

---

37 Kossert, Kalte Heimat, die Geschichte die deutschen Vetriebenen nach 1945, Pantheon Verlag 2009, S. 9-16.

In Westdeutschland haben die Vertriebenen ihre geografische Herkunft und Kultur durch eine Reihe von Netzwerken, Verbänden und Veröffentlichungen wie die Zeitung »Das Ostpreussenblatt« weiter bewahrt. Die Zeitungsartikel hatten nostalgischen Inhalt, befassten sich aber auch mit zeitgenössischen politischen Strömungen. Eine gewisse Verbitterung über das Schicksal von Ostpreußen nach der Kapitulation ist deutlich zu erkennen, aber ohne zu fordern das Aufgegebene Land zurück.

Kürzlich wurde eine Reihe von wissenschaftlichen Publikationen und Büchern über die Geschichte, Kultur und das Schicksal der Deutschen in der östlichen Region veröffentlicht. Mit mehr zeitlicher und emotionaler Distanz zu den Ereignissen, sind diese Veröffentlichungen wahrscheinlich nüchterner und analytischer geworden.[38]

Gustav Paprotta, Obergefreiter und Landarbeiter, vermutete wahrscheinlich, dass von Waldburg, Ortelsburg und Ostpreußen nur noch wenig übrig war, um dorthin zurückzukehren. Am 26. September 1944 verstarb er im Dienst der Wehrmacht, an den Folgen eines Unfalls in *Skar Lager* bei Oslo (Unfall beim Minenlegen). Vermutlich hat es eine Explosion gegeben.

Skar liegt ganz oben in Maridalen, nördlich von Oslo, umgeben von bewaldeten Hügeln am Ende eines flachen landwirtschaftlichen Gebiets, in dem im Sommer gelbe Getreidefelder zu sehen sind. Diese schöne Landschaft ist nur 15 Minuten von Oslo entfernt. Hier befand sich ursprünglich ein kleines Militärlager, das die norwegische Armee seit 1910 gelegentlich als Trainingslager genutzt hatte. Es gab hier früher auch eine Schießpulverfabrik, aber die Produktionsstätte war um 1900 nach Raufoss verlegt worden. Mit der deutschen Invasion wurde Skar zum Lager der Luftwaffe. Hier fanden militärische Aktivitäten statt, das Lager wurde weiter ausgebaut. Die Wehrmacht baute Verwaltungsgebäude und mehrere große und solide Werkstattgebäude aus Ziegeln. Diese wurden für die technische Reparatur und Wartung von Flugabwehrgeschützen genutzt. Heute befindet sich der Komplex in einem überraschend guten Zustand. Die massiven Backsteingebäude, umgeben von einfachen Baracken und einigen gepflegten Holzhäusern, stehen dort so majestätisch wie zuvor und schaffen eine etwas bedrückende Atmosphäre aus der norwegischen Besatzungsgeschichte.

---

38 Zum Beispiel: Matthias Stickler: »Ostdeutsch heißt Gesamtdeutsch«. Organisation, Selbstverständnis und heimatpolitische Zielsetzungen der deutschen Vertriebenenverbände 1949–1972. Droste, Düsseldorf 2004.

Die Militäreinheit, zu der Gustav Paprotta gehörte, war die *Kompanie 4/ Bau-Pionier-Bataillon 425*. Das Bataillon war am 8. April 1942 in Oslo aufgestellt worden. Es war bis zum Tag der Befreiung am 8. Mai 1945 aktiv. Diese Abteilung bestand aus vier Kompanien, die verschiedene Bau- und Konstruktionsarbeiten durchführten, und war eine Unterstützungseinheit für die Armee. Gegen Kriegsende gab es in Norwegen noch große deutsche Streitkräfte. Die deutschen militärischen Aktivitäten um Oslo eskalierten. Dies galt wahrscheinlich auch für Skar. Paprotta war möglicherweise an der Verlegung von Minen in der Nähe des Lagers beteiligt, oder er stieß bei Bau- oder Tiefbauarbeiten auf eine alte Mine.

Ungewiss ist, ob Paprotta während der Errichtung seines Bataillons bereits in Norwegen war. Möglicherweise wurde er aus einer anderen Abteilung neu zugewiesen. Unklar ist auch, ob er innerhalb der Wehrmacht eine besondere Ausbildung durchgeführt hat. Als Landarbeiter könnte er wahrscheinlich für verschiedene Bauarbeiten, Straßenbauarbeiten und Infrastrukturen eingesetzt werden. Es war eine umfangreiche Arbeit für die Deutschen, als das Skar-Lager schon früh während der Besetzung aufgebaut wurde. Es ist nicht unwahrscheinlich, dass Paprotta bereits 1940 an dieser Arbeit beteiligt war. Er hatte den Abschluss Obergefreiter, was bedeutet, dass er vor diesem Dienst eine gewisse militärische Ausbildung und Praxis gehabt haben muss.

Ein von den Deutschen gebautes Gebäude im Lager Skar in Maridalen, wo Gustav Paprotta diente und bei einem Unfall starb. Foto: Tommy Gildseth.

Paprotta wurde am 29. September 1944 in Ekeberg beigesetzt. Später wurde sein Grab nach Alfaset verlegt wo er ruht sich für die Ewig.

1

Familien- u. Vorname: Paprotta Gustav

G-A 379/0943

geboren am 19.2.07 in: Weidburg Kreis: Ortelsburg

Truppenteil:

4/ Bau Pi. Btl. 425

Dienstgrad:

Obgefr.

Erkennungsmarke:

103 - Kol. Bau 321

Tag des Todes	Ort des Todes	Beerdigt am
26.9.44	Skar b. Oslo	29.9.44

Lage und Nr. des Grabes:

Krgfrdhf. Oslo - Ekeberg E. Grb. I - 43

Gemeldet durch: V.L. Ref. I. W.G.O. 25 Waft. Trupp.- San.- L. / Bl.

V4 2

Ein Auszug aus Gustav Paprottas Todesdokumentation.

Erna Voigt (22.1.1916–6.1.1945)

(unbekannte Krankheit oder Verletzung, Oslo)

Die Stabshelferin Erna Voigt ist ebenfalls auf dem Friedhof von Alfaset begraben. Dort teilt sie ihr Granitkreuz mit Johannes Bast und dem Oberpioner Otto Gekeler. Eine Frau zieht die Aufmerksamkeit unter den männlichen Soldaten auf dem Kriegsfriedhof auf sich. Wenn man systematisch den Reihen von Grabsteinen folgt und die Namen liest, sieht man jedoch, dass sie als Frau nicht die einzige ist. Hier ruhen unter anderem auch die Stabshelferinnen Liselotte Wächter (1915–1945) und Margarete Castner (1899–1942).

Wer war Erna Voigt, die junge deutsche Frau, die auf hier begraben wurde? Wie sah sie aus? Wir haben kein Bild von ihr und müssen unsere Vorstellungskraft einsetzen.

Sie war erst 17 Jahre alt, als Adolf Hitler an die Macht kam. Sie wuchs in einer turbulenten Zeit auf, kaum alt genug, um das Ende des Ersten Weltkriegs zu erleben. Die Zwischenkriegszeit der Weimarer Republik, prägte ihre jungen Jahren und ihre Umgebung. Deutschland musste sich wiederfinden, die Wunden des Krieges lecken und sich materiell und geistig erholen. So lebte sie ihr Leben, ging zur Schule und hatte Träume, die junge Mädchen haben.

Erna Voigt wurde am 22. Januar 1916 in der Kleinstadt Weißstein geboren. Die Stadt befand sich im Landkreis Waldenburg in Niederschlesien, einem Gebiet, das heute zu Polen (Walbrzych) gehört, etwas mehr als eine Autostunde entfernt von der Altstadt von Breslau. Solche Verwaltungskreise haben in Deutschland eine lange Tradition. Unter den Kreisen befinden sich noch kleinere Einheiten, die Gemeinde genannt werden, und auch größere Einheiten die Bezirke heißen. Die Bezirke bestehen in der Regel aus Städten mit umliegenden Gebieten. Aber Städte können auch als frei bezeichnet werden, sie bilden eine Verwaltungseinheit, die eine eigener politischer Autonomie darstellen können.

Waldenburg besteht sowohl aus Bergen als auch aus flachen Ebenen und bewaldeten Hügeln. Historische Bilder zeigen, dass dieses Gebiet zuvor mehrere prächtige mittelalterliche Schlösser und kleine Stadtzentren mit charakteristischer Jugendstil-Architektur hatte. Zentrale Marktplätze mit Kopfsteinpflaster waren oft von offiziellen Gebäuden wie Rathäusern, Kathedralen und engen Handelshäusern mit bunten Steinfassaden umgeben. Viele der Städte in Schlesien wurden nach den Verwüstungen des Krieges wieder aufgebaut, einschließlich des alten Marktplatzes in Breslau. Die meisten Städte sind wahrscheinlich nicht so aufgebaut annähernd als sie einst waren. Insbesondere die alten Burgen wurden schwer getroffen. Sie symbolisierten die alte deutschdominierte Zeit mit Adel und Landarbeitern. Mehrere ursprünglich deutsche Burgen, die 1945 nicht durch Bomben zerstört wurden, sind seitdem verfallen.

Erna Voigts Heimatstadt hatte tiefe, aber komplexe historische Wurzeln. Die Geschichte Schlesiens kann Siedlungen bis in das Jahr 4.200 v. Christus dokumentieren. Im Mittelalter war das Gebiet Teil der polnischen Vorherrschaft, der sogenannten *Piasten*. Im 13. Jahrhundert ließen sich deutsche Mönche, Siedler und Adlige in der Region nieder sowie jüdische Kaufleute.

Unter Herzog Heinrich I von Schlesien (1165-1238) erlebte das Gebiet einen wirtschaftlichen Aufschwung. Mehrere katholische Klostergemeinschaften, darunter der Zisterzienserorden, wurden in dieser Zeit gegründet. Im 15. Jahrhundert wurde Schlesien unter Kaiser Karl IV. Ein Teil Böhmens, aber durch die Klostergemeinschaften war der polnische Einfluss weiterhin bedeutend. Die Landeshauptstadt Breslau wurde zu einem wichtigen Zentrum für Handwerk und Gewerbe. Vom 16. bis zum 18. Jahrhundert wurde das Gebiet Teil der Habsburgermonarchie, beeinflusst von Strömungen der Zeit wie der Reformation und dem Humanismus. Breslau setzte sein Wachstum und seine Entwicklung fort, und produzierte Textilien für den Export nach Osten und Westen.[39]

Nach mehreren Kriegen wurde das Gebiet Teil Preußens. Schlesien war 1815 eine von fünf preußischen Provinzen, und wurde somit nach der Vereinigung im Jahr 1871 Teil des Deutschen Reiches. Die Bedeutung von Breslau nahm im Laufe des 19. Jahrhunderts durch Handel und aufkommende Bergbau- und Industrietätigkeiten zu. Die jüdische Gemeinde war umfangreich. Im Jahr 1910 hatte die Stadt mehr als 20.000 jüdische Einwohner.

Nach dem Ende des Ersten Weltkriegs, gefolgt vom Vertrag von Versailles im Jahr 1919, unternahmen die siegreichen Mächte Anstrengungen, Oberschlesien an die polnische Regierung zu übergeben, was zu großen Protesten in Deutschland führte. Es endete 1922 in einer Teilung, aber Deutschland durfte die Mehrheit behalten. Im Jahr 1921 fand in Oberschlesien ein Referendum statt, damit die verschiedenen Kreise selbst über ihre Zugehörigkeit entscheiden konnten.

Teile Oberschlesiens wurden polnisch, in der Nähe von Auschwitz (Oswiecim), die später für das schlimmste Verbrechen des Krieges bekannt wurde, wo die Massenvernichtung der europäischen Juden. Die Hälfte aller norwegischen Juden, wurden dort getötet.

Dieser historische Hintergrund Schlesiens könnte vielleicht eine Erklärung dafür liefern, warum die Nationalsozialisten (NSDAP) während der Parlamentswahlen 1933, dem Jahr, in dem Hitler an die Macht kam, in einigen Wahlkreisen in Schlesien (einschließlich Breslau) über 50 Prozent der Stimmen erhalten haben. Erna Voigts Erziehung muss auch vom Nationalsozialismus in der lokalen Politik und Gesellschaft geprägt gewesen sein.

39 Herzig, S. 75.

Aus Schlesien kam zu gleichen Zeit Deutschlands vielleicht bekannteste Widerstandskämpfer, der bereits erwähnte Graf von Moltke, der sein Gut in der Kleinstadt Kreisau hatte. Von hier aus wurden wichtige Entscheidungen in der deutschen Widerstandsbewegung getroffen.

Kreis Waldenburg bestand aus mehreren kleineren Städten, die so nahe beieinanderlagen, dass sie fast als Stadtteile galten. Neben Weißstein war von Stadt Waldenburg, Dittersbach, Hermsdorf, Nieder-Salzbrunn, Ober-Salzbrunn und Ober-Waldenburg, die Rede. Im Jahr 1939 hatten der Landkreis eine Gesamtbevölkerung von 64.000 Einwohnern, nach einem starken Wachstum seit 1933, als die Umgebung damals nur 45.000 Einwohner zählte. Zu dieser Zeit waren 195 Juden auch mit Wohnhaft im Kreis registriert. Ansonsten gab es fast 60 Prozent evangelische, etwas mehr als 30 Prozent Katholiken und ungefähr 6 Prozent sogenannte Gottgläubige. Wie bereits erwähnt, handelte es sich um christliche Nazis, die eine eigene Zugehörigkeit zur NSDAP hatten und nicht zu den etablierten Kirchen gehörten. Die Nationalsozialisten waren gegen die etablierten Konfessionen, aber die nationalsozialistische Alternative erhielt nie viel Unterstützung und Bedeutung.

Waldenburg wurde aufgrund der großen Kohlenreserven und eines gut ausgebauten Eisenbahnnetzes zu einem Schlüsselgebiet in der Entwicklung der Industrie. Breslau war als Zentrum für Finanzen, Handel und Wissenschaft wichtig, zum Beispiel durch die renommierten Friedrich-Wilhelms-Universität. Hier hatte unter anderem Graf von Moltke seine juristische Ausbildung erhalten, ebenso wie der Diplomat Curt Bräuer, der deutscher Botschafter in Oslo im Jahr 1940 war. Beide waren im Zweiten Weltkrieg für Norwegen auf Bedeutung.[40]

Rund um die Schwerindustrie in der Region Waldenburg entstanden verschiedene mechanische und chemische Industrien, gefordert von den lokalen Banken in Breslau. Einige von diesen Banken wurden von Juden gegründet und betrieben. Nach dem Krieg, als die Deutschen aus dem Gebiet vertrieben worden waren, übernahmen polnische Einrichtungen die von den Deutschen herstammenden Betriebe, kontrolliert von den Sowjetrussen.

40 Herzig, S. 112

Die Geschichte des Kreises Waldenburg ist heute über mehrere interessanten Internetseiten leicht zugänglich, mit verschiedenen Statistiken, Fotos, Familiengeschichten und Anekdoten.[41] Die Generation der Deutschen, die nach der Kapitulation im Jahr 1945 nach Westdeutschland fliehen mussten, ist Laufe der Jahre geringer geworden. Ihre Nachkommen haben wahrscheinlich nicht die gleiche enge Beziehung zu ihrer Vorkriegsgeschichte. Basierend auf diesen hobbygeschichtlichen Quellen scheinen die Erinnerungen mit glücklicher Sehnsucht erfüllt zu sein, obwohl die Vertreibung traumatisch genug war.

Albert Speer begann in Waldenburg ein großes Bauprojekt. Der Plan war, eine größere Bunkeranlage mit unterirdischen Tunneln namens »Riese« zu bauen. Es sollte eine neue Kommandozentrale für die Wehrmacht werden. Der Bau wurde nie abgeschlossen, hat aber bis heute einige sichtbare Spuren hinterlassen. Als sich die Rote Armee 1945 dem Gebiet näherte, flohen Ingenieure und Architekten nach Westen und brachen die Fertigstellung ab. Das Projekt sagt etwas über die zentrale Bedeutung der Region im deutschen Reich aus. Es bietet daher einen Einblick in die Umgebung, zu der Erna Voigts Heimatstadt vor und während der Nazizeit gehörte.

Die Mehrheit der deutschen Bevölkerung in Schlesien, die damals noch aus über vier Millionen Einwohnern bei Ausbruch des Krieges bestand, wurde 1944–1945 unter teilweise dramatischen und brutalen Umständen nach Westen getrieben. Über 3,2 Millionen Deutschen konnten sich in Westdeutschland etablieren. Mindestens 800.000 Deutsche wurden entweder infolge der Schwierigkeiten während der Flucht, durch Kriegshandlungen oder wahrend Gefangenschaft getötet. Einige wurden zwangsweise als Arbeitskräfte in der Industrie behalten.

Es war die Rede von einer umfassenden Völkerwanderung, die bereits im Sommer 1944 begann, als die Rote Armee die ostpreußischen Gebiete erreicht hatte. Für eine gewisse Zeit wurde Breslau zu einer Zentrale für Flüchtlinge, und die Bevölkerung stieg um fast 400.000 Menschen auf über eine Million. Mehrere tausend Deutsche, denen es gelungen war, den Fluss Neiße nach Dresden zu überqueren, starben während des gewaltsamen Bombenangriffs der Alliierten im Februar 1945. Viele waren bereits vorher geflohen, als sie bemerkten, dass sich die russische Rote Armee aus dem Osten näherte.

41 http://waldenburg.pl/

Die Sieger gaben den polnischen Bürgern auch freier Hand, Deutsche zu vertreiben und plündern. Schlesien wurde nach dem Krieg ein Teil Polens, offiziell ratifiziert und anerkannt nach der Wiedervereinigung Deutschlands im Jahr 1990.

Wie in den anderen östlichen Regionen, vielleicht mit Ausnahme von Ostpreußen, das eine ganz besondere Geschichte hatte, ist auch die Geschichte der Vertreibung der Deutschen aus Schlesien von Traurigkeit und Bitterkeit zu Versöhnung übergegangen. Heute werden Erinnerungen in größerem Maße durch die deutsch-polnische Gemeinschaft und Zusammenarbeit geteilt. Ein gutes Beispiel dafür ist der deutsche Verein »Haus Schlesien«, der vom Bundesministerium Unterstützung bei der Organisation von Seminaren für polnische Schüler und Studenten erhält.

Bild aus dem alten Weißstein, dem Geburtsort von Erna Voigt.

Voigt ist ein weitaus seltenerer Name als Vogt. Der Archivdienst des Volksbundes zeigt jedoch, dass im Ersten und Zweiten Weltkrieg über 500 deutsche Soldaten namens Voigt starben. Die kleine Stadt Weißstein hatte über 200 registrierte Soldaten, die im Zweiten Weltkrieg fielen.

Wir wissen sehr wenig über den familiären Hintergrund von Erna Voigt. Nach alten Adressenbüchern aus dem Kreis Waldenburg, lebte ein Lokführer namens Alfons Voigt in der Lutherstraße 10 während die 1930-Jahren. Wahrscheinlich war dies ein Beruf, der häufig ausgeübt wurde, denn in diesem Gebiet gab es ein gut ausgebautes Eisenbahnnetz. Ansonsten lebten im Kreis Waldenburg ein Dutzend anderer Personen mit demselben Nachnamen. Sie waren zum Beispiel als Schuhmacher, Buchhändler und Buchdrucker tätig. Darunter ist auch eine *Studienassessorin* (Lehrerin) namens Räthe Voigt, die 1929 in Waldenburg lebte. In Bärenstraße 10, Breslau (heute Wroclaw), lebte im Jahr 1939 eine Frau namens Erna Voigt, die als Gymnastiklehrerin arbeitete. Auch im Telefonbuch für Berlin 1941 ist eine Erna Voigt als Lehrerin aufgeführt, ebenfalls gab es mehrere gleichnamige Frauen. Anfang 1936 wurde Erna 20 Jahre alt, möglicherweise hatte sie zu dem Zeitpunkt ein Beruf erlernt.

Der digitale Archivdienst *Ancestry* gibt uns möglicherweise weitere Hinweise. Hier ist eine Erna Emma Hedwig Voigt zu finden, geboren »ca. 1914« als Tochter von Karl Voigt. Den Quellen zufolge war diese Erna E. H. Voigt im Jahr 1936 mit einem Gefreiten Erich Wilhelm Otto Schmallandt aus Güstebiese verheiratet, der am 5. April 1942 in Utschny, Russland, starb. Es wird auch angegeben, dass er der *Luftwaffe Bau-Bataillon 25* angehört hatte, im Winter 1940/41 für Aktionen in Südrussland gegründet. Diese Unterstützungsbataillone stellten der Luftwaffe technischen Service und Infrastruktur zur Verfügung. Güstebiese liegt heute direkt an der polnischen Seite der Oder, und heißt Gozdowice, ein paar Autostunden östlich von Berlin.

Erna Voigt und Erich Wilhelm Otto Schmallandt heirateten in der Militärgemeinde Döberitz im Kreis Osthavelland in Brandenburg, damals Teil Preußens. Dies war ein militärisches Gebiet und Hochzeiten gab es hier nur für Berufssoldaten. Die Hochzeit fand in der evangelische Militärkirche statt, die dem *Dragoner Regiment 10* angeschlossen war, und eine lange Geschichte als Teil der preußischen Armee hatte. Ernas mögliche Vater, Karl Voigt, war Offizier.

Ob dies die gleiche Erna Voigt ist, die auf dem Friedhof von Alfaset begraben ist, ist ungewiss. Daher kann es nicht ausgeschlossen werden, dass dies »unsere« Erna Voigt ist. In diesem Fall würde sie aus einem professionellen militärischen Umfeld stammen. Dies könnte die Motivation für die freiwillige Teilnahme an den deutschen Streitkräften erklären.

Erna Voigt war Stabshelferin in Norwegen. Über diese Frauen als Teil der Kriegsmaschine während des Dritten Reiches ist nicht viel geschrieben worden. Sie konnten einfach Frauen auf Jobsuche sein. Andere waren sicher von Abenteuerlust betrieben, oder sie waren mehr ideologisch betrieben, die Hitler und das Projekt der Nazis unterstützen wollten.

Die Organisation der Stabshelferinnen wurde auf freiwilliger Basis aufgebaut. Hier gab es wahrscheinlich auch einen gewissen Unterschied, ob man in der Wehrmacht oder in der SS diente. Die Frauen wurden nach einer Rangfolge eingestuft. Der Oberhelferin war der Stabshelferin im Rang untergeordnet.

Obwohl es auch einige weibliche Soldatinnen gab, die Waffen trugen und an Kampfhandlungen teilnahmen, waren die Frauen in der Wehrmacht in erster Linie Büroassistentinnen, was auch im Titel steht. Hier hatten sie typischerweise Aufgaben als Telefonistinnen oder Stenografinnen. Sie wurden überall im System und in allen Waffenzweigen eingesetzt. Dabei trugen sie Uniformen und waren streng zu Vertraulichkeit verpflichtet. Sie unterlagen auch besonderen Anweisungen und erhielten Dienstausweise wie die Soldaten. Schätzungen zufolge haben bis zu einer halben Million Frauen auf diese Weise in Deutschland oder in den besetzten Gebieten gedient. Sie gehörten zu den Streitkräften, und wurden unter anderem als sogenannte »Blitzmädchen« bezeichnet. Ihre Aktivitäten trugen auch dazu bei, Ressourcen in Form männlichen Soldaten für Kriegsführung freizusetzen. Viele Frauen arbeiteten auch in den Feldkrankenhäusern und Krankenhäusern als Gesundheitspersonal für das Deutsche Rote Kreuz.

In Übereinstimmung mit Heinrich Himmlers ehrgeizigen Plänen für die SS und infolge der zunehmenden Bedeutung der Frauen als Unterstützung in der Kriegsführung, ist es nicht verwunderlich, dass 1942 ein separates SS-Helfer-Frauenkorps eingerichtet wurde. Im Zusammenhang mit der Verteidigung bildete Die SS war eine Art Elitearmee. Im Kontext mit Rüstungsaktivitäten stellte sie ein separates Ziel im Staat dar, die zu einer Rivalität zwischen Himmler und Speer führte. Insbesondere der militärische Teil der SS war bekannt für rücksichtsloses und brutales Verhalten.

In der deutschen Autobiografie von Ilse Schmidt, die als Wehrmachtshelferin in Frankreich, der Ukraine und Italien tätig war, bezeichnet die Autorin sich durch den Titel »Die Mitläuferin« als eine, die aktiv an etwas beteiligt war, aber unter Kontrolle anderem aktiv an etwas beteilig. Ihre Geschichte ist wahrscheinlich typisch, aber nur sehr wenige dieser Frauen teilten ihre Erfahrungen und Gedanken über die Teilnahme an den deutschen Streitkräften mit ihrer Umgebung.

Ilses Geschichte könnte möglicherweise der von Erna Voigt ähneln. Erna war drei Jahre älter als Ilse, aber beide sind während der Zeit der Großen Revolution, Hyperinflation und Massenarbeitslosigkeit aufgewachsen. Sie beide erlebten den Übergang von der Weimarer Republik zum Dritten Reich.

Es war auch eine Zeit, in der Frauen geringe Möglichkeiten, sich durch einen Beruf, finanziell unabhängig und intellektuell entwickeln konnten. Paradoxerweise bot der Nationalsozialismus für einige Frauen die Perspektive, in der Wehrmacht eine professionelle Tätigkeit auszuüben.

Ilse kam aus einer kleinen Stadt in Brandenburg. Der Vater betrieb ein Käsegeschäft, die Mutter war jahrelang krank und starb, als Ilse 14 Jahre alt war. Ihre Familie bestand aus einer Mischung von Kommunisten und Nationalsozialisten. Der Vater war ein NSDAP-Mitglied, aber hauptsächlich, um Verkäufe im Laden zu erzielen. Er war im Grunde ein Gegner des Krieges. Ilse Schmidt erhielt die Gelegenheit, als 21-Jährige eine Stelle als Büroassistentin für den Propagandaapparat der Marine anzutreten. Dies war Ende 1940. Die Alternative bestand darin, dem Vater im Laden zu Hause zu helfen. Sie würde lieber studieren oder eine Berufsausbildung machen, aber der Krieg eröffnete neue und aufregende Möglichkeiten. Deutschland hatte an allen Fronten gewonnen, und Paris war Paris. Es war der Beginn einer abenteuerlichen Reise durch weite Teile Europas in den Diensten der deutschen Wehrmacht.[42]

Allmählich setzte die harte Realität des Krieges ein. Ilses Vater war selbst Soldat und wusste, was es bedeutete, Sowjetrussland im Sommer 1941 anzugreifen. In Tagebuchform beschreibt Ilse ihre Erfahrungen von vielen Fronten. Obwohl viele der Erfahrungen sowohl von Trauma wie auch Schuld geprägt sind, zeigt sie keine Einblicke in die Gräueltaten, die sich mitbekommen haben, muss, als Angestellte zur Kriegsmaschinerie. Sie enthüllt dennoch, dass sie gehofft hatte, dass das Attentat auf Hitler im Juli 1944 erfolgreich sein wurde.

Es gibt noch einen weiteren Grund, warum so wenige der ungefähr 500.000 Frauen in der Wehrmacht ihre Kriegsjahre – wie Ilse Schmidt – veröffentlichten. Das Buch

42 Schmidt, Ilse, Die Mitläuferin, Erinnerungen einer Wehrmachtsangehörigen, Augbau Taschenbuch Verlag 2002.

hatte in diesem Fall eine Art therapeutische Wirkung. In erster Linie hilft die gedruckte Autobiografie dem Leser, Einblicke in den Krieg zu bekommen, und zwar in größerem Maße, als man sich dies mit allen Details vorstellen kann. Das Buch wurde auch kritisiert. Denn die Autorin übernahm eine Opferrolle, anstatt Einblicke in den Holocaust und die schrecklichen Taten der Wehrmacht zu gewähren, und sich von diesen distanzieren. Gleichzeitig ist es bis zu einem gewissen Maß verständlich, dass sich viele Zeitzeugen von den Gräueltaten distanzierten und nichts damit zu tun haben wollten.

In einigen Quellen wird erwähnt, dass diese Frauen in der Wehrmacht oder in der SS einen schlechten Ruf gehabt haben und dass sie leicht zu haben waren.[43] Dies basiert allerdings auf dem sehr chauvinistischen Bezugsrahmen männlicher Soldaten. Wir sprechen über junge Frauen, die in einer von Männern dominierten Militärwelt lebten.

Es waren sicherlich auch norwegische Frauen, die für die Wehrmacht arbeiteten, sowie es auch norwegische Soldaten gab, die sowohl der Wehrmacht angeschlossen waren als auch Frontkämpfer in der Waffen-SS waren. Es ist dokumentiert, dass bis zu 500 norwegische Frauen als sogenannte Frontschwestern für das Deutsche Rote Kreuz gedient haben. Besonders gefragt waren diejenigen, die ein wenig Deutsch sprachen. Es konnte ein willkommenes Einkommen bedeuten, und es war sicherlich nicht so einfach, nein zu sagen, selbst wenn es beschämend war, für den Feind zu arbeiten oder mit ihm zu handeln. Für viele war der Verkauf oder Tauschhandel mit Deutschen notwendig, um den Alltag zu bewältigen, insbesondere in den letzten Jahren der Besetzung, als der Mangel an lebenswichtigen Gütern zunahm.

Das Schicksal der Frauen in der Wehrmacht, egal ob sie direkt an den Aktivitäten der Streitkräfte beteiligt waren oder ausschließlich zivile Aufgaben hatten, muss dazu beigetragen haben, dass die deutsche Bundeswehr lange Zeit nicht bereit war, weibliche Soldaten zuzulassen. Insbesondere in den östlichen Gebieten wurden viele dieser Frauen um Jahr 1945 grausamen Misshandlungen ausgesetzt.

Wir kennen die Karriere von Erna Voigt nicht, aber es ist denkbar, dass sie wie Ilse Schmidt an verschiedenen Orten und in verschiedenen Militäreinheiten stationiert

43 Neitzel/Weltzer, Soldaten - On Fighting, Killing and Dying, Simon & Schuster Ltd, 2012, S. 173-174.

war, bevor sie nach Norwegen kam. In Oslo bauten die Deutschen eine Reihe von Verwaltungseinheiten aus.

Erna Voigts Schicksal in Norwegen ist auch ungewiss. Bekannt ist, dass sie Anfang Januar 1945 im Sinzen Kriegslazarett 901 in Oslo gestorben ist. Es war das größte Krankenhaus, das die Deutschen während der Besetzungsjahre in Norwegen hatten. Das Krankenhaus empfing Tausende verletzter Soldaten aus dem Winterkrieg in Finnland (1939-1940). Später wurden dort deutsche Soldaten, die, während ihr Aufenthalt in Norwegen an Krankheiten und Verletzungen litten, behandelt. Viele deutsche Soldaten, die sich, während die Invasion im April 1940 verletzte, wurden in normalen norwegischen Krankenhäusern behandelt. Schließlich bauten die Deutschen in größerem Umfang eigene Lazarette mit eigenem medizinischem Personal. Das Rote Kreuz war während der gesamten Besetzung aktiv. Es arbeitete mit Schwesterorganisationen in anderen Ländern zusammen, um bestmögliche Bedingungen in den Gesundheitseinrichtungen und Gefangenenlagern zu schaffen. Es wurde auch immer wichtiger, die Einhaltung der Bestimmungen der Haager Konventionen sicherzustellen, unter anderem, um die Bombardierung von Gesundheitseinrichtungen zu verhindern.

Während des gesamten Krieges errichten die Deutschen 11 verschiedene Gebäude auf Sinzen Kriegslazarett. Besonders hervorzuheben ist ein durchgehendes gelbes Mehrwinkelmauerwerk, das eine ganze Höhe ausfüllt. Es wird heute unter anderem als Lagerhaus genutzt.

Voigt starb am 31. Dezember 1944 kurz bevor sie 29 Jahre alt geworden wäre, an einer Krankheit in diesem Krankenhaus. Die genaue Todesursache ist unbekannt. Vielleicht hatte sie einen Unfall oder war sie Opfer eines Angriffs? Genau an diesem Tag wurde das Hauptquartier der Gestapo in Oslo, Victoria Terrasse, von britischen Bombenfliegern angegriffen mit etwa 105 getötete Menschen, am meisten zivilen Norwegern aber auch deutsche.

Viele der deutschen Soldaten, die in Norwegen waren und während des Feldzugs 1940 nicht getötet wurden, starben häufig gegen Kriegsende. Das kann kein Zufall sein. Der Krieg erodierte sowohl geistig als auch körperlich, und die Deutschen wurde von Aussichtlosigkeit beeinflusst.

Eines der wenigen erhaltenen deutschen Gebäude aus dem Sinzener Kriegslazarett, in dem Erna Voigt am Ende des Krieges starb. Foto: Rolf Øhman.

Wir wissen nichts Genaues über Erna Voigts Motivation. Ob sie sich absichtlich für Norwegen beworben hat, oder ob sie hier eingesetzt wurde. Wahrscheinlich hat sie einen Bescheid, über die Versetzung nach Norwegen ohne Proteste akzeptieren müssen. Es war auch sicherlich dankbarer, in Norwegen zu sein, als in Ländern, in denen die Fronten hart waren, und in denen viele der Frauen traumatische Ereignisse erlebten.

Es war allerdings auch nicht sicher, in Norwegen zu dienen. Im Oktober 1944 starben 41 Stabshelferinnen der Luftwaffe, als ein Focke-Wulf-Militärtransportflugzeug auf dem Weg von Finnland nach Trondheim in Nord-Norwegen abstürzte. Wahrscheinlich wegen Turbulenzen während eines Unwetters.

Grab mit Foto von Margarete Castner, einer der Frauen, die auf dem Friedhof von Alfaset mit Erna Voigt zusammen begraben ist. Foto: Lars Finholth.

Matthias Glasmacher (19.7.1925–17.2.1945)

»Minenunglück, U-1273«

Der Gefreite Matthias Glasmacher teilt das Grab mit dem Obermaat Werner Eckert und dem Oberarzt Heinz Brüggermann. Glasmacher zählt zu den jüngsten Soldaten auf Alfaset. Er wurde nur 19 Jahre alt.

Er wurde am 19. Juli 1925 in der mittelgroßen deutschen Stadt Mönchengladbach geboren und war noch keine 15 Jahre alt, als Norwegen am 9. April 1940 von der Wehrmacht angegriffen wurde. Die überwiegend katholische Heimatstadt von Matthias Glasmacher hatte Anfang der 1920er-Jahre 100.000 Einwohner. Zu dieser Zeit wurde das Stadtbild von wunderschön dekorierten Wohnhäusern in Jugendstil dominiert. Die eigene Straßenbahn war auch ein Zeichen dafür, dass die Stadt eine gewisse Größe und einen bestimmten Ruf hatte. Sie hebt sich auch von anderen deutschen Städten ab, weil sie traditionell als sogenannt Freistadt bezeichnet war. Dies hat Auswirkungen darauf, wie sie verwaltet wird. Mönchengladbach liegt heute im Bundesland Nordrhein-Westfalen, nicht weit von Frankreich entfernt. Die Stadt gehört zum Ruhrgebiet, das als Schwerpunkt der Industrie bekannt ist. Das Gebiet ist dicht besiedelt mit großen und mittelgroßen Städten. Matthias Glasmachers Heimatstadt, die oft mit M.-Gladbach abgekürzt wird, ist seit Jahren auch durch ihre gute Fußballmannschaft bekannt.

Es ist weniger erfreulich, sich daran zu erinnern, dass einer der schlimmsten Kriegsverbrecher Nazideutschlands und einer der engsten Komplizen Hitlers, der frühere Propagandaminister Joseph Goebbels (1897–1945), aus Rheydt stammte, das zu Mönchengladbach gehört, aber zuvor eine selbstständige Gemeinde war. Man kann sich vorstellen, wie er dazu beigetragen hat, seine unmittelbare Umgebung in das Zentrum des Nationalsozialismus zu bringen. Natürlich hatte die Stadt eigene Straße, die nach ihm benannt war. Goebbels muss früh Einfluss auf seine Umgebung ausgeübt haben. Unter anderem soll er die Trennung von Rheydt von M.-Gladbach gefordert haben.

Im Dritten Reich war Goebbels dann ein Anstifter der Judenverfolgung. Er baute früh eine umfassende Organisation der Öffentliche Medien auf, um die Bevölkerung zu beeinflussen, und über nationale Medien an die nationalsozialistische Ideologie zu glauben. Wie einige der Naziführer hatte er viele persönliche Komplexe, die in einer Reihe von biografischen Werken beschrieben sind.

In dieser Umgebung wuchs der junge Matthias Glasmacher auf. In dem Jahr, als Hitler an die Macht kam, wurde er acht Jahre alt. Sein Schicksal war auf verschiedene Weise vorbestimmt, obwohl, auch er, wie es heißt, sein eigenes Schicksal wählte.

M.-Gladbach wurde in den letzten Jahren vom Zweiten Weltkrieg von umfangreichen Bombenangriffen der Alliierten getroffen. Anfang Februar 1945 wurde ein letzter größerer Angriff durchgeführt: 160 Flugzeuge warfen 1.200 hochexplosive Bomben und 65.000 Feuerbomben ab. Etwa zwei Drittel der Stadt wurde zerstört und 2.000 Zivilisten kamen ums Leben. Es war nicht weit von hier bis zur Westfront in Frankreich, und zu Normandie wo die Landung der Alliierten am 6. Juni 1944 stattfand. Nach dem Krieg wurden etwa 150.000 deutsche Soldaten von amerikanischen und britischen Streitkräften in der Nähe von M.-Gladbach gefangen gehalten. Die Stadt und das Gebiet standen zuerst unter amerikanischer Kontrolle, bevor die Briten übernahmen. Sie haben ihren Teil dazu beigetragen, dass die Stadt nach den Prinzipien der Demokratie und mithilfe des amerikanischen Marshallplans wieder aufgebaut wurde.

Nach dem Krieg war es vor allem die traditionelle Textilindustrie, die das Wirtschaftswachstum und die Entwicklung in der neuen Ära sicherte.

Foto des alten M.-Gladbach.

Aus den Kriegsregistern des Volksbundes geht hervor, dass im Zweiten Weltkrieg mehr als 50 deutsche Soldaten namens Glasmacher gefallen sind, oder noch heute als vermisst gelten. Sie kamen aus ganz Deutschland, aber es scheint, dass der Name im Westen des Landes am stärksten konzentriert ist, insbesondere in Westfalen und im Ruhrgebiet. Die Gefallenen kamen aus vielen kleinen Städten und Dörfern wie Mariaweiler in Düren neben Euskirchen und Mechernich. Einige kamen auch aus Köln, Bonn und Düsseldorf. Matthias Glasmacher war nicht der einzige Glasmacher aus Mönchengladbach, der während des Krieges starb. Johannes Glasmacher, geboren am 18. April 1923, starb am 22. Juli 1944 an der Ostfront in der Nähe der Stadt Lviv (Lemberg) in der Ukraine, wo er heute begraben liegt. Die Stadt war früher auf Deutsch als Lemberg bekannt. Hier fand ein großer Kampf mit verheerenden und tödlichen Folgen statt. Vielleicht waren Johannes und Matthias Glasmacher Brüder.

Der Name Glasmacher ist in Deutschland nicht besonders ausgebrautet, und trotzdem ist er in dem Sinne typisch deutsch, da sein Ursprung mit der Ausübung eines Berufs oder eines traditionellen Handwerks verbunden ist. In diesem Fall jemand, der etwas aus Glas macht, wie zum Beispiel ein Glasmacher oder ein Glasbläser.

Historische Archive über Mönchengladbach zeigen, dass der Name Glasmacher in der Stadt seit dem 19. Jahrhundert relativ verbreitet war. Nach verschiedenen Adressenbüchern von 1815 bis 1974, sind bis zu 318 Personen mit diesem Nachnamen aufgeführt, jedoch niemand mit Matthias als Vorname. In der Regel wurden in solchen Büchern nur die erwerbstätigen Erwachsenen aufgeführt, vor allem Männer, aber auch einige Frauen. Es ist interessant zu sehen, welche Berufe ab den 1930er-Jahren immer wieder vorkommen, was auch die Wirtschaftsgrundlage der Stadt widerspiegelt, in der Matthias Glasmacher aufgewachsen ist. Es gab mehrere Handwerker wie Weber, Färber, Verpacker und Stuhlmacher. Die Männer wurden manchmal auch nur als Arbeiter oder Fabrikarbeiter aufgeführt. Dies macht die Stadt als typische Industriestadt sichtbar, in der insbesondere die Textilindustrie eine prägende Rolle spielte. Ein Färber färbte Textile – ein sehr altes Handwerk, schwere und anspruchsvolle Arbeit, der mit natürlichen Substanzen, später Chemikalien, verwendet wurden.

Die Suche nach der Familie des jungen Soldaten Matthias Glasmacher unter so vielen, ist ein bisschen wie die Suche nach der Nadel im Heuhaufen. Eine Suche nach Glasmacher in der Datenbank von Ancestry vor dem Krieg, dokumentiert eine Frau, Elisabeth Glasmacher, in M.-Gladbach, die mit einem Polsterer Heinrich Glasmacher verheiratet ist. Hier könnte es eine Übereinstimmung mit der Mutter und Vater von Matthias Glasmacher geben. Andere Dokumente können bestätigen, dass wir hier wirklich von den Eltern des jungen Soldaten sprechen. Ein Register der Toten besagt, dass sie 1923, zwei Jahre vor Matthias‘ Geburt, einen totgeborenen Sohn bekommen hatte. Elisabeth war damals ungefähr 18 Jahre alt.

Matthias Glasmacher ist laut seine Sterbedokumente als Katholik aufgeführt, die dominierende Religion im Rheinland. Man kann sich ein Bild von einem Jungen vorstellen, der aus einem Umfeld stammt, das von Textilindustrie dominiert wird. Nach den Unterlagen, die den Tod des jungen Marinesoldaten bestätigen, hatte er bereits vor dem Krieg einen zivilen Beruf als Möbelpolsterer und Dekorateur erlernt. Dies war ein alter, Handwerksberuf, der eine bewusste Berufswahl erforderte. Es überrascht nicht, dass er den gleichen Beruf wie sein Vater hatte. Solche Berufe wurden oft »vererbt«. Möglicherweise war er mit einem Familienunternehmen, einem Meisterunternehmen oder einem größeren Unternehmen wie einer Fabrik verbunden.

Matthias Glasmacher wurde nicht alt und profitierte wenig von seinem Gesellenbrief. Er diente auf dem U-Boot U-1273, das am 17. Februar 1945, nach nur etwas mehr als zwei Wochen im aktiven Dienst von einer britischen Minenbombe im Oslofjord versenkt wurde. Das U-Boot gehörte zur *11. U-Boot-Flottille*, die die im Mai 1942 gegründete deutsche U-Boot-Flotte in Norwegen. Der Hauptzweck dieser Flotte war es, alliierte Konvois auf dem Weg von und nach Murmansk zu versenken. Die Besatzung hatte unter dem Kommando der *8. U-Boot-Flotte* mit Stützpunkten in Königsberg und Danzig kaum ein Jahr Ausbildung in der Ostsee erhalten. Für Matthias Glasmacher hatte die Ausbildung am 16. Februar 1944 begonnen. Er war damals 18 Jahre alt.

Gegen Kriegsende hatte der Fregattenkapitän Heinrich Lehmann-Willenbrock (1911–1986) das Kommando über die 11. U-Boot-Flottille übernommen. Er war ein erfahrener und effizienter Marineoffizier aus Bremen, der unter anderem das Kommando über U-96 hatte, dass später die Kulisse für den Film Das Boot bildete. Lehmann-Willenbrock, der selbst den Krieg überlebte, hatte viele Leben auf dem Gewissen, nachdem er britische und norwegische Handelsschiffe torpediert hatte.

U-1273 war vom Typ VIIC/41, ein größeres und schwereres U-Boot als frühere Kriegsmodelle. Sie war die Baunummer 68 von der Bremer Vulkan-Vegesacker-Werft versehen, und wurde am 10. Januar 1944 in Betrieb genommen. Dies bedeutet, dass es von Fertigstellung bis zur Inbetriebnahme etwas mehr als zwei Wochen dauerte, um die Besatzung auszubilden. Es musste schnell gehen, das U-Boot in Betrieb zu nehmen. Dies war häufig während des Krieges der Fall, als die Deutschen unter Druck standen. Die Luftwaffe war britischen und amerikanischen Flugzeugen unterlegen, und einige der großen Schlachtschiffe wurden versenkt. Jetzt bemerkten auch die Soldaten in den U-Booten auch, dass sich der Krieg gewendet hatte und bald beendet, sein würde.

Die neueste Serie war auf dem modernsten Stand der Technik und sehr leistungsstark. U-1273 war etwas mehr als 67 Meter lang und wog 871 Tonnen unter Wasser. Das U-Boot hatte zwei F46-Viertakt-Sechszylinder-Dieselmotoren mit Kompressorantrieb, die von der Germania-Werft in Kiel hergestellt waren. Die Motoren leisteten insgesamt 2.800 bis 3.200 PS. Es gab zwei Wellen und zwei Propeller von 1,23 m, und man konnte in Tiefen von bis zu 230 Metern operieren. Die Oberflächengeschwindigkeit betrug fast 18 Knoten. Zusätzlich war das Boot mit fünf 53,3 cm Torpedorohren (vier am Bug und eines am Heck), vierzehn Torpedos, einer 8,8 cm Marinepistole SK C/35 und einer 3,7 cm flachen M42-Pistole mit zwei 2 cm C/30 Flugabwehrgeschütze ausgerüstet.

Ein Bild des 26 jahreigen Kommandanten des Boots, Helmut Knollmann, zeigt einen ernsten Mann der junger aussieht als er war. Knollmann war ein Marineoffizier aus der Kleinstadt Meinerzhagen im Bergischen Land an der Ruhr.

Er führte ein furchterregendes Boot mit einer 51-köpfigen Besatzung an Bord, konnte aber kein Unterschied machen. Jede Hilfe kam zu spät, als das Uboot am 17. Februar 1945 auf die britische Mine im Oslofjord traf. Fast fünf Jahre zuvor wurden Schwerkreuzer Blücher hier versenkt.

Nur acht Männer überlebten die gewaltige und verheerende Explosion. 42 Marinesoldaten kamen ums Leben. Unter den Toten waren Matthias Glasmacher und Helmut Knollmann. Es muss eine unerfahrene Mannschaft gewesen sein. Knollmann hatte eine übermäßig große Verantwortung, obwohl er bereits einige Erfahrungen mit anderen U-Booten gesammelt hatte. Glasmacher und die anderen Soldaten waren meist zwischen 19 und 21 Jahre alt gewesen.

Glasmacher, Knollmann und die anderen jungen U-Boot-Soldaten ruhen heute gemeinsam auf dem Friedhof von Alfaset. Das Wrack des Bootes liegt immer noch unberührt im Oslofjord – zur Freude der Taucher. Das Wrack ist auch eines von vielen Schiffswracks aus dem Zweiten Weltkrieg, die die Aufmerksamkeit von Behörden und

Umweltorganisationen als mögliche Bedrohung für die Umwelt auf sich gezogen haben. Die Tatsache, dass überhaupt jemand überlebt hat, kann darauf hinweisen, dass das Boot an die Oberfläche gegangen ist, sodass es möglich war, auszusteigen. Das Wasser muss eiskalt gewesen sein, aber zum Land war es nicht so weit.

Laut seiner Sterbedokumentation im Bundesarchiv hinterließ er nur seine Mutter, Elisabeth Glasmacher, in baden-württembergischen Kleinstadt Hardt geboren, die zum Zeitpunkt des Todes ihres Sohnes eine Wohnadresse in der norddeutschen Stadt Cuxhaven hatte. Elisabeth Glasmacher ist als einzige Verwandte aufgeführt.

Möglicherweise war sie Witwe geworden und nach alliierten Bombenangriffen gezwungen, von den Trümmern in M-Gladbach wegzuziehen. Vielleicht hatten sie entfernte Verwandte in Cuxhaven. Cuxhaven wurde auch von vielen Bombenanschlägen getroffen. Elisabeth Glasmacher hatte eine Adresse in der Kirchenpauerstraße 9 im Zentrum der Stadt. Alte Fotos zeigen, dass dies eine Paradestraße war, mit wunderschönen Jugendstil-wohngebäuden, die um 1900 gebaut worden waren. Die Gebäude, die den Krieg überlebt haben, sind heute geschützt. Die Küstenstädte wurden oft angegriffen. Auch nahe gelegene Städte wie Wilhelmshaven und Bremerhaven wurden schwer bombardiert.

Es ist nicht bekannt, wie es Matthias‘ Mutter nach dem Krieg ergangen ist. Laut Bevölkerungsregister lebte sie zu einem Zeitpunkt während des Krieges in München. Es gab nicht viele mit diesem Namen. Eine Elisabeth Glasmacher erscheint im Adressbuch für Mönchengladbach 1960 erwähnt, wohnhaft in Heiligenpesch 2, westlich der Stadt. Es heißt, sie habe ihren Lebensunterhalt als Stopferin verdient, wahrscheinlich eine gefragte Fähigkeit in der Stadt, die noch immer von der Textilindustrie geprägt war. Die Mutter war zu dem Zeitpunkt 55 Jahre alt.

Helmut Knollmann, der junge Kommandant von Matthias Glasmacher bei U-1273. Foto: uboat.net.

Der Name des Bootes, U-1273, gibt einen Hinweis auf die große Anzahl von U-Booten, die während des Krieges produziert und auch versenkt wurden. Es erklärt auch, dass Glasmacher und viele seiner Kameraden an Bord sehr jung waren. Während des letzten Teils des Krieges, musste Hitlers Deutschland ständig jüngere und ältere Männer zum Dienst hinzuziehen, da die Wehrmachtsangehörige mittleren Alters an den Fronten, in der Luft und in Gewässern in der ganzen Welt starben. Als der junge Glasmacher am Krieg teilnahm, war er bereits verloren. Nur wenige Soldaten glaubten noch an den Sieg, den Hitler, Goebbels und die anderen Nazis noch predigten. Es war die Rede davon, dass die neuen V1- und V2-Raketen den Krieg zu deutschen Gunsten wenden würden. Die Skepsis gegenüber dem Verlauf des Krieges war in der Marine besonders groß. Angesichts dieser Umstände wurde der Polsterer Matthias Glasmacher Teil einer düsteren Statistik, und eines unvermeidlichen Schicksals.

Die deutschen Marinesoldaten, die von 1939 bis 1940 im Dienst der deutschen Marine starben, haben in der Nähe von Kiel ein Denkmal erhalten, das U-Boot-Ehrenmal Möltenort. Die Zahlen zeigen das Ausmaß. Über 30.000 Gefallene und 739 versunkene und zerstörte U-Boote. Auch die Namen Glasmachers und seiner Kameraden von U-1273 wurden hier verewigt.

Die deutschen U-Boote sorgten durch Angriffe auf Konvois alliierter Schiffe für viel Tod und Leid. Die Handelsschiffe transportierten unter anderen Maschinen, Fahrzeuge, Munition, Kohle und Öl, die für militärische Zwecke verwendet wurden, aber die Seeleute waren zivile, oft sehr junge Männer. Deutsche U-Boot-Angriffe kosteten mehr als 3000 das Leben. Nach dem Krieg litten einige den überlebende stark unter die traumatischen Erfahrungen, die von den norwegischen Behörden insgesamt wenig verstanden wurden.

Das deutsche U-Boot U-1273, das vor seiner Sprengung kaum im Dienst war. Foto: uboat.net.

Martin Schmidl (22.9.1906–25.4.1945)

(Bombardierung auf »Vallø«)

Foto: Bunker Bråthen.

Der Obergefreite Martin Schmidl, geboren am 22. September 1906, hat mit Leutnant Adolf Gillet und Feldwebel Albert Mölich zusammen, seine letzte Ruhestätte auf dem Friedhof von Alfaset gefunden. Sein Grab hebt sich von allen anderen Granitkreuzen ab, weil es mit einem Bild von ihm geschmückt ist. Es besteht aus gehärtetem Kunststoff, damit es Wind und Wetter standhält. Das Bild zeigt einen jüngeren Mann. Er hat ein scharfes Gesichtsprofil und einem kunstvollen Haaransatz. Der Blick ist konzentriert, klar und ein wenig nachdenklich. Das Bild zeugt davon, dass jemand sein Andenken ehren wollte, wahrscheinlich Verwandte, die eng mit ihm verbunden waren.

Schmidl gehört nicht zu den häufigsten Familiennamen im deutschsprachigen Raum, er ist aber auch keine Seltenheit. Eine Suche in den Archiven des Volksbundes zeigt, dass im Ersten und Zweiten Weltkrieg über 170 Menschen namens Schmidl gefallen sind. Die überwiegende Mehrheit kommt aus Österreich, aus Städten wie Sieggraben,

Gollersdorf, Innsbruck und Möltschach sowie aus bayerischen Städten wie Weiden, Ingolstadt und München.

Woher kam Martin Schmidl, der Mann, der auf dem Friedhof von Alfaset zu den Toten zählt? Die Spuren gehen nach Österreich. Er kam aus dem kleinen Dorf Weißbach bei Lofer im Kreis Zell am See, direkt an der Grenze zu Bayern. Dies ist eine sehr religiöse Gegend, in der die katholische Kirche seit Jahrhunderten Einfluss auf die Bevölkerung ausübt. Im Jahr 1939 bestand das Dorf aus nur 357 Einwohnern. Es war umgeben von spitzen Bergen in einem idyllischen und üppigen Tal in der Nähe von Salzburg und in der Nähe des Flusses Lofer, der die Berge durchquert. Die Familie Schmidl hatte eine Adresse in Oberweissbach (Nr. 10),

Das Dorf ist heute mit etwas mehr als 400 Einwohnern nicht viel größer als vor dem Krieg. Dies ist ein Gebiet, in dem der Tourismus die wichtigste Branche ist, natürlich als Tür zu den deutsch-österreichischen Alpen mit guten Möglichkeiten zum Skifahren oder Wandern in den Bergen.

Traditionell waren es Landwirtschaft, Kunsthandwerk und ein wenig Inlandstourismus, die diese Bergdörfer am Leben hielten, bevor der Auslandstourismus übernahm. Martin wuchs in einer Handwerkerfamilie als Sohn eines Webermeisters auf. Nach dem örtlichen Kirchenbuch hieß der Vater Rupert Schmidl (geb. 1861) und die Mutter Anna (geb. 1874), Tochter eines Bauern aus der Gegend um Lofer. Martin Christian Schmidl, wie sein voller Name war, hat am 5. Dezember 1938 kirchlich mit Katharina Eder (geb. 1910) in Zell am See verheiratet. Im Heiratsregister wird er dann als Bauarbeiter aufgeführt. Dies war viele Monate nach der Eingliederung Österreichs in das Dritte Reich (Anschluss). Martin Schmidl war also kein Berufssoldat. Wahrscheinlich hatte er keine formelle Berufsausbildung. Sonst wäre er beispielsweise als Zimmermann betitelt worden. Katharina ist als Schafhalterin aufgeführt. In dem Nachruf trägt Martin Schmidl den Titel Webermeistersohn, als Hinweis auf eine solide Abstammung.

Nach dem Adressbuch von 1930 betrieb Webmeister Rupert Schmidl eine Weberei, also ein kleines Unternehmen im Weiler. In Oberweissbach gab es neben einem Gasthaus, einer Schuhmacherei, einer Schneiderei, einem Sägewerk und einem kleinen Lebensmittelgeschäft auch ein eingetragenes Landwirtschaftsunternehmen. Die Weberei erschien Umfangsreich gewesen zu sein, da sie unter der Firmenübersicht im Adressbuch eingetragen ist.

Martin Christian Schmidl, kaum acht Jahre alt, erlebte zum ersten Mal einen Krieg, als Ende Juni 1914 der Erste Weltkrieg ausbrach. Dies war ein Krieg, den jeder in dem kleinen Dorf zu spüren bekam. In der Dorfkirche befindet sich eine Gedenktafel für die 24 örtlichen Soldaten, die an den Fronten gefallen sind.

Obwohl dieses malerische Gebiet in den Alpen friedlich zu sein scheint, zeigen historische Statistiken, dass der Nationalsozialismus im Kreis Zell am See bereits während der Weimarer Republik stark ausgeprägt war. Die deutsche NSDAP hatte in Österreich eine Schwesterpartei namens Deutsche Nationalsozialistische Arbeiterpartei (DNSAP). Sie wurde kurz nach der deutschen Mutterpartei gegründet. So wie man nach der Ersten Weltkrieg getan hatte, trat die überwiegende Mehrheit der jungen Männer aus dem kleinen Dorf an der Wehrmacht teil. Von denen kehrte 18 nie zurück, darunter Martin Schmidl. Die älteren Soldaten wurden im Jahr 1898 geboren, die jüngsten 1923. In der Dorfkirche haben die Gefallenen aus dem Zweiten Weltkrieg neben den Toten aus dem Ersten Weltkrieg auch ihre Gedenktafel. Namen wie Unterweissacher, Weissbacher, Kalkschmid und Fuchslechner zeugen von lokaler Zugehörigkeit und Traditionen.

Das kleine Dorf Weißbach bei Lofer, aus dem Martin Schmidl stammte.

Das Dorf hatte einen Einwohner mit einem bekannten Namen. Ein Name, der einen erschaudern lassen könnte. Martin Bormann jr. (1930–2013), Sohn von Martin Bormann (1900–1945), Hitlers persönlichem Sekretär und Mitarbeiter, lebte nach dem Krieg in diesem Dorf. Es muss ein perfekter Ort für jemanden gewesen sein, der sich verstecken musste, um zu überleben. Bormann jr. soll auf einem Bauernhof gelebt haben, auf dem er als 15-jähriger verwaister Junge in schlechter körperlicher und geistiger Verfassung als Teil der Familie aufgenommen wurde. Hier half er auf dem Bauernhof, der von einer sehr religiösen katholischen Familie geführt wurde. Dies inspirierte auch Bormann jr. zum Katholizismus zu konvertieren, und er wurde als Priester in Salzburg ausbildet. Die Gräueltaten seines Vaters und der Nationalsozialismus prägten seine Arbeit und Denkweise. Es ging ihm nicht darum, seinen Vater zu verteidigen, sondern darum, Antworten zu finden und christliche Werte wie zum Beispiel Vergebung zu vermitteln, ohne zu verurteilen. Viele dachten wahrscheinlich, dass er in seiner Verurteilung klarer hätte sein sollen. Trotzdem erscheint er als eines der »Nazi-Kinder«, die dem Willen und der Fähigkeit bewiesen etwas Gutes aufzubauen, trotz einem grausamen Erbe.

Zurück zu Martin Schmidl und seinem Schicksal als Soldat in Norwegen. Die kleine Stadt Tønsberg liegt idyllisch an der Westseite des Oslofjords. Die Inseln Tjøme und Nøtterøy nehmen einen Teil des Windes und der Strömungen aus der weiten Mündung des Fjords. An der Küstenseite der Stadt ist die Landschaft flach mit freiem Blick auf das Meer, umgeben von alten Kirchen, prächtigen Laubbäumen und Spuren antiker Siedlungen. Nicht umsonst betrachtet sich Tønsberg als Norwegens älteste Stadt. Eine Halbinsel geht in den Fjord hinein. Hier war es für die Menschen selbstverständlich zu leben und den Hafen in Richtung des Fjords auszubauen, der sowohl tief genug wurde, und leicht zugänglich war. Ein heutiger Besuch auf der Halbinsel legt nahe, wie anfällig diese Gemeinde für Luftangriffe gewesen sein muss, da das Hafenanlage fast in das Wohngebiet integriert ist.

Schon während die Napoleonische Kriegen (1802-1815) gab es eine Verteidigungsbatterie auf Wallø (*Prinds Christians Batterie*). Zu dieser Zeit war England der drohende Feind. Im Jahr Jahr1940 war Großbritannien ein Verbündeter, und Deutschland war der Feind. Die Deutschen rüsteten die alten Befestigungen auf, bauten Flugabwehrgeschütze, Bunkeranlagen und ließen Minen im Fjord zurück. Gleichzeitig bildete sich eine kleine deutsche Gemeinde mit eigener lokaler Lebensmittelversorgung. Hier lebten die Deutschen sicher eine gute Zeit. Die Einheimischen haben sich daran gewöhnen müssen, die deutsche Kolonie in ihrer Nähe zu haben.

Gegend des Endes des Krieges konnten sowohl die norwegischen Einheimischen als auch die Deutschen den Frühling in der Luft spuren. Der Kalender näherte sich Mai 1945, wahrscheinlich als Lichtblick und Hoffnung auf Frieden. Allerdings sollte sich in diesen Tagen eine der größten Tragödien des Krieges auf norwegischem Boden stattfinden.

Zur Kolonie auf Vallø gehörten der österreichische Wehrmachtssoldat Martin Schmidl. Er war kurz davor, sich durch die Besetzung in Norwegen lebend durch die Besetzung davonzukommen. Dann starb er am 25. April 1945 während der dramatischen Bombardierung der Ölraffinerie auf Vallø. Schmidl mitgehörte der sogenannten *Leichten Flakabteilung 3./781* als einer von 80 Soldaten auf Vallø. Die Flak-Divisionen betrieben Flugabwehrartillerie und waren ein Teil der Luftwaffe.

Deutsche Soldaten auf Vallø. Martin Schmidl könnte ganz links stehen. Foto: das Nationalarchiv.

Es war kein Zufall, dass sich während der Besetzung deutsche Truppen auf Vallø befanden. Bereits 1899 wurde dort eine große Ölraffinerie gebaut, die bei Kriegsausbruch großen Terminals zur Lagerung von Erdöl umfasste. Diese Anlage war für die Deutschen wertvoll, insbesondere als Rohöl- und Treibstoffquelle für U-Boote, und musste deshalb geschützt werden. Die Terminale war ein geeignetes Ziel sowohl für englische Bombenangriffe als auch für die norwegische Widerstandsbewegung. Sie war gegen Kriegsende mutiger mit Sprengstoff gegen strategische Ziele wie Transportschiffe, Fabriken und Verkehrsknotenpunkte worden.

Die Versorgung mit Rohöl hatte sich während des Krieges verschlechtert. Im Februar 1945 hatte die norwegische Widerstandbewegung die britischen Militärbehörden darüber informiert, dass die Terminals auf Vallø vollständig leer waren, und daher nicht als Angriffsziel gelten konnte. Es war nur eine Frage von Tagen. Die Briten waren jedoch anderer Meinung. Sie glaubten definitiv, dass es auf Vallø Öl gab, das für feindliche U-Boote in der Gegend bestimmt war. Vallø beherbergte nicht nur die militärische Einrichtung, sondern auch viele Privathäuser. Die Menschen waren des Krieges müde und warteten nur auf die endgültige deutsche Kapitulation.

Kurz vor Mitternacht am 25. April 1945 konnte man Flugzeugalarm auf Vallø hören. Der Ort ist heute Teil der Gemeinde Tønsberg, und nur wenige Kilometer vom Stadtzentrum entfernt. Der Alarm musste in einem weiten Bereich hörbar gewesen sein. Es war kein kleiner Angriff, den die Engländer geplant hatten. An dem umfangreichen Bombenangriff nahmen 119 Flugzeuge teil, die meisten davon sogenannte viermotorige Lancaster-Flugzeuge, aber auch zwölf zweimotorige Moskito-Flugzeuge. Das Industriegebiet und die umliegenden Gebäude von Wohnhäusern, wurden zu Schutt und Asche und die Ölraffinerie wurde vollständig zerstört. Die Verluste an Menschenleben waren ebenfalls erheblich. Martin Schmidl war einer von vielen deutschen (und österreichischen) Soldaten, die starben. Außerdem starben russische Kriegsgefangene und viele in der Region lebende norwegische Zivilisten.

Aus britischer Sicht muss den Angriff als Machtdemonstration betrachtet werden. Die Briten hatten vor langer Zeit die Luftherrschaft von den Deutschen übernommen. In der Vergangenheit hatten deutsche Kampfflugzeuge britischen Zielen großen Schaden zugefügt und viele unschuldige Zivilisten getroffen. Die britischen Piloten waren hochmotiviert. Einer der wichtigsten Erfolgsfaktoren der Royal Air Force (RAF) war der Moskito-Bomber, der teilweise aus Holz und leichten Materialien gebaut wurde. Er hatte eine überlegene Manövrierfähigkeit, Reichweite und Tragfähigkeit und war besonders gut für Nachtangriffe geeignet. Insgesamt erwies er sich als weitaus effektiver als das traditionelle Spitfire-Flugzeug. Es war daher kein Zufall, dass solche Maschinen eingesetzt wurden, um Vallø anzugreifen.

Der Obergefreite Martin Schmidl teilte das Schicksal vieler. Der Angriff auf Vallø ist als eine der umfangreichsten Kriegshandlungen auf norwegischem Boden in die Geschichte eingegangen. Dennoch hat er möglicherweise nicht genügend Aufmerksamkeit in der offizielle norwegischen Kriegsgeschichte erhalten. Die Bombardierung von Vallø war eine der letzten größeren Bombenanschläge in Europa während des Krieges, und traf eine ganze Gemeinde hart und brutal. 53 zivile Norweger im Alter von 6 bis 90 Jahren starben.

Bereits im Juni 1949 wurde vor der Kirche ein monumentales quadratisches Denkmal für die verstorbenen Norweger enthüllt. Die Arbeiten daran haben wahrscheinlich relativ bald nach Kriegsende begonnen. Auf der einen Seite steht geschrieben: »In Erinnerung an diejenigen, die am 25. April 1945 beim Luftangriff ums Leben kamen.« Auf der gegenüberliegenden Seite steht: »In Dankbarkeit gereist«. Auf den beiden anderen langen Seiten wurden die Namen der norwegischen Toten verewigt Darunter auch Kinder, z. B. Oddvar (geb. 1935) und Liv (geb. 1939) Tollefsen. Oben auf dem Granitblock sieht man eine Frau aus Bronze, die ihr Kind schützt. Es ist ein wenig seltsam, dass das Denkmal »aus Dankbarkeit« errichtet wurde. Wofür? Wahrscheinlich hatte man so kurz vor dem Kriegsende keine Zeit, den Angriff nach dem Krieg zu verurteilen. Schließlich bombardierte die Briten Frauen und Kinder.

Im Sommer 1945 haben deutschen und österreichischen Kriegsgefangenen Aufräumarbeiten auf Vallø durchgeführt. Hierüber wurde ein Bericht als offizielle Dokumentation geschrieben. Es gibt aber keinen solchen Bericht über den tödlichen Angriff.

Am 25. April 2020 erinnerte sich die Gemeinde Tønsberg des 75. Jahrestages des Anschlags. Unter anderem wurden in der Kirche von Vallø mehrere Reden gehalten. Einige ältere Zeugen des Vorfalls haben über die Katastrophe berichtet. Einer von ihnen war Eldar Sveinung, der als 7-Jähriger die dramatischen Bombenangriffe erlebte. Die Bürgermeisterin von Tønsberg, Anne Rygh Pedersen, betonte in ihrer Rede, wie sich der Angriff auf Vallø auswirkte:

»Die Tragödie stand in klarem Kontrast zu den Jubelszenen am Tag der Freiheit 8. Mai 1945. Auf Vallø herrschte bei der Lokalen…lokale Bevölkerung gleichzeitig sowohl Trauer als auch Freude.«

Denkmal für die einheimischen Norweger auf Vallø, die am Ende des Zweiten Weltkriegs an den Folgen des britischen Luftangriffs starben.

In einigen Büchern haben Autoren versucht, die Ereignisse hinter dem Angriff kurz vor der Kapitulation zu dokumentieren und erklären. Die Briten sollen bestätigt haben, dass es auf Vallø tatsächlich Treibstoffreserven gab. Gleichzeitig wurden das Ausmaß und der Zeitpunkt des Angriffs als übergroß und möglicherweise unnötig kritisiert, wenn man bedenkt, wie es mit dem Krieg zu diesem Zeitpunkt aussah. Die alliierten

Bombenangriffe hatten lange Zeit über deutsches Territorium gewütet, mit sehr tödlicher und weitreichender Zerstörung, wobei die Angriffe auf Hamburg und Dresden vielleicht die schlimmsten waren.

Der norwegische Militärhistoriker Harald Høiback, Oberstleutnant und Mitglied der Museen der Streitkräfte, schrieb 1996 einen umfassenden wissenschaftlichen Artikel über den Angriff auf Vallø. Die englischen Piloten waren angewiesen worden, die Wohngebiete auf der Nordseite von Vallø nicht zu bombardieren. Aufgrund der Bedingungen war es allerdings schwer dies zu vermeiden. Høiback will die Bombardierung verteidigen unabhängig davon, ob es öl einhielten oder nicht. Das Ziel wurde erreicht da die Anlage vollständig zerstört wurde. Er behauptet auch, dass der Angriff aus militärischer Sicht nicht als Fehlschlag angesehen werden kann, da die Einrichtung nach dem Ziel definitiv zerstört wurde. Der Angriff musste vor allem in Bezug auf die deutsche U-Boot-Bedrohung betrachtet werden, die bis zur Kapitulation noch vorhanden war. Er stellt das Leid infolge der Bombenangriffe in keiner Weise in Frage, und er verweist auch auf britische Quellen, in denen die massiven Bombenangriffe der Alliierten gegen Kriegsende nicht immer auf der Grundlage klarer Befehle oder rationaler Motive erklärt werden konnten. Bombardierung als solches lag in der Natur des Krieges.

Høibacks Argumentation entspricht vielem, was die deutschen Forscher Sönke Neitzel und Harald Welzer in ihrem Buch »Soldaten« beschreiben.[44] Dies wird später noch in diesem Buch thematisiert. Kurz gesagt, die Autoren verwenden geheime Aufzeichnungen deutscher Kriegsgefangener auf alliierten Gefangenenschiffen als Quelle, um den Bezugsrahmen der Soldaten für ihr Verhalten, einschließlich der Anwendung von Gewalt, zu verstehen. Insbesondere unter den Piloten kam es zu einem Zynismus, bei dem zivile Verluste durch die Notwendigkeit erklärt werden wurden, militärische Ziele zu erreichen. Manchmal waren auch Zivilisten selbst das Ziel gewesen. Es gibt jedoch keine Anhaltspunkte dafür, dass die Piloten der RAF beim Angriff auf Vallø am 25. April 1945 solche Motive hatten. Außerdem waren die Deutschen nicht gut genug, ihre militärischen Einrichtungen außerhalb der zivilen Siedlung zu errichten.

Dennoch kann es wichtig sein, solche Ereignisse auch auf der Grundlage von Emotionen zu betrachten. Sie zeigen die zerstörerische Natur des Krieges gleichzeitlich zu seinen Nuancen obwohl die grundlegende Geschichte und der Ort der Schuld und Verantwor-

44 Neitzel/Weltzer, Soldaten (2012).

tung erhalten bleiben. Unsere Verbündeten haben auch unschuldigen Norwegern Leid zugefügt, genauso wie es Deutsche gab, die Widerstandskämpfer waren und ihr eigenes Leben opferten. Solche Erinnerungen tragen zum Versöhnungsprozess der Nachkriegszeit bei. Es war ein Krieg, der 50 Millionen Menschen das Leben kostete. Gleichzeitig ist es eine weitere Tatsache, dass Versöhnung Zeit brauch. Die Erinnerung an mehrfache Geschehnisse vom Krieg her, tragt zum Versöhnungsprozess.

Martin Schmidl war kaum darauf vorbereitet, dass so etwas gegen Kriegsende passieren würde. Er hat wahrscheinlich sein weiteres Leben vor sich gesehen als Einwohner in dem kleinen idyllischen Dorf, aus dem er in den österreichischen Alpen stammte. Dorthin haben keine alliierten Bomben nie hin verirrt, und keine Zerstörung hat Angst verbreitet. Trotzdem wusste er, warum er auf Vallø war und was Krieg bedeutete. Der Krieg war noch nicht vorbei, und vor der endgültigen Kapitulation gab es immer noch große deutsche Streitkräfte auf norwegischem Boden mit einer militärischen Mission.

Die Überreste der Ölraffinerie nach dem Angriff Ende April 1945. Foto: Nationalarchiv.

Schmidl war mit 38 Jahren nicht mehr ganz jung. Als Obergefreiter muss er eine Wehrmacht-Ausbildung absolviert und/oder an anderen Aufgaben teilgenommen haben. Die Mitglieder der Flak-Abteilungen der Luftwaffe konnten Waffen beherrschen. Sie waren gut ausgebildet und ausgerüstet und wussten, was Krieg bedeutete. Schmidls Todesanzeige zeigt, dass seine Familie und seine heimischen Umgebungen von der Propaganda-Regime beeinflusst waren, was nicht in einer rationalen Realität verwurzelt war. Darin steht, dass er »den heldenhaften Tod« starb. Es heißt auch, dass er sein Leben in einem fernen Land opfern musste und dass er seine Pflicht seit mehreren Jahren erfüllt hat, und ein tapferer Held war. Vielleicht war es eine Art Trost, dass er nicht umsonst gestorben war?

Die beiden norwegischen Lokalhistoriker Rune Sørlie und Tore Dyrhaug veröffentlichten im Jahr 1984 das Buch »Vestfold während Krieg und Besetzung 1940–45«. Die Autoren beschreiben den Kriegsjahren im Text und Bild. Das Buch ist mit vielen Bildern von Deutschen im Dienst illustriert. Es zeigt auch deutlich, wie die Besetzungszeit von der damaligen Propaganda geprägt war, aber auch vom Alltag der meisten Menschen unter dem deutschen Regime. Die Lokalzeitung enthielt eine Anzeige, in der die Einheimischen in Tønsberg 1943 in das Tønsberg Kino eingeladen wurden, um Hitlers Geburtstag zu feiern. Vestfold war mit seinen vielen Festungen an der Westseite des Oslofjords natürlich von großer Bedeutung.

Die Autoren schreiben (Übersetzung bei dem Verfasser):

»Seit vielen Jahren nach 1945 gab die norwegische Besetzungsgeschichte einseitige Berichte über die Deutschen in Norwegen. Man sagte sie waren brutal und ignorant. Die Norweger hingegen waren mutig, furchtlos und vor allem kluge. Und obwohl es Beispiele dafür gab, war die Realität offenbar näher an einer Art universellem menschlichen Normalplan auf beiden Seiten.«

Die Autoren des Buches wollten offensichtlich keine Schwarz-Weiß-Sicht auf die Besetzer und die Besetzten aufrechterhalten. Der Angriff auf Vallø wird im Buch dennoch in geringe mäße behandelt. Es heißt nur, dass der Angriff die Stimmung der Friedensfeier im Mai 1945 gedämpft hat.

Als Martin Schmidl auf Vallø getötet wurde, hinterließ er seine Frau Katharina (seine liebe Gattin), die Eltern, eigene Kinder und Geschwister, wie im Nachruf angegeben wurde. Ein Martin Schmidl lebt bis heute in Bischofshofen. Es stellte sich heraus, dass es der Neffe von Martin Christian Schmidl ist, der Sohn des Bruders. In einem Brief an den Autor dieses Buches schreibt er, dass Martin eine Tochter hatte, Erna, die inzwischen 82 Jahre alt ist und in St. Martin bei Lofer lebt. Sie und ihr Sohn sind 2015 nach Oslo gereist, um das Grab zu besuchen. Dort haben sie ein Bild von ihm eingefügt, um dem geliebten Vater und Großvater ein Gesicht zwischen allen Granitkreuzen auf dem Friedhof von Alfaset zu geben.

Am Telefon habe ich noch mit dem Sohn seiner Tochter, Menie Weissbacher, gesprochen. Er kann von eine emotionale Reise nach Alfaset berichtet, als er das Grab seines Großvaters das erste Mal besuchte. Er hat ebenfalls berichtet, dass es noch weitere Verwandte von Martin Schmidl gibt. Wir haben auch darüber gesprochen, wie wichtig es ist, von der Geschichte zu lernen.

Im fernen Land mußtest du dein Leben lassen,
Es ist für uns ein großer Schmerz,
Wir können es noch gar nicht fassen,
es bricht uns fast das Herz.
Viele Jahre hast du deine Pflicht getan,
du tapferer Held;
Hast oft dem Tod ins Aug' geschaut,
Schaust nun den Herrn der Welt.
Du lieber Vater, Sohn und guter Bruder,
Du kehrst nicht mehr zu uns zurück.
Du liegst im fernen Land begraben,
Mit dir begrub man unser Glück.
Du warst so gut, starbst viel zu früh,
Solch edles Herz vergißt man nie.

†

Christliches Andenken

an meinen lieben Gatten, besten Vater, Sohn und Bruder

Obergefreiten

Martin Schmidl

Webermeisterssohn in Weißbach

welcher am 24. April 1945 bei einem Großangriff auf Valö in Norwegen im 39. Lebensjahre den Heldentod starb.

Er ruhe in Frieden!

Mein Jesus, Barmherzigkeit!
(300 Tage Ablaß.)

Photohaus Schmidt, Lofer
Salzburger Druckerei 36766

Der Nachruf auf Martin Schmidl aus der Sammlung von Vegard Toska.

Die deutsche Soldatengräber – von Heldenverehrung bis Versöhnung

Deutsche Soldaten, die in der Schlacht starben und einen »Heldentod« erlitten, sollten von der Wehrmacht verschwenderische Gräber und Bestattungszeremonien erhalten. Dies war Teil des nationalsozialistischen Projekts, das auch im Zusammenhang mit dem Eid auf den Führer gesehen werden muss. In Ekeberg, damals etwas außerhalb des Stadtbezirkes Oslo, richtete die Wehrmacht bereits im Mai 1940 einen sogenannten Ehrenfriedhof für die verstorbenen deutschen Soldaten ein. Er befand sich auf einem Bergrücken mit herrlichem Blick auf den Fjord und die Stadt.

Der Kriegsfriedhof war in der Gegend nicht so beliebt, wo er der nahegelegene Restaurants Ekeberg und der Seemannsschule dominierte. In Ekeberg sind die Sonnenbedingungen gut und das Licht am Himmel kann einen ganz besonderen Farbton haben. Hier bekam Edvard Munch zu seiner Zeit die Inspiration, das Bild »Schrei« zu malen. Für die lokale Bevölkerung war es sicher unangenehm, dem Krieg so nahe zu kommen, nicht zuletzt durch die pompösen Zeremonien, manchmal in Gegenwart von hochrangigen Persönlichkeiten des Dritten Reiches, die mit ihrer Propaganda anwesend waren. Der Friedhof war mit seinem 950 Quadratmeter der größte in Norwegen. Erst in den frühen 1950er-Jahren wurde er mit seinen etwa 3.000 Gräbern verlegt. Nach umfangreichen Arbeiten wurden die Gräber auf den Alfaset Kriegsfriedhof verlegt. Die Stadt Oslo, gestützt von dem norwegischen Kulturministerium und Volksbund Deutsche Kriegsgräberfürsorge hat die Verantwortung für die Gräbe.

Während der Entscheidungsprozess, um was mit den Gräben zu tun, begründeten das Verteidigungsministerium und die Stadt Oslo den Vorschlag im Jahr 1952 für eine Verlegung im Parlament (*Stortinget*). Das norwegische Parlament musste die endgültige Verlegung beschließen. Es ging um folgende Argumentation (Übersetzung bei dem Verfasser):

»Der deutsche Soldatenfriedhof wurde auf Befehl der deutschen Militärbehörden auf Ekeberg gelegt. Die Gemeinde Ekeberg versuchte, den Friedhof an andere Stelle vorzulegen, aber alle anderen vorgeschlagenen Orte wurden von den deutschen Okkupanten abgelehnt. Wenn die Bevölkerung von Ekeberg jetzt der Soldatenfriedhof von Ekeberg entfernen will, liegt es daran, dass man es für unzumutbar halte, der Kriegsfriedhof noch in dieser Umgebung zu haben.«

Der Standort auf Ekeberg wurde von den Deutschen mit der Forderung gerechtfertigt, hoch, sichtbar und frei zu sein, und nicht zu weit außerhalb von Oslo. Ein norwegisches Unternehmen war an dem Projekt beteiligt. Der Friedhof wurde auf Terrassen errichtet, die durch eine große Steintreppe mit einem Kreuz und Nazisymbolik verbunden waren. Dort wurden noch im August 1945 deutsche Soldaten beigesetzt.

Von den etwa 12.000 gestorbene deutsche Soldaten in Norwegen, sind ungefähr 11.500 auf norwegische Erde begraben. Es gab tote deutschen während aller fünf Besetzungsjahre, aber die meisten entweder zu Beginn des Feldzugs im April 1940 oder gegen Ende, 1944-45. Die kriegsgeschichtlichen Abteilungen der Streitkräfte verzeichneten nach der Krieg Schätzungen der toten deutschen aus dem Feldzug. Insgesamt 1.307 Offiziere, Unteroffiziere und Soldaten starben am Land, und weitere 2.375 wurden auf See getötet.

In Norwegen sind auch 14.000 Sowjetrussen in Norwegen beerdigt, ebenso wie 2.400 Jugoslawen, etwas mehr als Gefallene 1.100 Briten (*Common Wealth*-Soldaten), 150 Franzosen und 165 Gefallene Männer aus Polen.

Das Schicksal des deutschen Ehrenfriedhofs war ein wichtiges Thema, das von den norwegischen Verteidigungsbehörden in Zusammenarbeit mit unseren Verbündeten diskutiert wurde. Den Umzug der Gräber führte man unter dem Namen Operation »Alfa« durch. Bevor der umfassende Umzug nach Alfaset begann, gab es eine Diskussion darüber, ob die Soldaten nach Deutschland überführt werden sollten. Das war leichter gesagt als getan. Viele Tote waren schon lange Zeit begraben, und etwa 40 Prozent der Soldaten waren Katholiken, die nach katholischen Gepflogenheiten nicht eingeäschert werden konnten. Einige sollten noch nach Hause gebracht werden – von ihren reichen Familien. Auf dem Friedhof Alfaset wurden einfache Granitkreuze errichtet, die wetterbeständig waren, aber weit weniger dekorativ als die ursprünglichen Holzkreuze mit den Namen der Soldaten und Soldatinnen in wunderschöner gotischer Schrift. Auf dem neuen Friedhof sind die Namen von bis zu sechs Soldaten auf jedem Steinkreuz sichtbar, drei auf jeder Seite. Anscheinend folgend der Soldaten und ihre Schicksale, zum Teil systematisch begraben zu sein, und die Reihen seien sehr gewissenhaft und ordentlich angerichtet. Am Eingangstor des Friedhofs befindet sich ein monumentales Steinmausoleum, das von zwei Säulen getragen wird, auf denen die Namen der Soldaten eingetragen sind, darunter auch einige Gefallene aus dem Ersten Weltkrieg, als Kunstwerk in die Wandverbindungen geschrieben sind.

Als der komplizierte Umzug endlich abgeschlossen war, wurde der Ekeberg Park in seinen ursprünglichen Zustand zurückversetzt. Vom Ehrenfriedhof blieb nur die Steinverkleidung übrig. Im Jahr 2013 wurden die Treppen jedoch im Rahmen des neuerrichtet Skulpturenparks umgebaut. Dies erregte im Großen und Ganzen keine große Aufregung. Einige befürchteten, dass der Ort zu einer Brutstätte für Neonazis werden könnte. So war es aber nicht. Heute sind der Park und die Treppe gut in der Umgebung integriert. Hier finden unter anderem Konzerte im Freien statt.

Alfaset als Ort kann mit Ekeberg nicht verglichen werden. Der Friedhof ist aber auch nicht vollständig verborgen. Die Gegend ist flach und luftig. Die Stadt Oslo erhält derzeit Zuschüsse vom den norwegischen Friedhofsbehörden, die dem Kulturministerium unterstehen. Die Administration und Gräbe-pflege erfolgt in Zusammenarbeit mit Volksbund Deutsche Kriegsgräberfürsorge, der für die deutsche Kriegsfriedhofe in ganz Europa verantwortet ist. Für die norwegische Kulturministerium gilt seit Ende des Krieges eins Gleichheitsprinzips was die Verantwortung für die Soldatengrabe alle Nationen in Norwegen betreffen.

Es gibt auch deutsche Kriegsgräber in Bergen, Narvik und Trondheim.

Auf einem solchen Kriegsfriedhof herrscht eine besondere Atmosphäre. Die Stille, alle Gräber in einer geraden Linie, das erinnert uns daran, was Krieg ist, und wie sinnlos das alles scheinen kann. Die Namen auf den Kreuzen zeigen, dass von Menschen die Rede ist, die auch außerhalb des Krieges gelebt haben. Sie hatten Kindheitserinnerungen, Familien, Berufe, Hoffnungen und Träume. Auf sowohl norwegische als deutsche Sicht waren sie jedoch auch Okkupanten. Der Kriegsfriedhof von Alfaset ist im Vergleich zu allen deutschen Kriegsfriedhöfen klein, insbesondere im Vergleich zu den Kriegsfriedhöfen in Russland und der Ukraine.

Man darf nicht naiv sein und glauben, dass es niemanden mehr gibt, der die Kriegsgeschichte romantisiert. Websites die wertvollen Quelle über den Zweiten Weltkrieg liefern, können von Anhängern extremistischen Ideologien und Neonazis missbraucht werden. Hier gibt es wahrscheinlich auch verschiedene Nuancen. In einigen Gegenden ist es beispielsweise beliebt, »Kriegssouvenirs« wie Waffen, Uniformen, Briefmarken, Bücher, Bilder oder Münzen zu sammeln. Besonders beliebt scheinen deutsche militärhistorische Gegenstände zu sein, die oft mit Hakenkreuzen als Symbol versehen sind. Für die meisten Menschen ist dies eine harmlose Leidenschaft, bei der sie ihre Objekte Gleichgesinnten zeigen und aufregende Geschichten und detailliertes Wissen austauschen können. Für einige kann es aber auch um ungesunde Sehnsüchte gehen. Auf der anderen Seite existieren Onlineforen, die eindeutig von Nationalsozialismus distanziert.

In den Vereinigten Staaten von heute gibt es viele Anzeichen für eine »Verherrlichung« Kriegsführung. In manchen Einkaufszentren gibt es zum Beispiel sogenannte Heldenmauern (»Wall of Heroes«). Dabei handelt es sich um Tafeln mit Bildern lokaler gefallener Soldaten aus mehreren Kriegen, an denen die Amerikaner beteiligt waren. Auf den Bildern sind Soldaten in ihren Paradeuniformen zu sehen. Im heutigen Deutschland wäre das völlig undenkbar.

Die deutsche Forscherin der Kulturgeschichte, Nina Janz, promovierte 2018 in Philosophie mit einem Thema über deutschen Kriegsfriedhöfe. Schon der Titel der Arbeit zeigt das Problem und die Analyse: *Deutsche Soldatengräber aus dem Zweiten Weltkrieg zwischen Heldenverherrlichung und Versöhnung.*[45] Hier betrachtet Janz den Zweck hinter solchen Kriegsfriedhöfen aus einer historischen Perspektive. Ursprünglich sollten die Gräber verdeutlichen, dass der Tod während des Krieges eine Heldentat ist, Insbesondere wenn man auf dem Schlachtfeld starb. Diese Philosophie spielte eine zentrale Rolle in der umfangreichen nationalsozialistischen Propaganda, die allen Befehlen und Auszeichnungen für Heldentaten entsprach, und mit denen sich die deutschen Soldaten gern schmückten. Die Wehrmacht investierte beträchtliche Mittel, um die Gräber ehrenhaft zu machen, als Dankbarkeit für den Soldaten, der sein Leben für Führer, Volk und das Vaterland opferte. Wir sehen auch die Symbolik um den Tod des Soldaten in den Nachrufen der Tageszeitungen und den sogenannten Todeskarten, die einige Soldaten erhalten haben. Die Art der Beerdigung, die der Verstorbene erhalten sollte, war im Grunde eine Entscheidung des befehlshabenden Offiziers, und war abhängig von der Todesursache. Der NSDAP wurde gemeldet, ob es sich um den Verlust eines Kampf-

45 Janz, Deutsche Soldatengräber des Zweiten Weltkrieges zwischen Heldenverherrlichung und Zeichen der Versöhnung, Dissertation Universität Hamburg, 2018.

soldaten handelte oder ob jemand in Gefangenschaft starb, hingerichtet wurde oder Selbstmord begangen hatte. Die Todesursache war für die Deckung der Bestattungskosten für die Familien von Bedeutung. In Bezug auf die Religion waren auch Geistliche der Kirchen beteiligt.

Mit dem Zusammenbruch des Dritten Reiches wurden diese Lüge aufgedeckt. Das unglaublich tragische Ausmaß des Krieges, wurde durch die Kriegsgräber sichtbar gemacht. Das ist auch heute die historisch wichtige Rolle von Kriegsfriedhöfen. Außerdem mahnen die Graber die heutigen Generationen sich zu versöhnen.

Die gleiche Rolle wie die Kriegsfriedhöfe spielen Denkmäler für gefallene Soldaten. Die alte nationalsozialistische Symbolik mit Verwendung des Ehrenbegriffs ist längst beseitigt. Es ist leicht zu verstehen, dass die Errichtung von Kriegsfriedhöfen nach dem Krieg sowohl physisch als auch psychisch eine große und anspruchsvolle Aufgabe gewesen sein muss. Der Umzug des Friedhofs von Ekeberg nach Alfaset ist ein gutes Beispiel dafür. Janz hat Alfaset Friedhof nicht zum Thema ihrer Dissertation gemacht, aber sie befasst sich mit ähnlichen Prozessen nach dem Krieg in Russland, eine Aufgabe von weitaus größerem Umfang und Komplexität als in Norwegen. In Russland geht es um 1,2 Millionen toten deutschen Soldaten.

Nach den Genfer Konventionen muss das Land, in dem ein Soldat stirbt, für die Toten sorgen. Er muss registriert werden, eine würdige Bestattung bekommen und für die Nachwelt sichtbar und identifizierbar bleiben. Diese Bestimmung trat jedoch erst 1949 in Kraft. Nach der Kapitulation herrschte in vielen Ländern mit großen Schlachtfeldern Chaos. Es war in den Zeiten selbstverständlich, dass die verschiedenen Länder in erster Linie für ihre eigenen Gefallenen sorgten. Das Rote Kreuz bekam mit dieser Arbeit eine große Bedeutung. Im Laufe der Zeit ist es den Menschen gelungen, die Gefallenen durch militärische Dokumente zu identifizieren, zu registrieren, ihnen ein Grab zu geben und auch Überlebende Verwandte zu finden. Es gibt immer noch sehr viele Soldaten, deren Schicksal weiterhin unbekannt ist. Für Volksbund Deutsche Kriegsgräberfürsorge, ist dies eine kontinuierliche Arbeit, deren Ende vorläufig nicht zu sehen ist.

Gräber und Symbole für die Gefallenen sind uns auch in Norwegen bekannt, aber die Symbolik ist ein anderer. In Norwegen gibt es im ganzen Land verschiedene Kriegsdenkmäler, oft mit Kunstwerken, die über besondere Ereignisse berichten und die Bemühungen namentlich genannter Personen hervorheben. Sie erwecken Ereignisse zum Leben, verleihen den lokalen Gemeinschaften Identität und Stolz und bewahren einen wichtigen Teil der Geschichte. Es gibt viel Positives über diese Denkmäler zu sagen. Manchmal neigen die Norweger jedoch dazu, ihnen eine übertriebene Rolle zuzuweisen, die an Heldenverehrung erinnert, anstatt durch Frieden und Versöhnung Beziehungen zu anderen Ländern aufzubauen. Hier können den Norwegern vielleicht von den Deutschen lernen.

Der Volksbund setzt sich für Frieden und Versöhnung ein. Seine Sprache der Wahl und die Vision ist: *Gemeinsam für den Frieden*. Die Mitarbeiter dieser Organisation haben viele Zielgruppen, denen sie helfen und ihre Solidarität zeigen möchten. Darunter sind Menschen, die aufgrund ihrer Religion, der ethnischen Zugehörigkeit oder politischen Position verfolgt werden, so wie Kriegsopfer, Kriegsgefangene, Kriegsinvaliden und Menschen die verschiedenen Katastrophen erleben oder erlebt haben. Die regelmäßige offizielle Veröffentlichung wird einfach »Frieden« genannt. Es gibt vom Volksbund aus auch eine Reihe von Veranstaltung und Projekten, um neuen Generationen die Botschaft des Friedens zu vermitteln. Die Mitglieder und Aktivitäten repräsentieren alle Altersgruppen. Einige der ältesten aktiven Mitglieder haben selbst eigene Kriegserfahrung, obwohl deren Zahl mit den Jahren kleiner wird. Es gibt immer weniger ehemalige Soldaten. Europaweit bietet der Volksbund Projekte für Jugendliche und Schulkinder an, damit diesen die Geschichte lernen, in dem sie unter anderen Kriegsfriedhöfe und Denkmäler besuchen.

Parallel zur Friedensarbeit sorgt der Volksbund in Zusammenarbeit mit den lokalen Behörden für die Erhaltung Kriegsfriedhöfe. Es handelt sich dabei um über 2,8 Millionen Gräber auf 832 Friedhöfen in 46 Ländern. Das erhält die Erinnerung an der Geschichte und Tragödie des Krieges. Dies ist besonders wichtig, da sich die Kriegsfriedhöfe in Ländern befinden, die Deutschland als ihren Feind betrachteten, und in denen die Wunden des Krieges langsam heilen, wie beispielsweise in Russland. Das Sühnopfer funktioniert in beide Richtungen. Auch für Deutsche sind Friedhöfe wichtig, um an ihre Gefallenen zu erinnern.

Ein gutes Beispiel ist das Gedenken an den Untergang des Kreuzers Blüchers, als deutsche Überlebende im Jahr 1990 ihre norwegischen »Gegner« zu einer emotionalen und versöhnenden Begegnung trafen. Sie legten Kränze nieder für ihre gefallenen

Kameraden, die auf dem Alfaset-Kriegsfriedhof begraben waren. Auf diese Weise ist es möglich geworden, eine Tragödie in etwas Gutes zu verwandeln, das Hoffnung gibt. Jeden November legt die deutsche Botschaft in Norwegen in Alfaset einen Kranz nieder (*Volkstrauertag*), um an den Krieg zu erinnern und die Botschaft des Friedens zu fördern.

»Ekeberg Æreskirkegård«, deutscher Friedhof während der Besetzung. Foto: www.festningsverk.no (Stian Fosland Ludvigsen).

Um in Frieden zu leben, muss man für den Frieden kämpfen.
John F. Kennedy (1917–1963)

Die Soldaten auf Alfaset und der grosse Zusammenhang

Die Demütigung der deutschen war stark Als das Dritte Reich im Jahr 1945 zusammenbrach. Symbolisch waren Tausende zerlumpte und magere deutsche Kriegsgefangene, die schon vor der endgültigen Kapitulation durch die Straßen Moskaus marschieren mussten, um sich verspotten zu lassen. Als unvermeidlicher Verlierer eines zerstörerischen Krieges, wurde Deutschland in mehrfacher Hinsicht allein für den Geschehnissen des Krieges verantwortlich, und für die nachfolgende Widergutmachung. Es war eine Folge, die so kommen musste. Ähnlich wie in den Nürnberger Prozessen führten auch andere Nationen Gerichtsprozesse durch, zum Beispiel in Norwegen. In der Regel gab es wahrscheinlich gerechte Prozesse, die von sachkundigen Anwälten geleitet wurden.

Viele der gleichen Werte, die die Nazis gefördert haben und die den Hass zwischen Menschen förderten, werden heute leider auf der ganzen Welt gepflegt. Extremistische und frustrierte Gruppen und Einzelpersonen sind bemüht, ihre sogenannte einzigartige Kultur und deren Werte auf Kosten anderer zu promovieren. Viele handeln opportunistisch und geschichtslos, sie sind das angeschiftet von unklugen Staatsoberhäuptern.

Im Jahr 1945 lag die frühere Großmacht Deutschland in Trümmern. Das Grundgesetz der deutschen Verfassung wurde erst 1949 als Symbol für einen Neuanfang des Landes geschaffen. Das Land war in Protektorate aufgeteilt, die von den alliierten Siegern kontrolliert wurden. Die östlichen Gebiete schienen für immer verloren zu sein. Im Jahr 1949 wurde auch das Land in zwei Teile geteilt, und im August 1961 errichtete man eine Mauer, um die alte Hauptstadt Berlin als eindeutiges Symbol an den Fronten des Kalten Krieges. Im selben Jahr entsandte US-Präsident John F. Kennedy seinen Vizepräsidenten

Lyndon B. Johnson, zu Unterstützung des damaligen Bürgermeisters von Westberlin, Willy Brandt. Als er nach Hause zurückkehrte, sagte er Folgendes:

»Kein Mensch konnte sehen, was wir sahen, ohne von dem Gedanken an die Verantwortung Amerikas für die Menschen in Westberlin und die gesamte Menschheit erfasst zu werden. Es liegt an uns, ihnen Mut, Hoffnung und Führung zu geben. Wir müssen Schulter an Schulter zusammenstehen, bis die Freiheit gesichert ist. Die Freiheit der ganzen Welt.«[46]

Im Juni 1963 kam Kennedy selbst und hielt die Rede mit den berühmten Worten: »Ich bin ein Berliner«, eine Rede, die die Hoffnung den Menschen in Westberlin entfachte und zweifellos zu einer starken Beziehung zu den Vereinigten Staaten beitrug.

Deutschland war infolge des Krieges aller Ehre beraubt worden. Dafür gab es gute Gründe. Durch die Ermordung von 6 Millionen Juden hatten die Nazis eines der Weltgeschichte schlimmsten Verbrechen gegen die Menschlichkeit begangen. Andere Länder und Völker hatten jedoch mit der Verfolgung von Juden sympathisiert und ebenfalls dazu beigetragen. Die alten jüdischen Pogrome traten seit der 19. Jahrhundert in mehreren Staaten auf, darunter Russland. In der norwegischen Verfassung galt lange Zeit die sogenannte »jüdische Gesetz«, die Juden bis 1851 den Eintritt in das Land untersagte.

Ohne Zweifel lag die Hauptverantwortung für den Holocaust bei den deutschen Nazis trotz Sympathisanten und mitlaufern in anderen Ländern.

Die Welt war geschockt, als die Gräueltaten aus den Konzentrationslagern, während der Nürnberger Prozesse aufgedeckt wurden, und die Geschichten überlebender Zeitzeugen zusammen mit Fotos und Filmen aus Todesfabriken gezeigt wurden.

Wie sollte das neue Deutschland mit einer solcher Last auf den Schultern wieder auferstehen? Wie sollten neue und unschuldige Generationen deutscher Jugendlicher mit der Geschichte leben und darauf etwas Sinnvolles und Zukunftsorientiertes aufbauen? Bundeskanzler Konrad Adenauer (1876–1967) war zur richtigen Zeit der richtige Mann gewesen und hatte das Format, das Land zu stabilisieren. Durch die Aufnahme eines

46 Übersetzung bei dem Verfasser.

diplomatischen Dialogs mit Sowjetrussland, wurden die letzten deutschen Kriegsgefangenen im Jahr 1955 (*Heimkehrer*) freigelassen.

Auch Willy Brandt war sich als Kanzler der Verantwortung bewusst. Der ehemalige Bürgermeister von Westberlin war mitten im Drama des geteilten Landes gewesen. Er konnte auf Adenauers Lebenswerk aufbauen, und das Land als Stabilisator eins gemeinschaftlichen Europas zwischen den Großmächten in eine demokratische und humanistische Richtung zu führen.

Ludwig Erhard und Kurt Georg Kiesinger konnten nicht, wie Willy Brandt, während ihrer kurzen Amtszeit als Kanzler, das Land so bemerkenswert aus der Dunkelheit führen. Erhard und Kiesinger war es aber möglich die deutsche Wirtschaft weiterhin durch die Exportindustrie anzukurbeln, was dem Land geholfen hat, an den Verhandlungstisch zurückzukehren. Alle deutschen Kanzler nach dem Krieg erhielten gute Hilfe von dem neuen Grundgesetz, das so deutlich zeigt, dass die Geschichte nicht wiederholt werden soll. Zunächst unter Artikel 1 heißt es: »Das Wert des Menschen ist unantastbar«. Für Deutschland wurde es besonders wichtig, den neuen Staat auf Menschenwürde aufzubauen.

Der konservative Kiesinger, nahm im Jahr 1966 den Sozialdemokraten Brandt als Außenminister und Vizekanzler in seiner Koalitionsregierung auf. Es war Brandt, der den Ton angab, und bald sollte er der oberste Leiter in Deutschland werden. Das besondere deutsche Phänomen breiter Koalitionen zwischen Parteien, von denen angenommen wird, dass sie ideologisch weit voneinander entfernt sind, hatte Stabilität gewährleistet, wenn dies unbedingt erforderlich war. In der heutigen fragmentarischen politischen Situation in Europa, mit vier gleichen Blöcken: den Sozialdemokraten/Sozialisten, den Rechtspopulisten, den Grünen und den christlichen Konservativen/Gemäßigten – ist es vielleicht der richtige Weg, auch für andere Länder manchmal politische Stabilität durch solche Groß-Koalitionen zu bauen.

Thorbjørn Jagland (geb. 1950), ehemaliger norwegischer Premierminister und Generalsekretär des Europarates, betont in seinen Memoiren Brandts Fähigkeit, den Kampf gegen Armut und Not in der Welt mit dem Kampf für Frieden und Sicherheit zu vereinen. Brandt sagte einmal Folgendes: »Wo Hunger herrscht, kann es auf lange Sicht keinen Frieden geben.«

Der frühere Bundeskanzler Willy Brandt spielte zu einem wichtigen Zeitpunkt eine Schlüsselrolle bei der Entwicklung Deutschlands und Europas. Im Jahr Jahr1971 erhielt er den Friedensnobelpreis. Foto: Reineke, Engelbert (Bundesarchiv).

Der umfangreiche Nürnberger Prozess, die von November 1945 bis Oktober 1946 dauerten, zeigten bei den deutschen Kriegsverbrechern wenig Bedauern und Reflexion. Die meisten versuchten sich abzuwenden, darunter die letzte Überlebende aus Hitlers aller engstem Macht-Kreis, Hermann Göring und Rudolf Hess. Der Prozess wurde für die ganze Welt wichtig, weil er einem Justiz- und Sanktionsapparat für Verletzungen der Menschenrechte und der Menschlichkeit eine supranationale Struktur verlieh, und gleichzeitig die Rechte der Angeklagten trotz ihrer abscheulichen Verbrechen.

Im November 2020, 75 Jahre nach Beginn des Prozesses, wurde ein neuer Dokumentarfilm veröffentlicht, der auf dem alten Filmmaterial basiert, damit zukünftige Generationen das wichtige Motto fortsetzen können: »Nie wieder!« Der Dokumentarfilm zeigt, dass der Prozess auch für Deutschland wichtig war, um einen Neuanfang zu erzielen – den sogenannten Nullpunkt. Während des Prozesses änderte sich darüber hinaus das geopolitische Gleichgewicht in der Welt. Winston Churchill sprach in seinen Reden hart gegen Stalin und Sowjetrussland. Es war der Beginn des Kalten Krieges. Der Feind war nicht mehr Deutschland, dass sich bald im Zentrum der Gefahr eines Atomkrieges befand. Während die westlichen Besatzungszonen mithilfe des amerikanischen Marshallplans gebaut wurden, beschäftigte Joseph Stalin sich mit, Ressourcen aus den ostdeutschen Gebieten unter sowjetischer Kontrolle zu ziehen.

Deutschland hat seit den Nürnberger Prozess von 1945 bis 46, und den ersten Jahrzehnten nach dem Krieg, eine ganz neue Richtung eingeschlagen, obwohl einige Deutschen lange an den Ideen des Dritten Reiches festhielten. Hitlers Rüstungsminister Albert Speer entkam mit einer Haftstrafe von 20 Jahren. In seinem letzten Buch »Der Sklavenstaat« von 1980, schlägt er nüchtern und zynisch vor, dass Hitler die Russen hätte gewinnen können, wenn Heinrich Himmler und die SS-Nazis die Juden in die Rüstungsindustrie als Arbeitskräfte eingebracht hätten, anstatt sie zu töten. Es war wahrscheinlich symptomatisch für viele der Naziführer, dass sie keinerlei Empathie mit ihren Opfern hatten. Sie befanden sich normalerweise in angemessener Entfernung von den Gräueltaten, die sie geplant und durchgeführt hatten.

Die Naziführer in Nürnberg waren nicht die einzigen, die es versäumten, persönliche Schuld für Versagen oder Teilnahme zuzugeben, und sich von den Gräueltaten zu distanzieren *(Entnazifizierung)*. Einzelne deutsche Nazis machten weiter, als wäre nichts passiert, mit dem Ziel, viele der nationalsozialistischen Ideen an neue Politiker weiterzugeben. Der Politiker Gustav Stürtz zum Beispiel (geb. 1915) wurde eine führende Persönlichkeit in der extremistischen Partei Nationaldemokratische Partei Deutschlands (NPD), wo er im hessischen Landtag eine politische Karriere machte.

Mehrere mächtige Leute mit verschiedenen früheren Karrieren im Nazideutschland und der NSDAP, bekamen gute Positionen als Beamte in Westdeutschland. Die großen Industrieunternehmen konnten sich mit vielen der gleichen Eigentümer und Direktoren des Dritten Reiches weiterentwickeln. Durch die sogenannten Amnestiegesetze wurden viele von Straftaten befreit und gesellschaftlich rehabilitiert. Rechtsextremistische Parteien wurden gegründet und der Neonazismus blühte auf. Dies steht in krassem Gegensatz zum sozialistischen Ostdeutschland. Dort sollte sich jedoch ein totalitäres Regime entwickeln, mit vielen der gleichen Elemente eingeschränkter Menschenrechte wie im Nationalsozialismus.

Obwohl es allen Grund gibt, kritisch darauf zu schauen, wie viele Personen mit zweifelhafter politischer Vergangenheit nach dem Krieg eine zweite Chance als Entscheidungsträger zu erhalten, war ihre Rehabilitation wahrscheinlich kein Meilenstein für das neue Deutschland. Viele der mehr als 8 Millionen NSDAP-Mietgliedern hatten eine pragmatische Beziehung zur Partei gehabt, distanzierten nun von der Vergangenheit und legten die neue Werte für Politik und Gesellschaft fest. Das Dritte Reich hatte viele Sympathisanten beschäftigt, und es war sicherlich nicht einfach alle zu Strafen und verbieten das neue Deutschland zu dienen. Einer von ihnen war zum Beispiel der Anwalt Kurt Georg Kiesinger, der trotz seiner jahreslangen Mitgliedschaft in der NSDAP, Kanzler der Bundesrepublik wurde. Seine Mitgliedschaft war passiv gewesen. Auf Grund seine wichtigen Zivile Positionen war er Zwangsrekrutierung der Wehrmacht entkommen.

Der norwegische außenpolitische Journalist und Autor Jan Otto Johansen (1934–2018) war bekannt für sein Engagement für Juden bekannt. Er war ein Berliner Korrespondent für norwegischen Rundfunk (NRK) zwischen 1995 und 2000. Er betonte, dass die deutsche endgültige Abrechnung mit dem Nationalsozialismus spät, aber zur rechten Zeit, kam. Als Zeichen dafür, dass dem historischen Antisemitismus künftigen Generationen größte Aufmerksamkeit geschenkt werden sollte, wurde das Holocaust-Denkmal im Zentrum Kern Berlins am Brandenburger Tor errichtet.

Johansen schreibt in seinem letzten Buch vom 2015 über Thema Antisemitismus (Übersetzung bei dem Verfasser):

«Kein europäisches Volk hat sich so gründlich mit seiner Vergangenheit befasst wie die Deutschen, aber es hat einige Zeit gedauert, bis dies geschah. Die Nürnberger Prozessen hatten nicht die Effekte, auf die viele gehofft hatten. Die Ausrottung der Juden war kein wesentlicher Punkt in den Anschuldigungen. Das Kalte Krieg sorgte dafür, dass fähige deutsche Militärangehörige, Wissenschaftlern und Bürokraten, von den Amerikanern, Briten und Russen nachgefragt waren, und von den Siegermächten weiterhin beschäftigt wurden. Bundeskanzler Konrad Adenauer, der selbst ein klarer Antifaschist war, nahm sogar den Mann hinter den Nürnberger Rassengesetzen, Dr. Hans Globke, als Staatssekretär.«[47]

47 Johansen, *Den nygamle antisemittisme,* Kultur og utenriks, Oslo 2015, S. 13-14.

Die Tatsache, dass die Verarbeitung der Vergangenheit, Johansen entsprechend, einige Zeit in Anspruch nahm, hat möglicherweise auch mit der deutschen historischen Identität zu tun, die weiterhin auf historisch unabhängiger Kleinstaaten stammt. Dies machte es vielleicht schwierig, sich auf ein gemeinsames Verständnis des Verlaufs der Ereignisse und eine einheitliche Sicht auf die Form einer Bearbeitung zu einigen. Die unterschiedlichen geografischen deutschen Regionen hatten sich beispielsweise gegenseitig beschuldigen können, dass das Dritte Reich und der Hitlerismus im Süden begann. Die Rolle Österreichs, sowohl während des Ersten als auch des Zweiten Weltkriegs, war nicht Gegenstand einer weitreichenden Verarbeitung. Die Osterreicher hat sich nach dem Krieg einigermaßen hinter Deutschland versteckt. Andererseits kann ein Österreicher vielleicht nicht als weniger Deutsch angesehen werden als jemand aus Bayern. Die deutschen Soldaten auf Alfaset Kriegsfriedhof in Oslo, worüber dieses Buch handelt, haben auch nicht alle eindeutige deutsche Wurzeln.

Willy Brandts Vergangenheit als aktiver Widerstandsmann im Exil muss in den Jahrzehnten nach dem Krieg positiv gewirkt haben. Mehrere hochrangige Politiker der Nachkriegszeit Westdeutschland hatte eine braune Vergangenheit, wie Kiesinger und Willy Brandts Vorläufer als Außenminister, der CDU-Politiker Gerhard Schröder (1910-1989). Die Richtung, für die Willy Brandt sich befasste, fand jedoch große Unterstützung unter den Deutschen: europäischer Solidarität und Zusammenarbeit, Humanismus und Entwicklung der Gesellschaft durch Wirtschaft und Technologie.

Für die Kriegsgeneration war es schwierig zu wissen, wie sie nach der totalen Kapitulation handeln sollte. Die ganze Nation erlebte Elend. Sollte sie zu der deutschen Widerstandsbewegung bekennen, die gegen Hitler und den Nationalsozialismus gekämpft hatte, oder sollten sie dem verlorenen Regime, in dem sie zumindest zum Teil beteiligt war, treu bleiben. Die norwegische Kulturhistorikerin Anette H. Storeide stellt in ihrem Buch »Das Erbe Hitlers« die aktuelle Frage, ob die Kapitulation ein Verlust oder ein Sieg und eine Befreiung für das deutsche Volk war.[48] Es dauerte einige Zeit, aber nach und nach wurde klar, dass der verlorene Krieg die Möglichkeit eine ideologischen Neuanfang eröffnete.

Es würde lange dauern, bis Westdeutschland eine aktive und offene Auseinandersetzung mit der Vergangenheit aufnahm. In den frühen Jahren gab es mehr als genug damit zu überleben und Land und Wirtschaft aufzubauen. Kultur und Literatur der

48 Storeide, *Arven etter Hitler*, Gyldendal 2010.

Nachkriegszeit wurden wichtig, um den Holocaust und die Gräueltaten des Naziregimes in ihrer vollen Grausamkeit und Breite zu beschreiben. Eine amerikanische Serie in den späten 1970er-Jahren mit dem Titel »Holocaust« leitete eine Ära ein, in der Menschen auf der ganzen Welt darüber zu sprechen begannen, was mit den Juden geschehen war. Auch in Deutschland wurde den Menschen bewusster, was während des Krieges passiert war. Die deutsche Offensive im Osten war mit großer und gezielter Aggression gegen die lokale Bevölkerung durchgeführt worden, bei der sowohl Juden als auch Kriegsgefangene und andere zivile Personen auf unvorstellbare und barbarische Weise hingerichtet wurden. Dies führte wahrscheinlich dazu, dass die Russen und die Rote Armee auf ihrem Weg nach Berlin in ähnlicher Weise viele Misshandlungen gegen Deutsche begangen haben. Frauen wurden vergewaltigt, und deutsche Zivilisten wurden getötet oder von den ehemaligen östlichen Gebieten vertrieben.

Durch Bücher und dokumentierte Memoiren vermittelten verschiedene Autoren, beiden vergangenheitsverarbeitende Literatur, wie zum Beispiel »die Blechtrommel« von Günter Grass, aber letztendlich auch über die deutschen als Opfern, zum Beispiel durch massive Bombenanschläge auf deutsche Städte gegen Ende des Krieges. In den sehr umfangreichen Bombenangriffen wurden vor allem Frauen, Kinder und ältere Menschen betroffen. Für die Deutschen war es unangenehm anzuerkennen, dass dem Bombenanschlag zurückzuführen waren, auf die eigenen Verwüstungen und Misshandlungen ihrer Landsleute gegen andere Länder und ethnische Gruppen.

Der Teilung Deutschlands 1949 erschwerte eine umfassende Beilegung vergangener Verbrechen durchzuführen und gleichzeitig die Anerkennung der Milieus sicherzustellen, die sich dem Nationalsozialismus widersetzt hatten. In Ostdeutschland wurde nur der kommunistische Widerstand anerkannt. Während Westdeutschland im Rahmen des Kapitulationsabkommens auf unbestimmte Zeit entmilitarisiert werden sollte, war es im Osten anders. Dort sah man einen Wiederaufbau eines Militärs als zentralen Bestandteil der von der Moskauer Führung gesegneten politischen Doktrin an. In den Schulen wurde obligatorische militärische Ausbildung eingeführt. Ebenso waren auch Jugendorganisationen und Sportmannschaften relativ kurz nach dem Zweiten Weltkrieg von dieser Mentalität durchdrungen.

In Westdeutschland trauerte man um die Verluste des Krieges, nahm Millionen von vertriebenen Landsleuten aus den Ostgebieten aus, und versuchen noch internationales

Vertrauen zu gewinnen. Gerade das Letzte Ziel war eine fast unmögliche Aufgabe auf dem Hintergrund des Holocausts, mit dem sich die deutschen sich befassen müssten, und immer noch müssen.

Ein natürlicher erster Schritt auf dem Weg zur notwendigen Versöhnung war die unbestreitbare Anerkennung der tatsächlichen Gräueltaten des Holocausts. mit sich brachte. Der Nürnberger Prozess hatte nicht den gewünschten Verarbeitungseffekt, da der Kalte Krieg seinen Schwerpunkt zu ändern begann. In Westdeutschland argumentierten konservative historische Kreise, dass der Holocaust selbst nicht einzigartig sei, sondern eine Form des Menschenvernichtung im Einklang mit den Gräueltaten Stalins und des Bolschewismus in Sowjetrussland. Als Helmut Kohl 1982 Kanzler wurde, folgte er nicht ganz der versöhnlichen Linie, die Willy Brandt initiiert hatte. Er wollte das Gedenken der Kriegsverbrechen ein Ende setzen, um weiterzumachen. Besonders umstritten war ein Geschehnis, während sein Besuch von US-Präsident Ronald Reagan im Mai 1985: bei dem er zu einem Gedenkgottesdienst für gefallene deutsche Wehrmachtssoldaten nach Bitburg eingeladen wurde, einem Kriegsfriedhof, auf dem auch Waffen-SS-Soldaten begraben waren. Dies wurde von vielen Europäern als Provokation betrachtet.

Diese vereinfachte Art, die Geschichte zu umgehen, blieb nicht unbemerkt. Führende Intellektuelle wie der Philosoph Jürgen Habermas (geb. 1929) nahmen eine starke Position ein, die den sogenannten Historikerstreit in Westdeutschland auslöste. Das Ergebnis war genau das, was man sich aus deutscher Sicht wünschen konnte. Es wurde damit endgültig klar, dass die Judenvernichtung auch für den kommenden Generation den richtigen Platz in der deutschen Geschichte bekam. Diese Realität ist vielleicht einer des wichtigsten Bestandteiles der modernen deutschen Demokratie als Vorbild in der Welt.

Im Laufe der Jahre haben die Menschen die Traumata durch ihre eigenen Erinnerungen und Erlebnisberichte von Zeitzeugen verarbeitet. Viele der Bücher handeln von Soldaten auf dem Feld, ihren Geschichten und Schicksalen, sind jedoch als individuelle Ereignisse oft vom Gesamtbild losgelöst. Solche Berichte wurden gern durch nostalgische Bücher und Quellen über das »alte Deutschland« aus friedlichen Zeiten ergänzt. Vielleicht gilt dies insbesondere für die Gebiete, die die Deutschen nach dem Krieg im Osten aufgeben mussten, und die ein Viertel des Landes ausmachten. Die Grenzen wurden erst nach der Wiedervereinigung im Jahr 1990 für die gesamte Nachwelt nachdrücklich bestätigt.

Willy Brandt unterstutzte ursprünglich, dass die deutschen Flüchtlinge zu seinen alten östlichen Gebieten zurückehren sollten, entfernte sich jedoch später von diesem Konzept zur großen Enttäuschung vieler vertriebener (laut Kossert).

Während Willy Brandts Staatsbesuch in Warschau im Dezember 1970, wurde die sogenannte Oder-Neiße-Linie die polnische Grenze im Westen vereinbart. So wurde Polen für seine großen Verluste durch den Krieg kompensiert, und gewann außerdem Gebiete zurück, die die Sowjetunion im östlichen Teil eingenommen hatte. Dieser Besuch war etwas Besonderes, weil Willy Brandt vor dem Denkmal der getöteten polnischen Juden niederkniete. Die Aktion hatte eine enorme symbolische Bedeutung.

Anstatt das Recht auf den alten deutschen Osten zu beanspruchen, wurde Brandt zu treibender Kraft, um Europa zusammenzubinden. Der Anspruch auf Territorialgebieten hatte in der gesamten europäischen Geschichte nie etwas Gutes gebracht. Trotzdem muss es sich für die deutschen wie ein doppelter Verlust angefühlt haben, nach dem sie auch nach dem Ersten Weltkrieg durch den Versailler Vertrag ausgedehnte Ländereien verloren, hatte. Vielleicht wurde der Verlust dieser Gebiete im Rahmen des deutschen Traumas unterschätzt? Viele Deutsche müssen sich »geopfert« gefühlt haben in dem Bestreben mit den deutschen Nachbarn zu versöhnen.

Willy Brandt begann seine politische Karriere in Berlin. Die Stadt ist zum Symbol des alten und des neuen Deutschlands geworden. Hier tragen Denkmäler dazu bei, die Geschichte zeitlos zu machen, sowohl aus dem Zweiten Weltkrieg als auch aus Kriegen und historischen Epochen lange vor der DDR-Ära mit Checkpoint Charlie. Am wichtigsten ist wahrscheinlich das Holocaust-Denkmal, dass im Jahr 2008 für die Öffentlichkeit zugänglich gemacht wurde. Es besteht aus mehreren tausend Zementblöcken neben einem Besucherzentrum. Aber es hat gedauert. Für viele war es wohl der einfachste Ausweg, die grausame Realität der Vergangenheit zu vergessen und zu unterdrücken.

Die Ausstellung »Vernichtungskrieg. Verbrechen der Wehrmacht 1941 bis 1944«, die 1995 erstmals in Hamburg gezeigt wurde, war für viele ein großer Schock, denn sie zeigte die Tiefe und Breite der Kriegsverbrechen des gesamten deutschen Militärs. Kulturelle Ereignisse haben den Deutschen wichtiger Aspekte, über die Geschichte zu reflektieren, die nicht nur Trauer, sondern auch Hoffnung geben. Neben vielen Büchern und Filmen haben prominente deutsche Musiker den Krieg, die deutsche Identität und Versöhnung zum Thema gehabt, darunter die Scorpions (»Wind of Change«, 1990) und Rammstein (»Deutschland«, 2019).

Während die Zeit nach 1945 von einer etwas zögerlichen Lösung der Traumata und des NS-Regimes geprägt war, insbesondere in Westdeutschland, haben die Nachkriegsgenerationen sich ernsthaft mit der schmerzhaften Vergangenheit natürlich umgegangen. Zum Beispiel ist es für deutsche Schulklassen üblich, ein Projekt mit dem Thema Krieg zu erstellen. Gespräche mit Zeugen des Krieges waren damals besonders wertvoll. Es hat sich eine Kultur der Offenheit entwickelt, die es jungen Menschen heute leichter macht, sich auf die Geschichte zu beziehen und sich von den grausamen Aktionen des NS-Regimes zu distanzieren. Dafür gibt es auch mehrere deutsche Organisationen wie Volksbund und zum Beispiel das Maximilian-Kolbe-Werk in Freiburg zur Unterstützung für ehemalige Häftlinge nationalsozialistischer Konzentrationslager und Ghettos in Polen und anderen Ländern Mittel- und Osteuropas sowie deren Angehörige unabhängig von ihrer Religion und Weltanschauung.

Gleichzeitig muss darauf hingewiesen werden, dass viele Deutschen sowohl Opfer des Nationalsozialismus als auch von der Besatzung der Alliierten waren. Die Kriegstraumas der Deutschen sind auch nach dem Krieg zu spüren, etwa für drei bis vier Generation.

Darüber hinaus wurden bis vor kurzem mehrere deutsche Kriegsverbrecher von oder mithilfe deutscher Behörden verurteilt. Erst im Februar 2021 wurde ein 95-jähriger Deutscher aus den USA nach Deutschland ausgeliefert, um sich wegen seiner Vergangenheit als Gefängniswärter in einem Konzentrationslager in der Nähe von Hamburg einem Prozess zu stellen. Der Wunsch, das Verbrechen wieder gut zu machen, war groß. Es wurde beschlossen, dass diese Nazi-Verbrechen keine Verjährungsfrist haben sollten. Seit den Nürnberger Prozess in den Jahren 1945-46 gab es bis heute keinen erklärten Wunsch, die eigenen Bürger vor strafrechtlicher Verfolgung infolge von Kriegsverbrechen zu schützen. So wurde bespielweise der versteckte Nazi-Verbrecher Adolf Eichmann (1906–1962) von israelischen Agenten gefangen und in Israel verurteilt.

Es erschienen mehrere Enthüllungen über hochkarätige Persönlichkeiten wie den Schauspieler Horst Tappert (»Derrick«). Seine Vergangenheit als SS-Soldat wurde vor der Öffentlichkeit verborgen. Der Autor Günter Grass gab in seiner Autobiografie zu, Soldat in der Waffen-SS gewesen zu sein. Die Enthüllungen lösten Reaktionen aus, aber gleichzeitig gab es viele, die in Frage stellten warum man so lange danach an ihren Bemühungen als kulturelle Persönlichkeiten verschlechtern sollten. Sie hatten, während ihre Jugendzeit falsche Entscheidungen gemacht, wussten aber damals vielleicht nicht besser.

Im Rahmen der Auseinandersetzung mit dem Nationalsozialismus haben wahrscheinlich viele deutsche ihre eigenen Traumata verschoben, weil sie selbst keine Opferrolle übernehmen konnten. Der norwegische Schiffsmagnat Erling Dekke Næss (1901–1993), der ältere Bruder des berühmten Philosophen Arne Næss (1912–2009), war ein enger Freund des deutschen Industrieerben Alfried Krupp von Bohlen (1907–1967). Dekke Næss beschrieb seinen Freund als einen schüchternen, bescheidenen und warmherzigen Mann. Während der Nürnberger Prozesse musste er als Vertreter des Industriekonglomerats an die Stelle seines kranken Vaters treten. Wie viele andere große Industrieunternehmen hatte das Krupp-Konzern eine weniger ehrenwerte Rolle als Akteur im Dritten Reich gespielt. Næss war überrascht, dass sein Freund zu vier Jahren Gefängnis verurteilt wurde, sah das Urteil jedoch als Notwendigkeit, dass ein Mann namens Krupp inhaftiert werden musste. Alfried Krupp war kein typischer Branchenführer. Er war hauptsächlich Seemann, Fotograf und Humanist. Das Erbe eines Industriemagnaten hatte er nicht gewählt.[49]

Die Deutschen scheinen ein vorsichtiges Bedürfnis zu spüren, mehrere Schichten und Aspekte des Krieges zu verarbeiten und aufzudecken. Auf der eine Zeiten kann es sich um das Leiden des eigenen Volkes handeln. Auf den andren Zeiten, dass der Nationalsozialismus auch mit sich gebracht hat, Beschreibungen von Soldaten im Kampf, die trotz Gewalt und Stumpfheit Kameradschaft und Gemeinschaft gefunden haben. Wir spüren dies durch Filme wie »Stalingrad« und »Das Boot«. Der Film »Schindlers Liste« zeigt, dass selbst in der dunkelsten Dunkelheit ein Licht der Hoffnung gibt. Einige der Filme aus dem Krieg basieren auf guten Büchern, die erst durch die Filme weltweite Aufmerksamkeit erhalten haben.

Martin Hoffmanns schon erwähntes Buch »Geschichte des deutschen Widerstands 1933–1945«, das ausführlich den umfangreichen deutschen Widerstand seit dem Fall der Weimarer Republik dokumentiert, ist in Norwegen wenig bekannt. Durch Filme wie »Walküre«, haben viele auch erfahren, dass es in Deutschland tatsächlich eine umfangsreiche Widerstandsbewegung gegeben hat. Dies hatte auch auf Norwegen abgefärbt. Unter anderem hat der Norweger Hans Olav Brevig ein interessantes Buch über den deutschen Widerstandskämpfer Oberstleutnant Theodor Steltzer geschrieben. Das Buch

49 Næss Dække, *Shipping – Mitt liv*, norwegische Ausgabe, A/S Hjemmet fagpresseforlaget, Oslo 1981, Kap 21.

fand jedoch fast keine Beachtung. Das Museum der Widerstand (*Hjemmefrontmuseet*) in Oslo unterstützte das Buchprojekt, aber es wurde kostenlos im Museum verteilt. Steltzer, Leiter der Transportabteilung bei General Falkenhorst, hatte während des Krieges bedeutende Kontakte zur norwegischen Heimatfront, darunter auch zum *Milorg*-Leiter (eine Fraktion der Widerstandsbewegung), Jens Christian Hauge.[50]

Die norwegische Autorin Marte Michelet veröffentlichte im Jahr 2018 ein stark diskutiertes Buch darüber, was die Führung der norwegischen Widerstandsbewegung möglicherweise über das geplante Schicksal der norwegischen Juden wusste, »Hva visste hjemmefronten« (Was wusste die Heimatfront?). Hätte die Widerstandsbewegung mehr tun können, um die Deportation zu verhindern? Die Autorin hat dies bekräftigt. Sie schreibt, dass Theodor Steltzer eine direkte Verbindung zu Helmuth James Graf von Moltke hatte, dem Anführer der Kreisau-Bewegung, der von innen gegen die Nazis arbeitete und das Attentat auf Hitler plante. Moltke reiste mehrmals nach Norwegen, wo er laut Michelet vor bevorstehenden Aktionen gegen die norwegischen Juden warnte, ohne dass die Heimatfront reagierte.

Michelets Buch erregte Empörung unter norwegischen Historikern und Überlebenden der Widerstandsbewegung, die das Buch in einem weniger glücklichen Licht zurücklasst. Historikern haben offenbare Fehler gefunden. Das Buch stellt jedoch klar, dass es in Norwegen eine deutsche Widerstandsbewegung mit bedeutendem Einfluss und einem umfangreichen Netzwerk gegeben hat. Es ist schon ein Paradox, dass deutsche Bürger aus menschlichen Erwägungen, mit großem Risiko für ihr eigenes Leben, sich aktiv bemühten, Juden vor den Klauen ihrer brutalen und verzerrten Landsleute, und ihre Mitlaufern in Norwegen, zu retten.

Anderen Historikern und Autoren glauben, dass die Vorwürfe nicht vollständig abgedeckt sind, und weisen darauf hin, dass weder Steltzer noch Moltke so besorgt um das Schicksal der Juden waren. Es wird unter anderem auf Moltkes Korrespondenz mit seiner Frau (*Briefe an Freya*) und auf Steltzers Verteidigungsrede, während des Prozesses in Berlin im Januar 1945 verwiesen, in denen es keine explizite Verteidigung der Juden, also aktive Handlungen zugunsten der Juden, gab. Beiden Moltke und Steltzer konnten sich jedoch bestimmt über das Schicksal der Juden beschäftigt haben, selbst wenn es nicht so deutlich zu spüren ist. Michelets Buch bezieht sich auf den Kontakt, den Steltzer

50 Milorg war der heimlichen norwegischen Organisation der Widerstand.

und Moltke im April 1942 mit wichtigen norwegischen Widerstandskämpfern hatten, einige Monate vor der Durchführung der Aktionen, bei denen alle norwegischen Juden zur Tötung aus dem Land deportiert werden sollten. Moltkes Information über die geplante Deportation, ist in verschiedenen Quellen zu spüren, wurde aber, laut Michelet, nicht ernst genommen. Die Deportation wurde im November desselben Jahres ausschließlich mithilfe norwegischer Nazis durchgeführt. Dies Kontakt zwischen Moltke, Steltzer und den norwegischen Widerstandskämpfern kann aus dem erwähnten Buche von Peter Hoffmann bestätigt werden, das als Standardwerk zur deutschen Widerstandsbewegung im Dritten Reich erschienen.

Unabhängig davon, ob Moltke und Steltzer um das Schicksal der Juden besorgt waren, hätten norwegische Geschichtsbücher vielleicht deutlicher machen können, dass Nazideutschland komplexer war als, dass das gesamte Volk hinter Hitler stand. Es gab auch positive Kräfte. Dann wäre der Weg zur Versöhnung und Vergebung für den Norwegern sicherlich einfacher gewesen. Die Möglichkeit der Versöhnung wurde gut veranschaulicht, als das norwegische Fernsehen im Jahr 1990 Alexander Dietzsch, einen überlebenden deutschen Seemann, der Blücher. Er weinte, als er erzählte, wie berührend es sei, die norwegischen Veteranen zu treffen, um Freundschaften auf alter Feindschaft aufzubauen. Es ist dafür niemals zu spät.

Nur sehr wenige der vielen Deutschen, die mit der norwegischen Widerstandsbewegung zusammengearbeitet haben, erhielten Denkmäler. Eines aber steht unter in Kristiansand. Es dauerte lange, bis sie einen Platz bekamen. Gleichzeitig wurden norwegische Gegner gefeiert, vielleicht manchmal etwas unkritisch. Einer der norwegischen Kriegshelden war Max Manus. Er war ein mutiger Aktivist, der mehr wagte als die meisten anderen. Als zentrale Figur der sogenannten Osloer Bande führte er eine umfangreiche Sabotage-Aktionen gegen die Besetzungsmächte durch. Nach dem Krieg brach er einen Verhaltenskodex in der Widerstandsbewegung: Man sollte eigentlich mit der Veröffentlichung der eigenen Erfahrungen warten, bis alle Untersuchungsberichte verfügbar waren. Dies tat er nicht. Die Einnahmen aus den Memoiren plante man an die Witwen zu geben. Ein weiterer wichtiger Widerstandsleiter, Martin Siem (1915-1996), soll davon so enttäuscht gewesen sein, dass er den Kontakt zu Manus abgebrochen hat. Siem wurde später einer der führenden Industrieleiter Norwegens. Er hatte nie einen Sinn sich in den Gedanken der Kriegsanstrengungen zu verlieren. Was passiert war, war passiert.

Einige der norwegischen Kriegshelden wollten zu Lebzeiten nicht viel Aufmerksamkeit. Nach einem von ihnen, Martin Linge, wurde lange nach seinem Tod erst ein eigenes Ölfeld in der Nordsee benannt.

Im Sommer 2020 schrieb die norwegische Universitätszeitschrift *Khrono* über einen Fall, in dem ein deutscher Student auf einen norwegischen Professor reagiert hatte, der über deutsche Touristen gescherzt hatte. Mit deutlichen Hinweisen auf den Krieg sagte er: »Sie [die Deutschen] waren schon einmal hier, und jetzt schleichen sie sich wieder an.« Für einige war dies eine Form von Mobbing, während andere es als unschuldigen Witz betrachteten. Die ausführliche Berichterstattung über den Fall in den norwegischen Medien zeigt jedoch, dass der Krieg als Thema für viele immer noch sensibel ist. In diesem Sinne hat der Fall möglicherweise eine größere Dimension als nur die Meinungsfreiheit. Der Fall zeigt auch, wie wichtig es ist, Einblicke in die Kriegsgeschichte zu erhalten, damit auch Akademikern klug und mit Empathie handeln können. Auf jeden Fall hat es eine Aussprache zwischen dem Professor und der Universität gegeben.

DIE KRAFT DER VERSÖHNUNG FÜR EINE BESSERE WELT

Mit Deutschland assoziiert man mehr als den Krieg – viel mehr, selbst, obwohl das Land eine lange Geschichte mit Kriegen hat. Norwegens kulturelle Beziehungen zu Deutschland reichen weit zurück. Obwohl Deutschland der wichtigste Handelspartner von Norwegen ist, und jedes Jahr Tausende deutscher Touristen nach Norwegen reisen und willkommen sind, ist es immer noch England, auf das die Norweger im Fußball- und Gemeinschaftsleben schauen. Es besteht kein Zweifel daran, dass die Geschichte des Zweiten Weltkrieges einen Beitrag dazu geleistet hat. Hitler und Churchill sind wie zwei Gegensätze im norwegischen Bewusstsein. Norwegen ist vielleicht eher angloamerikanisch inspiriert als jedes andere Land in Europa. Heute jedoch bewundern viele Norweger, insbesondere die EU-Anhänger, Deutschland als einen politisch stabilen Riesen, der die Union auf dem richtigen Weg zu Demokratie, Solidarität und grünem Wandel hält. Das Land hat starke Organisationen im Arbeitsleben, weibliche Führungskräfte, und es ist gelungen, neue Technologien in die fortschrittliche Industrie zu integrieren. Gleichzeitig sind die alten Handwerkstraditionen erhalten geblieben.

Deutschland hat in Europa und der Welt keine einfache Rolle. Wie Willy Brandt in seiner eigenen Autobiografie von 1977 feststellte: Die Europäische Gemeinschaft (EU) hat sich in Krisen und durch Krisen entwickelt.

Deutschland hatte schon vor der Epoche des Nationalsozialismus friedliche Absichten. Bereits 1926 erhielt Bundeskanzler Gustav Stresemann den Preis für seine Rolle in den Verhandlungen während der Verträge von Locarno im Jahr 1925, die für die Stabilisierung Europas nach dem Ersten Weltkrieg wichtig waren. Im Jahr 1927 erhielt der deutsche Akademiker Ludwig Quidde zusammen mit seinem französischen Kollegen Ferdinand Edouard Buisson die Auszeichnung für den Beitrag zum Dialog zwischen den beiden historischen Erzfeinden Deutschland und Frankreich.

Auch mit dem Ende der Weimarer Republik im Jahr 1933, sind die Friedensinitiativen in Deutschland nicht verschwunden. Der Journalist, Aktivist und Friedensaktivist Carl von Ossietzky erhielt die Auszeichnung 1936, was Hitler als große Provokation ansah.

Ossietzky war bereits in einem Gefangenenlager, wo er zwei Jahre nach der Auszeichnung starb.

Willy Brandt erhielt 1971 als vierter Deutscher den Friedenspreis.

Viele der deutschen Kommunisten und Sozialisten, die von den Nationalsozialisten innerhalb Deutschlands in den spät 1930er-Jahren verfolgt wurden, fanden Sinn darin aktive Gegner der Nazi-Regime außerhalb Deutschlands zu werden. Mehrere nahm in der Spanischer Bürgerkrieg im Jahr 1936 teil, um Francos Faschisten zu bekämpfen, unter anderen das *Thälmann-Bataillon*, mit dem kommunistischem Führer, Ernst Thälmann in der Spitze. Willy Brandt fuhr nach Spanien als Journalist für eine sozialistische norwegische Zeitung (*Arbeiderbladet*), um die Geschehnisse zu folgen. Im Jahr 1936 gründete der deutsche exil-Kommunist Ernst Wollweber (1898-1967) eine aktive Widerstandsorganisation. Wie Brandt, hatte auch Wollweber enge Beziehungen zu der norwegischen Widerstandsbewegung, allerdings die kommunistische Fraktion.

Norwegen ist seit Jahrhunderten mit der deutschen Kultur und sozialen Entwicklung vertraut. Die Deutsche Hanse übernahm Bergen Hafen im Mittelalter, wo sie Handel und Handwerk entwickelte. Auch Oslo wurde von den Hanseaten beeinflusst. Bereits im 18. Jahrhundert waren deutsche Ingenieure am Aufbau von Bergbaubetrieben in Norwegen beteiligt. In den Städten Røros (von der UNESCO geschützt) und Kongsberg ist der deutsche Beitrag sichtbar. Die alten Silberwerke von Kongsberg (*Kongsberg Sølvverk*) und *Bergseminaret* wurden von der deutschen Arbeitskultur inspiriert. Norwegische Stipendiaten reisten zur Bergakademie Freiberg in Sachsen. Deutsche Experten kamen nach Kongsberg, um mit Technologie und Wissen die Betriebe weiterzuentwickeln. Nach dem großen Stadtbrand in Ålesund im Jahr 1902 ergriff Kaiser Wilhelm II die Initiative, die Stadt im typischen Jugendstil errichten zu lassen. Diese ist bis heute gut erhalten.

Deutschland wurde für mehrere norwegische Künstler wie eine zweite Heimat. Unter anderem lebte Edvard Munch dort einige Zeit, und ließ sich für seine weltberühmte Kunst inspirieren. Der norwegische Autor Knut Hamsun war ein Freund Deutschlands. Er war so geblendet von dieser Zuneigung, dass er schließlich sein Urteilsvermögen verlor und die Nazis bis zu ende unterstutzte. Das hat für heiße Diskussionen in Norwegen gesorgt. Einerseits wird die Qualität seiner Urheberschaft und der Nobelpreis für Literatur gelobt. Norwegen mag es, wenn seine Einwohner weltberühmt werden. Andererseits macht man sich nicht beliebt, wenn man während des Krieges auf der falschen Seite war.

Viele Norweger tragen bis heute ursprünglich deutsche Nachnamen. Sie sind im ganzen Land zu finden, aber vielleicht besonders an Orten, an denen es normalerweise viel Interaktion mit Deutschen gab, wie in Bergen.

Dies gilt nicht nur für Norwegen, sondern für große Teile Europas (insbesondere im Osten) und Amerikas, sowohl im Süden als auch im Norden. Es gibt auch viele Spuren ehemaliger deutscher zivile Siedlungen in Asien und Afrika.

Viele deutsche wanderten im 19. und frühen 20. Jahrhundert nach Amerika aus. Sie machten sich einen Namen und prägten verschiedene Bereiche in Handwerk, Industrie, Politik und Wissenschaft. In einer kargen Ebene am Fuße der Rocky Mountains im Süden Colorados liegt eine kleine Stadt namens Walsenburg. Es ist nach dem Deutschen Fred Walsen (1841–1906) aus Petershagen in Preußen benannt. Er gründete die Stadt unter anderem auf dem Bergbau. Er wurde der erste Bürgermeister der Stadt und leitete die lokale Bank, die er selbst gegründet hatte. Walsen war nur einer von vielen Deutschen, die in Amerika erfolgreich waren.

Viele der amerikanischen Soldaten, die in beiden Weltkriegen gegen Deutschland kämpften, hatten selbst deutsche Wurzeln.

In dem Buch »Tyskland stiger frem« (Deutschland steigt empor), vom norwegischen Journalisten und Autor, Sten Inge Jørgensen, beschreibt er die Entwicklungstrend Deutschlands nach der Wiedervereinigung auf. Wie der Titel schon andeutet, ist Deutschland das wichtigste Land Europas geworden, obwohl es seine Herausforderungen hat. Das Land spielt trotz seiner Geschichte eine bedeutende globale Rolle. Der Autor beleuchtet die soziale Marktwirtschaft (»das deutsche Modell«). Dieses Modell basiert auf einer Dezentralisierung von sozialen Institutionen und Industrieunternehmen, einer kostenlosen, qualitativ hochwertigen Bildung (sowohl berufliche als auch akademische Bildung) für alle sowie einer Kultur der Betriebsdemokratie und Zusammenarbeit in Unternehmen, angeführt von starken Gewerkschaften. Viele norwegische Studenten haben von einer kostenlosen und qualitativ hochwertigen Ausbildung in Deutschland profitiert.

Das deutsche Modell reicht weit zurück, lange vor die Weimarer Republik. Das deutsche Sozialwirtschaftssystem wurde von Industriemagnaten wie Robert Bosch unterstützt, einem Industriellen, der sich weigerte, der NSDAP beizutreten. Das System unterscheidet sich von dem neoliberalen Kapitalismus dadurch, dass es soziale und öffentliche Vorschriften für Gleichheit und Wohlfahrt in der Gesellschaft gewährleistet. Obwohl Deutschland noch immer ein weitreichendes Privateigentum an der Industrie besitzt, erinnert das deutsche Modell an den skandinavischen Wohlfahrtsstaat.

Heute hilft Deutschland vielen Ländern, geeignete Wege zu Gesellschaftsentwicklung zu finden. Dazu gehören die Implementierung des sogenannten dualen Models (Wechsel zwischen Schule und Wirtschaft) in der Berufsbildung, sowie die Nutzung von Lernfabriken für Ausbildung, Forschung und neuen Technologien. Deutschland macht es auch nichts aus, dass andere Länder Gesetze und Vorschriften, nach deutschem Muster kopieren. Zahlreiche Delegationen von der ganzen Welt fahren nach Deutschland um zu lernen.

Die Bundesrepublik kann wichtige Reformen durchführen, die andere inspirieren. Ein wichtiges Beispiel ist die klimafreundliche Energiepolitik (»Energiewende«). Die positive Entwicklung der deutschen Gesellschaft ist nicht unbedingt auf den Zweite Krieg zurückzuführen, aber diese Geschichte hat wahrscheinlich die Außenpolitik beeinflusst. Der Europäische Think Tank ECDPM (Europäisches Zentrum für entwicklungspolitisches Management) hat Deutschland in jüngster Zeit zum Thema internationaler Beitrag zum Frieden untersucht. Es wird darauf hingewiesen, dass eine solche Rolle in der deutschen moralischen Verpflichtung des Landes nach dem Krieg liegt, die sich auch aus in der deutschen Verfassung dokumentiert ist. Die internationale Rolle der Deutschen war allerdings bis zur Wiedervereinigung behindert gewesen. Deutschland war vorsichtig, die Bundeswehr in internationalen Missionen einzusetzen, obwohl deutsche Beiträge in Konfliktgebieten mehr akzeptiert und geschätzt wurden. Deutschlands Strategie als Friedensnation ist weitreichend. Das Land hat das Ziel, Staaten zu beeinflussen, in denen Gewalt und Instabilität eskalieren können, dem entgegenzuwirken und zu dies zu verhindern. Es geht dabei um Staaten, in denen sich Nationalismus und religiöser Fanatismus entwickeln können, Gebiete, die vom Klimawandel und von Naturkatastrophen betroffen sind, und in denen verschiedene Ursachen zu großen Volksbewegungen mit Flüchtlingen führen können.

Deutschland ist bekannt für seine Wissenschaft und berühmte Personen wie Kepler, Humboldt, Einstein usw. sowie für historische Persönlichkeiten in Kultur und Philosophie wie Beethoven, Bach, Goethe, Kant, Hegel, Schopenhauer und mehr. Auch die Entwicklung der Gesellschaft blieb nicht unbemerkt. Karl Marx und Friedrich Engels haben ihre Spuren hinterlassen. Am Arbeitsplatz folgten die Industrialisierung und Klassenkämpfe. Intellektuelle wie Rosa Luxemburg und Clara Zetkin gaben dem Sozialismus schon früh ein feministisches Gesicht.

Der norwegische Arbeiterpionier und Sozialist, Martin Tranmæl, besuchte 1908 Deutschland, um Impulse von deutschen Genossen zu erhalten. In Hamburg sprach er mit Seeleuten. Berlin machte Eindruck als »eine der attraktivsten, saubersten und gesündesten Städte der Welt«. In Potsdam hörte er einen Vortrag des berühmten deutschen Sozialdemokraten Karl Kautsky (1854-1938).

Trotz des schwierigen Erbes des Nationalsozialismus ist es Deutschland gelungen, aufzusteigen. Westdeutschland (und DDR) hat es geschafft, Platz für Millionen von vertriebenen Deutschen aus den östlichen Gebieten zu schaffen. Neben Wachstum innerhalb der EU, musste Westdeutschland 1990 Ostdeutschland als Teil der neuen Bundesrepublik integrieren und aufbauen. Das neue Deutschland wurde auch von vielen Einwanderern gebaut. Kein Land in Europa hat in letzter Zeit mehr Einwanderer aufgenommen – an Arbeitsplätzen, Universitäten und in der Wirtschaft. Viele bedürftige Flüchtlinge haben eine neue Heimat in Deutschland gefunden. Allein im Jahr 2015 hat das Land über eine Million Flüchtlinge und Asylsuchende aufgenommen, mit Abstand die meisten in Europa. Diese Politik ist kein linkssozialistisches Phänomen, sondern weitgehend politisch verwurzelt. Die Entscheidung und Umsetzung der massiven Einwanderung infolge des Bürgerkriegs in Syrien, wurden von der christlich-konservativen Kanzlerin, Angela Merkel und ihrem ehemaligen Innenminister, Thomas de Maizière geleitet.

Solche Einwanderungspolitik ist nicht unproblematisch. Sie führt zu politischen Spannungen, von denen der Aufstieg der rechtspopulistischen Partei Alternative für Deutschland (AfD) ein Symptom ist. Die Idee ist jedoch, dass das Land mit der Integration irgendwann Erfolg haben wird. Die liberale Einwanderungspolitik ist auch nicht frei von Opportunismus. Demografische Daten weisen auf einen großen Bedarf an Arbeitsmigration nach Deutschland hin.

Zurück zur schwierigen deutschen Geschichte als Hintergrund für den Aufbau der Zukunft: Trotz immer mehr Analysen, Fakten und Einschätzungen und mit Größerwerden Distanz zum Kriegsverlauf, wird man wahrscheinlich nie die vollständige Antwort darauf bekommen, wie Deutschland zu einem nationalsozialistischen Staate werden konnte. Die Nazis gewannen in der Zwischenkriegszeit Vertrauen, indem sie das Land aufbauten und den Menschen Arbeitsplätze verschafften. Die NSDAP wurde eine Partei für das ganze Volk und konnten als Arbeiterpartei alle sozialen Schichten ansprechen und darauf Schlagkraft bauen, finanzieller unterstützt von der Großindustrie. Hoffmann (*History of the German Resistance*) beschreibt die Nationalsozialisten als Krebszellen, die die deutsche Gesellschaft infiltrierten:

»Der Nationalsozialismus war nicht einfach eine Partei wie jede andere; Mit seiner völligen Akzeptanz der Kriminalität war es eine Inkarnation des Bösen, so dass alle diejenigen, deren Geist auf Demokratie, Christentum, Freiheit, Menschlichkeit oder noch mehr Legalität eingestellt war, zum Bündnis gezwungen wurden.«

Nach der Wirtschaftskrise und die demütigende Niederlage nach dem Ersten Weltkrieg, waren wahrscheinlich viele für Manipulationen leicht zugänglich. In Wirklichkeit führte das Regime die Menschen hinter das Licht. In unzähligen Büchern haben Wissenschaftler und Historiker die Tiefe des Nationalsozialismus im Volk in Frage gestellt. Was hatte an der deutschen Kultur und Mentalität das Dritte Reich möglich gemacht? Das Dritte Reich war schließlich auf einem demokratischen Wahlsieg aufgebaut, war aber zweifellos auf einer Lebenslüge, die von anti-menschlichen Werten getragen wurde. Vielleicht war alles das Ergebnis einer Reihe historischer Zufälle, wie etwa, dass Hitler bereits im Jahr 1939 das Attentat auf ihn in einer Bierhalle in München (»Bürgerbräukeller«) überlebte, oder hätte jemand anderes als Hitler ähnliche Gräueltaten provoziert?

Der britische Historiker und Hitler-Experte Ian Kershaw (geb. 1943), reflektiert über die Person von Adolf Hitler in der Einleitung zu seiner umfassenden Biografie des Führers. Nach seiner Meinung findet man die Antwort weder durch eine vereinfachte Dämonisierung des Mannes noch indem man ihn für geisteskrank hält, trotz ein deutlicher Persönlichkeitsstörung. Er war aber auch nicht »böser« als zum Beispiel Stalin. Hitler hat den Alltag für viele Menschen besser gemacht. In erster Linie wurde er von seiner inneren Machtgier und seiner narzisstischen Natur dominiert. Er schaffte es, eine Geheimnisvolle Umgebung, um sich aufzubauen. Gleichzeitig war er intelligent und hatte außergewöhnliche Fähigkeiten, Zusammenhänge zu sehen und zu verstehen. Hitler war von seinem Wunsch nach Leistungen getrieben, die sein starkes Ego bestätigen konnten. Die erlangenden Leistungen bestätigten sine Machtgier. Er war bereit, die Menschen in den Abgrund zu führen. Kershaw tut nicht das, was andere angloamerikanische Gelehrte vielleicht manchmal getan haben, er verurteilt nicht das gesamte deutsche Volk. Dies erscheint sowohl natürlich als auch verlockend als eine Stimme der siegreichen Partei. Er stellt wie folgt fest:

»Der Angriff der Nazis auf die Wurzeln der Zivilisation, war ein entscheidendes Merkmal des 20. Jahrhunderts. Hitler war die zentrale Figur in diesem Angriff, jedoch nicht seine wichtigste Ursache, sondern sein wichtigster Exponent.«

Auf der Suche nach der Antwort darauf, wie Deutschland in die Hände der Nazis hatte fallen können, ist es auch möglich das Gegenteil festzustellen: Die nationalsozialistische Ideologie hat Deutschland getroffen, weil diese Ideologie ein gut entwickeltes und einfallsreiches Land brauchte, um wirksam zu sein. In den 1930er-Jahren wurde Deutschland zum Dritten Reich, einem terroristischen Staat. Obwohl das Dritte Reich in seinem historischen Kontext einzigartig erscheinen mag, hat Donald Trump uns auch heute gezeigt, wie charismatische Führer die Massen bewegen können.

Der zuvor erwähnte Leopold Trepper, Jude und prominenter Kommunist im polnischen Teil Schlesiens, fand durch den Marxismus eine Ideologie, die Antisemitismus und Rassenhass ein Ende setzen konnte. Er sah einen klaren Zusammenhang zwischen der kapitalistischen Ausbeutung und der Verfolgung der Juden. Er erkannte auch die Gefahrenzeichen beim Lesen von »Mein Kampf«. Über die Passivität in der Welt war er verärgert. Der Nationalsozialismus war der deutlichste Ausdruck des Antisemitismus. Anstatt gegen Hitler zu kämpfen, kämpften die deutschen Arbeiterparteien (KPD und SPD) gegeneinander. Als Hitler am 30. Januar 1933 an die Macht kam, war die Verfolgung von Sozialisten und Kommunisten einer seine ersten Ziele. Sie wurden für das Brand des Reichstagsgebäudes am 27. Februar 1933 verantwortlich gemacht. Bei den Parlamentswahlen am 5. März wurden 12 Millionen Stimmen für die Kommunisten und Sozialisten, von Hitler und seinem engsten Machtkreis in der NSDAP für ungültig erklärt. Am 24. März wurde das sogenannte Ermächtigungsgesetz eingeführt, ein Gesetz, das dem Kanzler Gesetzgebungsbefugnis verlieh. Unter anderen Ernst Thälmann wurde verhaftet und in das Konzentrationslager Buchenwald gebracht, wo er 1944 starb.

Treppers eigenen Worten fassen die Ereignisse:

»Am 24. März 1933 starb die Weimarer Republik. Deutschland hatte zwischen Rot und Braun gezögert. Jetzt überflutete der Schlamm alles.«

Trepper war bei weitem nicht der Einzige, der die Bedrohung für Deutschland und die Menschheit im Nationalsozialismus sah. Mehrere intellektuelle Nazi-Gegner verließ das Land, nachdem NSDAP die Macht übernommen hatten. Einer von ihnen war der Philosoph Oswald Spengler. In dem Buch »Jahre der Entscheidung« veröffentlichte er im Juli 1933 eine klare Warnung vor dem Geschehen im Land. Er schrieb:

»Deutschland ist in Gefahr. Meine Angst um Deutschland ist nicht kleiner geworden. Der Sieg vom März war zu leicht, um den Siegern über den Umfang der Gefahr, ihren Ursprung und ihre Dauer die Augen zu öffnen.»[51]

Die Psychologie spielte wahrscheinlich auch eine große Rolle. Die Nazis ließen große Teile der Bevölkerung an, ein großes Gemeinschaftsprojekt, dass Identität und Stolz verliehen. Dies sind im Grunde genommen sehr einfache Mechanismen, die auch heute in verschiedenen Teilen der Welt leicht zu identifizieren sind, wo ideologische Strömungen durch Emotionen gesteuert werden können. Willy Brandt hat argumentiert, dass die Natur der deutschen Bevölkerung, oft von der Loyalität gegenüber Staatsführung getrieben ist. Das Geschieht auf einen Hintergrund eines umfassenden Pflichtbewusstseins, dass verbunden mit der Fähigkeit und effizient die Menschen besonders anfällig für das Unglück der Diktatur machte.

Es ist verlockend, das Dritte Reich, den Nationalsozialismus, den Hitlerismus und den Holocaust als die Summe einer Reihe von kausalen Faktoren zu betrachten – fast wie

51 Spengler, Jahre der Entscheidung, Deutschland und die weltgeschichtliche Entwicklung, C.H.Beck Verlag, München 1933, S. 11.

Puzzleteile. Wenn man die Teile zusammensetzt, ergeben sie zusammen ein bestimmtes Ergebnis – grausam, aber erklärbar. Die Tatsache, dass diese Stücke zusammengekommen sind, kann auf historische Umstände zurückzuführen sein, die in ihren zeitlichen Kontext gestellt wurden. Gleichzeitig können schicksalsträchtige Zufälle nicht ausgeschlossen werden.

Es war bezeichnend, wie die Nazis die Kontrolle über die Wehrmacht erlangten. Die schon erwähnten deutschen Historikern Sönke Neitzel und Harald Welzer haben das Buch »Soldaten« geschrieben, die Interviews mit deutschem Kriegsgefangenen in englischer und amerikanischer Kriegsgefangenschaft beruht. Hierüber kann man sich Einblick in den brutalen Alltag der Soldaten zeitgemäß verschaffen. In den historischen Darstellungen der einzelnen Soldaten mit psychologischen Analysen, wird ein Einblick in die Gedanken und Meinungen der Soldaten vermittelt. Sie zeigen verschiedenen Aspekten des Krieges und seiner Brutalität. Neitzel und Weltzer geben den Erzählungen der Soldaten einen Kontext. Die Soldaten waren nicht biologisch prädestiniert für Gewalt, aber der jeweilige Bezugsrahmen und die aktuelle Situation machten es möglich und »natürlich«. Es entwickelte sich eine eigene Form der Gespräche, die für Außenstehende unmenschlich und beleidigend erscheinen, aber in ihrem besonderen Kontext und Logik normal und nicht ungewöhnlich erschienen.

Durch die Teilnahme in Schlachten an den Fronten und den militärischen Zielen, wurden viele Soldaten immer weniger emotional, für einige schneller als andere. Die Manner traten in die Rolle eines Soldaten ein. Andere konnten sich vom Fehlverhalten distanzieren, waren aber trotzdem ein Teil davon. Allmählich wurden die Grenzen der Normalität verschoben, was Kriegsmissbrauch und Verbrechen rechtfertigte. Die Massenvernichtung von Juden fand jedoch hinter den Fronten, außerhalb der eigentlichen Kriegsmission der Soldaten, statt. Nichtsdestotrotz war es unvermeidbar, Kenntnis davon zu haben. Auch Kampfsoldaten missbrauchten und töteten Juden und Partisanen und weitgehend auch Kriegsgefangene. Aktionen von örtlichen Widerstandsbewegungen und Partisanen führten zeitweise zu sehr brutalen und übergroßen Vergeltungsmaßnahmen gegen die Zivilbevölkerung.

Das Buch »Soldaten« gibt ein erschreckender Einblick in die offensichtlich sadistischen Gedanken der Soldaten in Kriegssituation, wie zum Beispiel die Freude der Militärangehörigen als auch Zivilisten fast wie im Spiel oder während eines Jagdrituals getötet wurden. Die Gespräche der Soldaten zeigen neue Einblicke in die tiefere Natur von Krieg. Der norwegische Ideenhistoriker Espen Schaanning wies in einem Artikel über das Buch von Neitzel und Welzer daraufhin, nachdem es im Jahr 2012 auf Norwegisch veröffentlicht worden war, dass es frühere Forschungen widerlegt, nach denen die meisten Deutschen im Dritten Reich hinter dem Holocaust steckten, und dass das alles passiert, war aufgrund der einzigartigen deutschen Kultur.

Schaanning schreibt in seinem Artikel:

»Die Soldaten lebten in einer ‚Gesamtgruppe', in der es sich vor allem um die Gruppe der Kameraden handelte, an der sie sich orientierten, und die die Situationen, in denen sie sich befanden, fast als Aufgabe erscheinen ließen. So könnte zum Beispiel das Töten von Gefangenen oder Juden als ‚Arbeit' bezeichnet werden, was man als Soldat tun sollte.«

Schaaning weist darauf hin, dass die Quellen des Buches von Neitzel und Welzer in erster Linie die extreme Welt und Kultur der Soldaten zeigen, aber nicht unbedingt aus Ausdruck einer Ideologie. Die 17 Millionen Soldaten der Wehrmacht waren »gute« und pflichtbewusste Soldaten, die den Befehlen folgten. Ihr verhalten hatte wohl viel mit dem eigentümlichen deutschen Militärkodex von Mut, Opfer und Ehre zu tun, und wenig mit Ideologie und Politik. Sie befassten sich mit ihrem militärischen Alltag, nicht mit politischen Zielen. Es schien, als ob sie bei der Arbeit waren, und erledigten die Aufgaben auf den Hintergrund ihre Erwartungen und Weltanschauung. So reagierten die Soldaten weniger emotional, und konnten auch manchmal an Kriegsverbrechern teilnehmen.

Nicht jeder teilt diese Ansicht. Andere glauben, dass die Ideologie tiefer in die Wehrmacht eingedrungen war, als behauptet wird, vom General bis zum Gefreiten. Der norwegische Historiker Torgeir E. Sæveraas hat kürzlich ein umfassendes Buch über die Wehrmacht in Norwegen veröffentlicht. Er legt großen Wert auf die Ideologie als Grundlage für den Dienst der Soldaten während des Krieges und der Besetzung. Es gab starke Einheiten der Wehrmacht, die auf einer inneren Selbstjustiz beruhten, die sich im Prinzip nicht davon Unterschied, ob sich die Soldaten in Norwegen oder in anderen Ländern befanden. Unter anderem schreibt er über die Wehrmacht:

»Diese außerordentlich starke innere Einheit, die auf eiserner Disziplin beruht, kombiniert mit einem erdrückenden, extrem gewalttätigen Verhalten gegen alle Dissidenten und andere als Feinde definierte, ist ein Schlüsselfaktor für das Verständnis, wie die Wehrmacht zu der tödlich wirksamen Organisation werden konnte.«

Normalisierung von Gewalt in Krieg und Konflikt sehen wir heute immer wieder in der Welt, und Gewalt wird gründlicher und fanatischer ausgeübt, wenn sie sich auf eine Ideologie, Identität oder Religion bezieht. Dies ist Teil der zerstörerischen Natur des Krieges, auch wenn es moralisch verwerflich ist und gegen das internationale Kriegsrecht verstößt. Das beste Beispiel in jüngster Zeit liefern vielleicht die Gräueltaten des Islamischen Staates (IS) in den besetzten Teilen des Nahen Ostens von 2013 bis 2018. Unter anderem wurde das Kalifat als Brutstätte für die Ausbildung von Dschihadisten und Terroristen genutzt. Gewalt als Instrument hat jedoch auch in zivilisierteren Staaten ihr Gesicht gefunden. In dem Buch »Chain of Command: The road from 9/11 to Abu Ghraib« zeigt der amerikanische Autor Seymour M. Hersh, wie die amerikanischen Behörden nach dem Anschlag vom 11. September 2001 ihre Auslegung des Völkerrechts bei Kriegsgefangenen erweitert haben. Diese wurden als »feindliche Kombattanten« eingestuft, was folterähnliche Methoden legitimierte.

Gleichzeitig kann die Gewalt deutscher Soldaten während des Zweiten Weltkriegs als Ausdruck dessen angesehen werden, zu welcher eigenständigen Kriegsnation Deutschland sich entwickelt hatte. Großer und kleiner Kriege in Europa zwischen kleinen Fürstentümern und großen Staaten haben über Jahrhunderte zu diesem Ergebnis geführt. Das Militär war eine der Säulen der Gesellschaftsstruktur so wie das Rechtswesen, Parlament und Regierung, noch bevor Hitler an die Macht kam. Die Entmilitarisierung nach dem Ersten Weltkrieg war von kurzer Dauer. Es muss einfach gewesen sein, eine Nation mit einer starken Kriegsidentität zu indoktrinieren und zu ideologisieren.

In dem Buch »Der deutsche Krieg« des deutsch-australischen Historikers Nicholas Stargardt, beschreibt er Deutschland als Kriegsnation bis 1945. Durch die Korrespondenz zwischen zeitgenössischen Zeugen, teils in Deutschland, teils an der Front während der Kriegsjahre, wird ein Bild von einem Krieg gezeichnet, der tief in der deutschen Bevölkerung verankert war. Stargardt versucht zu verstehen, wie Deutschland in der Lage war, bis zur Kapitulation und Zerstörung des Dritten Reiches einen fast apokalyptischen

Krieg zu führen. Wie sind die Deutschen mit der jüdischen Ausrottung und den Kriegsverbrechen umgegangen? Er beschäftigt sich auch damit wie die Deutschen ihre Rolle sowohl als Opfern wie Tätern ausübten. Wie Neizels und Welzers Buch »Soldaten« zeigt Stargardt wie der Krieg von Generation zu Generation weitergegeben wurde, und wie sich ein roter Faden vom Ersten zum Zweiten Weltkrieg zog.

Dieses Phänomen wird auch bei der Durchsuchung der Archive beim Volksbund Kriegsgräberversorge deutlich sichtbar. Über den meisten Nachnamen von den Soldaten tritt eine überwältigende Anzahl von Gefallenen sowohl aus dem Ersten als aus dem Zweiten Weltkrieg gehäuft. Die Denkmäler der Kriegsfriedhöfe, die ursprünglich den heldenhaften Tod des Vaterlandes proklamierten, symbolisierten, dass es völlig normal war, im Krieg zu sterben.

In Norwegen war extreme Gewalt durch deutsche Wehrmachtssoldaten gegen Norweger selten, aber auch hier gab es Mord und Machtmissbrauch, sowohl durch impulsive Einzelvorfälle als auch durch umfangreichere und geplante Aktionen von militärischen oder zivilen Leitern. Insbesondere Spezialeinheiten wie die Gestapo wurden wegen ihrer brutalen Folter- und Verfolgungsmethoden durch Widerstandskämpfer gefürchtet, aber auch Wehrmachtssoldaten wurden ausgebildet, um militärische Ziele mit Grausamkeit zu erreichen.

Während der Besetzung Norwegen wurde der organisierte Widerstand sowohl von deutschen als auch von mehr oder weniger organisierten norwegischen Nazis wie die *Hirde* niedergeschlagen.[52] Besonders symbolisch waren die Aktionen gegen die Gewerkschaftsbewegung im September 1941, die zu Massenverhaftungen und Hinrichtungen der Gewerkschaftsführer Rolf Wickstrøm und Viggo Hansteen führten. Diese Handlungen waren direkte Angriffe auf norwegische Sozialisten und Kommunisten, die von Reichskommissar Josef Terboven angeordnet waren. Im März 1942 waren die Lehrer an der Reihe. 1.100 Lehrer wurden verhaftet, weil sie sich geweigert hatten, den Anweisungen der Nazis zu folgen. Mehr als 600 wurden unter teilweise rauen Bedingungen zur Zwangsarbeit nach Kirkenes geschickt, während der Rest in Lager Grini bei Oslo blieb.

Die vielleicht schlimmste Tragödie ereignete sich am 30. April 1942 in Telavåg. Zwei Männer des deutschen Sicherheitsdienstes (SD) wurden getötet, als sie in einem Fischer-

52 Die »Hirde« waren die norwegische militaristische Fraktion der Partei «Nasjonal Samling« (NS).

dorf in Westnorwegen nach versteckten Gegnern suchten. Hier sollte ein Beispiel gegeben werden. Deutsche Truppen zerstörten und brannten einen ganzen Ort nieder und schickten 78 Männer im Alter von 16 bis 60 Jahren nach Sachsenhausen, wo 31 von ihnen starben. Frauen und Kinder wurden verschont. Obwohl der Vorfall brutal genug war, war er symptomatisch viel weniger gewalttätig als ähnliche Tragödien an der Ostfront. Wie bereits erwähnt, wurden Norweger als arische Blutsbrüder angesehen. Die grausame Behandlung russischer und polnischer Kriegsgefangener, die in Norwegen Eisenbahnen und Befestigungen bauten, war etwas, was nur wenige Norweger zu spüren bekamen.

Die Kultur der Gewalt, insbesondere an der Ostfront, konnte die Disziplin und Ausübung militärischer Pflichten schwächen. Deshalb mussten Beamte in Deutschland versuchen die Gewalt zu mildern. Die Nationalsozialisten repräsentierte nicht nur Gewalt und Brutalität. Vielmehr war der Alltag der Menschen in Drittes Reich von »Normalität« geprägt. Die Nazis konnten ihre Machtbasis ohne großen Widerstand entwickeln, weil das Leben die meisten Menschen den ersten Jahren angenehmer waren als zuvor. Die Mobilisierung für die Wehrmacht und letztlich dem totalen Krieg wurde durch den massiven Einsatz militärischer Anerkennungen wie Befehle und Auszeichnungen erleichtert. Dies trug auch dazu bei, den roten Faden des Krieges aus dem Ersten Weltkrieg fortzusetzen. Es herrschte auch ein Gefühl von Deutschlands generelle Überlegenheit. Die Aufgabe des Soldaten war es zu töten. Es war Teil der inneren Dynamik des Krieges. Im Osten wurde die Spirale der Gewalt unter den deutschen Soldaten vom Feind ausgelöst, angeführt von der Roten Armee und verschiedenen Partisanengruppen, die sich selbst rücksichtslos verhalten haben. Hier hatten die Soldaten auch die größte Chance ihre Tapferkeit zu zeigen und sich Auszeichnungen sichern.

Interessanterweise gab es einige Soldaten, die sich darüber beschwerten, dass sie nach ihrer Zeit in Norwegen keine Auszeichnungen wie das Eiserne Kreuz der ersten oder zweiten Klasse oder das Ritterkreuz bekommen hatten, aber das lag daran, dass sie in Norwegen wenige Kampfmöglichkeiten hatten.

Auch das Buch von Neitzel und Welzer, zeigt die Nuancen des Krieges. Selbst wenn der menschliche Verfall bodenlos erscheinen mag, gab es unter den vielen Gesprächen zwischen den Soldaten auch Geschichten über Emotionen, Menschlichkeit und Empathie mit den Opfern.

Hitler und seine Verbündeten, die in Deutschland die Macht übernahmen, erhielten auch außerhalb des Landes Unterstützung. Symptomatisch war der Gruß der englischen Fußballnationalmannschaft an die Nazis während des Freundachaftsspiels in Berlin 1938. Die Deutschen waren nicht die einzigen, die den Nationalsozialismus, die Rassenideologie und die Diktatur verehrten. In viele andere Länder unterstützte man die nationalsozialistischen Ideen, von sehr aktiven »Quislingen« bis zu anonymen Sympathisanten. Die Mehrzahl der norwegischen Bevölkerung, kümmerte sich um die Anpassung und das Überleben. Die Zusammenarbeit und das Zusammenleben mit den Deutschen waren weitgehend notwendig und harmlos, wurden aber trotzdem als unakzeptabel angesehen. Während der gerichtlichen Verhandlungen nach der Kapitulation, war beispielsweise in einigen Fälle selbst notwendig Handel mit den Deutschen als Verbrechen angesehen.

Vidkun Quisling besuchte Adolf Hitler im Dezember 1939, ein Besuch, der möglicherweise einige Monate später den Angriff auf Norwegen provozierte. Quisling wurde am 22. Oktober 1945 zum Tode verurteilt. Mehrere Psychiater bedauerten, dass er nicht zuerst eine gerichtliche Konsultation erhalten hatte. Er galt als außergewöhnlich intelligent, hatte aber Persönlichkeitsstörungen. Der Wunsch nach Rache an dem Verräter war jedoch stärker als die Möglichkeit, wertvolle Erkenntnisse, die eine psychiatrischen Beurteilung geben konnte. Man hatte vielleicht wissen können, warum Menschen Persönlichkeitsmerkmale zum großen Nachteil ihrer Umgebung und zum Unglück andere Menschen fuhren, kann.

In Norwegen wurden kürzlich viele Bücher über die norwegischen Frontkämpfer geschrieben, die sich freiwillig für Nazideutschland gemeldet haben. Es gibt viel Literatur über norwegischen Verräter, die die Besatzungsmächte unterstützten und unter anderem ihre eigenen NS-Polizeikräfte aufbauten. Die norwegische Nationalsozialistische Partei *Nasjonal Samling* (NS) umfasste im Jahr 1943 mindestens 44.000 erwachsene Mitglieder in einer Bevölkerung von knapp 3 Millionen. Mehrere Tausend von ihnen kämpften an der Ostfront für die Deutschen, oder für Norwegen wie sie selbst behaupteten, insbesondere als Teil der Waffen-SS und in verschiedenen Spezialeinheiten.

Es hat auch gedauert, das Schicksal vieler norwegischer so genannte »deutscher Kinder« zu dokumentieren. Sie hatten einem deutschen Vater und einer norwegischen Mutter. Wie bereits erwähnt, gab es während der Besetzung Norwegen lange Zeit weit über 300.000 deutsche Soldaten in Norwegen. Die »deutschen Kinder« kamen oft als Folge einer unschuldigen jugendlichen Verliebtheit zur Welt. Nach dem Krieg wurden diese norwegischen Frauen (und oftmals den Kindern) verfolgt und vertrieben. Anderseits wurde es deutlich, dass einige norwegische Männer, ganz ohne Folgen, gutes Geld verdient hatten, indem sie für die Besetzungsmächte arbeiteten und Geschäfte mit ihnen machte. Männliche Widerstandskämpfer wurden jedoch als Helden verehrt, während weibliche schweigend übergangen wurden.

In den ersten Jahrzehnten nach der Kapitulation befand sich Deutschland in einer strategisch wichtigen Position zwischen den neuen Supermächten der Welt, den Vereinigten Staaten und Sowjetrussland. Gleichzeitig war ein starkes Wirtschaftswachstum in Westdeutschland zu verzeichnen. Des Selbstwertgefühls der Nation lag jedoch am Boden.

In seine politische Biografie beschrieb US-Außenministers Henry Kissinger, selbst ein deutscher Jude, im Zusammenhang mit dem Staatsbesuch in Bonn und Berlin 1969 (Übersetzung bei dem Verfasser):

»All dies spiegelte die wackelige psychologische Position des scheinbar mächtigen neuen deutschen Staates wider. Westdeutschland war eine Wirtschaft auf der Suche nach politischen Zielen. In Bonn gab es kein britisches Selbstbewusstsein, das durch Jahrhunderte der Evolution und die Blütezeit des Imperiums geschaffen wurde. Bonn war eine Kleinstadt ohne vorherige Regierungstradition, die aus praktischen Gründen zum Regierungssitz der jungen Bundesrepublik gewählt worden war (weil sie sich in der Nähe von der Heimat von Kanzler Adenauer befand). Die Wahl von Bonn symbolisierte Westdeutschland prekäre Lage trotz des Wirtschaftswunders. Die Bundesrepublik war wie ein mächtiger Mastkiefer mit nur wenigen Dezimetern Erde unter ihren Wurzeln, die einem plötzlichen Sturm ausgesetzt wird.«[53]

Was Kissinger jedoch noch fern schien, war der wachsende Bedeutung junger radikale Menschen in Europa, angeführt von den 68ern. Viele deutsche intellektuelle hatten hier eine Rolle von globaler Bedeutung. Besonders prominent während des Studenten-

53 Kissinger, *Memoarer, De første år i Det hvite hus* (norwegische Ausgabe), Cappelens forlag 1979, S. 115-116.

aufstands 1968, war der deutsche Studentenführer Rudi Dutschke. Seine antiautoritäre Linie hätte ihm fast das Leben gekostet. Diese westdeutsche Bewegung bildete auch den Beginn der grünen und linksradikalen Politik in Europa mit feministischen Aktivistinnen und Politikerinnen wie Petra Kelly. Ein Höhepunkt in den 1990er-Jahren erreichten weiterer junger Radikaler, vor allen Joschka Fischer, der Bündnis 90/Die Grünen anführte. In den Vereinigten Staaten traten unter jungen Oppositionellen ähnlichen Kräften auf, die stark vom Vietnamkrieg Anstand nahmen.

In Westdeutschland fanden Anfang der achtziger Jahre eine Reihe von Massendemonstrationen statt, bei denen gegen die sogenannte Doppelentscheidung der NATO protestiert wurde: einerseits Atomraketen in Europa einzusetzen und andererseits gleichzeitig mit den Russen über Abrüstung zu verhandeln. Am 10. Oktober 1981 marschierten 300.000 Deutsche nach Bonn mit Slogans wie: »*Gemeinsam gegen die atomare Bedrohung*«.

Deutschland entwickelte sich zu etwas Neuem, das in der Nachkriegszeit und bis heute gestärkt werden sollte – einer Nation des Friedens. Dies passierte trotz der schrittweisen Teilnahme an internationalen Streitkräften unter der Schirmherrschaft der Vereinten Nationen, der NATO und der EU und trotz der Tatsache, dass die deutsche Industrie noch für militärische Zwecke produzieren sollte. Deutschland hat dazu beigetragen, dass die EU eine eigene Sicherheits- und Verteidigungspolitik entwickelte, die die NATO ergänzen kann, indem sie mehr zivile als militärische Mitteln einsetzt, aber auch auf militärische Mittel abzielt. Die deutschen Kanzler nach dem Zweiten Weltkrieg zögerten nicht zu sagen, was sie über die Aggression der Großmächte dachten, so zum Beispiel die amerikanische Intervention, die ab dem Ende der 1950er-Jahre zum Vietnamkrieg führte, oder die Invasion des Irak im Jahr 2003. Diese Linie ist bis heute von allen deutschen Staatsleitern verfolgt worden. Ein gutes Beispiel aus jüngster Zeit ist die Behandlung des russischen Oppositionspolitikers Alexei Anatoljewitsch Navalny, der 2020 nach einer Vergiftung zur medizinischen Behandlung nach Berlin geflogen wurde. Für Deutschland hatte eine solche Intervention, die wichtige Energiezusammenarbeit des Landes mit Russland und Putin beschädigen können aufgrund Provokation. Dies hindert das Deutschland von heute jedoch nicht daran, an einer einheitlichen Linie festzuhalten.

Im Jahr 2002 veröffentlichte Der Spiegel unter dem Titel »Die überforderte Armee« einen umfassenden Artikel über die Bemühungen der deutschen Friedenstruppen. Zu dieser Zeit hatte die Bundeswehr weltweit mehr als 10.000 Soldaten eingesetzt, um den Terrorismus zu bekämpfen, und den Frieden in Krisenherden wie dem Irak, Somalia und dem Kosovo zu sichern. Der Artikel kritisierte, ob dieser Aufwand in Bezug auf die Erreichung der Ziele verhältnismäßig war. Viele deutsche Soldaten sind seit der Wiedervereinigung im Jahr 1990 in solchen Konfliktgebieten ums Leben gekommen. Seit 1990 hat es über 20 solche Aktionsbereiche gegeben, der deutsche Soldaten beteiligt waren. In der Zeit seit dem Artikel sind neue Konflikte entstanden, insbesondere in Afghanistan. Der große deutsche Beitrag kann sicherlich durch die vielen nachgefragten Ressourcen des Landes erklärt werden, zeigt aber auch einen starken politischen Willen und die Fähigkeit, globale Verantwortung zu übernehmen, ein Wille, der sicherlich seine historische Erklärung hat.

Deutschland ist heute das Land für große internationale Kongresse und nimmt international führende Rollen ein, unter anderem von Klaus Schwab bis Ursula von der Leyen. Eine der weltweit größten und wichtigsten globalen Arenen für Frieden und Sicherheit befindet sich in Deutschland: die *Münchner Sicherheitskonferenz* mit dem erfahrenen deutschen Diplomaten Wolfgang Ischinger (geb. 1946) als Vorsitzendem. Ischinger hat seit Anfang der 1970er-Jahre bedeutende diplomatische Ämter bei den Vereinten Nationen, Washington, London und Paris gehabt. In den neunziger Jahren spielte er eine Schlüsselrolle als Friedensvermittler auf dem Balkan, unter anderem in Zusammenarbeit mit dem Schweden Carl Bildt und dem Norweger Thorvald Stoltenberg. Bildt beschreibt den Deutschen als einen energischen und klaren Diplomaten. Ischinger ist auch Autor des Buches »Welt in Gefahr, Deutschland und Europa in einer ungewissen Zeit« (2020), das möglicherweise aufgrund der Coronapandemie jetzt noch relevanter ist. Das Buch zeigt, wie unberechenbar die Welt geworden ist. In der neuen Zeit gibt es viele Bedrohungen. Die Technologie hat das frühere Machtmonopol der Nationalstaaten ausgelöscht, die Diplomatie ist weniger vorhersehbar und ein Großteil des Vertrauens zwischen den Staaten ist verschwunden.

Deutschland hat es nicht leicht unter all den globalen Spannungen und separatistischen Sonderinteressen, die Europa und die Welt bestimmen. Dies gilt nicht zuletzt für Deutschland selbst, das gefährliche Kräfte sowohl von ganz links als auch von rechts erlebt hat und erlebt. Darüber hinaus mussten die Sicherheitsbehörden große Ressourcen gegen Islamisten einsetzen, die trotzdem einige Terroranschläge gelangen. In ihrer äußersten Konsequenz haben die deutschen Behörden die Gerichte genutzt, um die extremen politischen und religiösen Gruppen zu verbieten. Die Schwelle für das Verbot des Bundesverfassungsgerichts ist sehr hoch in einem Land mit schlechten Erfahrungen von einem Einparteienstaat, Erfahrungen sowohl aus dem Dritten Reich als auch aus der DDR-Zeit.

Insbesondere in der ehemaligen DDR konnten Neonazis gelegentlich aktiv sein, Hass verbreiten und mit Gewalt gegen fremde Kulturen vorgehen. Aber auch im Westen kommt es zu Rassismus und Hassverbrechen. Im Jahr 2018 erhielt Beate Zschäpe, eine deutsche Rechtsextremistin, eine lebenslange Haftstrafe wegen Mitschuld an mehreren Morden an Einwanderern (die »Döner-Morde«). Ihr Komplize nahm sich das Leben.

Im Juni 2019 fegten Schockwellen durch Deutschland, als der angesehene CDU-Politiker in Hessen, Walter Lübcke, von einem Rechtsextremisten erschossen wurde, angeblich wegen seiner einwanderungsfreundlichen Linie. Der Mörder wurde im Januar 2021 zu lebenslanger Haft verurteilt.

Deutschland ist heute ein hoch gelobtes und vielfältiges Land mit 83 Millionen Einwohnern. Mit der Geschichte ist Deutschland gut geeignet für die Demokratie und Menschlichkeit in der Welt zu kämpfen, damit dunklen Mächte sich keine tiefen Wurzeln schlagen. Der Aufbau von Frieden und die Verhinderung von Extremismus ist ein kontinuierlicher Prozess, gleichzeitig mit der notwendigen Verarbeitung der NS-Geschichte. Es ist ein eigenes Konzept, das *Vergangenheitsbewältigung* heißt. Es ist wichtig, dass wir das Dritte Reich und den Zweiten Weltkrieg weiterhin in historischer Perspektive analysieren. Gleichzeitig müssen wir Norweger erkennen, dass Deutschland eine Nation des Friedens geworden ist. Wir sollten den Deutschen bei dieser wichtigen Arbeit durch die Kraft der Versöhnung weiterhelfen.

Karte der Deutschen Weimarer Republik vor dem Zweiten Weltkrieg mit den alten Ostgebieten.

Epilog

Ich habe zunächst in der Einleitung zu diesem Buch Fußball als deutschen sozialen Klebstoff beschrieben. Die multikulturelle deutsche Nationalmannschaft der letzten 20 bis 30 Jahre, mit einer Reihe von Spielern mit türkischem und afrikanischem Hintergrund, kann als Symbol für das neue vereinte Deutschland dienen. Spieler aus der ehemaligen DDR wie Matthias Sammer aus Dresden, Michael Ballack aus Görlitz und Tony Kroos aus Greifswald wurden zu Schlüsselspielern. Interessant ist auch, dass in Deutschland lebende Spieler mit polnischem Hintergrund die deutsche Nationalmannschaft ihrer Heimat Polen vorgezogen haben. Miroslav Klose ist eine lebendige Legende und seit jeher der beste Torschütze aller Zeiten bei Fußballweltmeisterschaften. Lukas Podolski ist auch ein großer Star, Weltmeister für Deutschland und sehr beliebt, nicht zuletzt in Köln, wo er mehrere Saisons lang ein treues Zentrum war. Warum haben sich diese beiden in Polen geborenen Spieler für Deutschland entschieden? Vielleicht waren sie Opportunisten und dachten, es sei die größte Chance, mit der angeblich besten Mannschaft etwas zu gewinnen. Die Wahrheit ist wahrscheinlich noch nuancierter. Beide haben deutsche Wurzeln in Schlesien, das vor dem Krieg Teil des Deutschen Reiches war. Wahrscheinlich fühlen sie sich immer noch ein wenig deutsch.

Fußball ist sowohl in Deutschland als auch in Norwegen eine wichtige Sportart. Traditionell sind es England und die Premier League, die für Norweger wichtig sind, aber auch in der Bundesliga haben sich viele norwegische Fußballprofile hervorgetan, wie Rune Bratseth, Jørn Andersen und Jan Åge Fjørtoft. Als sich der junge vielversprechende Erling Braut Haaland 2020 für Dortmund entschied, war dies vielleicht ein Symbol für etwas mehr als das, was es schien – dass Dortmund ein aufregendes Team ist, das jungen Talenten Entwicklungsmöglichkeiten und Spielzeit bietet. Vielleicht zeigt es auch, dass die 4. Generation der Norweger nach dem Zweiten Weltkrieg ein entspannteres Verhältnis zu Deutschland hat als die drei vorherigen Generationen.

Also zurück zu den zehn deutschen Soldaten vom Alfaset-Friedhof, die trotz der umfangreichen letzten Kapitel den Kern dieses Buches bilden. Zusammenfassend machen die Geschichten hinter den gefallenen deutschen Soldaten deutlich, dass sie Menschen waren, obwohl sie aufgrund einer kranken Ideologie Teil eines Apparats waren. Wir wissen jetzt hoffentlich etwas besser Bescheid über ihren Hintergrund und ihre Ziele. Selbst mit einer begrenzten Auswahl an Quellen und Fakten über die Menschen hinter der Wehrmachtsuniform, bilden diese kleinen Fragmente der Geschichten Teile einer Art Ganzes. Diese 10 deutschen Soldaten zeigen die Vielfalt und Breite in Bezug auf Hintergrund, Erziehung, Berufswahl und wahrscheinlich auch die Motivation für die Teilnahme am Krieg in Norwegen. Auf dem Friedhof von Alfaset gibt es weit über 3.000 solcher Geschichten, in denen sicher viele Ähnlichkeiten mit den zehn ausgewählten Soldaten haben werden.

Ein Ziel des Buches war es, einen generellen Einblick in die Natur des Krieges zu geben, die Notwendigkeit einer Lösung sichtbar zu machen und die Reflexionen über die uhrsachlichen Faktoren zu fördern. Schließlich geht es in den Geschichten der zehn Soldaten um Einsicht und Versöhnung. Die Gräber dieser 10 Soldaten symbolisieren nicht nur die Gräueltaten des Krieges und die Lüge hinter ihren traurigen Schicksalen. Sie symbolisieren nun den Frieden und die Hoffnung auf eine bessere Welt – *Gemeinsam für den Frieden* – auf die der *Volksbund Deutsche Kriegsgräberfürsorge* derzeit hinarbeitet.

Alfaset Friedhof. Foto: Lars Finholth.

Literatur und Dokumentation

Danksagung

Vielen Dank an meine engste Familie, Signe, Jens und Kristine, die das Schreiben für mich ermöglichen. Deutsch-geborene Professor Sophie Fosså hat diese deutsche Version des Buches durch unglaublich Hilfsbereitschaft ermöglicht. Vielen Dank! Danke auch an Lektorin Aleksandra Krail.

Einige Freunde und Bekannte haben das Manuskript überprüft, Tipps gegeben und Fehler korrigiert, darunter Ebba Drolshagen, meine Eltern und mein Bruder. Ich möchte auch Tore Li und Arve Fløystad-Thorsen dafür danken, dass sie meinen Entwurf des Buchs gelesen haben, ihr umfangreiches Wissen geteilt und gute Ratschläge gegeben haben. Der Experte für Kriegsgeschichte, Vegard N. Toska, half mir bei der Suche nach Unterlagen über die gefallenen deutschen Soldaten in diesem Projekt. Ich habe auch Hilfe und Unterstützung von Arne Langås, Kurator am *NMF Falstadsenteret*, erhalten. Außerdem hat mir Tore Greiner Eggan, der krigsbilder.net verwaltet, Unterstützung und kostenlosen Zugang zu Bildern gewährt. Stian Fosland Ludvigsen, der *festningsverk.no* verwaltet, tat das Gleiche. Haakon Vinje von der Kriegsgräberfürsorge im Kulturministerium hat mir freundlicherweise Informationen über diese bereitgestellt und die Erlaubnis zur Verwendung des Titelbildes erteilt. Vielen Dank auch an Magne Haugland im Mandal Historische Vereinigung und Jan Einar Aase. Auch im Nationalarchiv in Oslo waren die Mitarbeiter und Mitarbeiterinnen sehr hilfbereit. Vielen Dank!

In Deutschland und Osterreich habe ich nette Unterstützung vom Politiker Wolfgang Börnsen, Dominik Gross, Marion Berg, Thomas Rey, Anette Gruel, Sandra Eitel, Christian Haunert, Theresa Reichelt, Matteo Schürenberg, Tina Kramer, Olivia Allmannsberger-Nietsche, Albert Recknagel, Werner Suer, Irina Weinberger, und anderen erhalten. Auch hat mich der Ökonomen und Freizeithistoriker Michael Bulitta unterstützt, der Experte für alte Familien in Ostpreußen ist. Der norddeutsche Gerd Tams, der das Blog »Klassentreffen« mit historischen Quellen aus Schleswig leitet, hat mir ebenfalls geholfen. Ich habe auch Unterstützung vom Bürgermeister von Stolk, Hans-Werner

Staritz, und der Familie und den Nachkommen von Klemens Kellinghaus (Michael, Uwe und Heike) erhalten. Vielen Dank auch an Martin Schmidl und den Rest seiner Familie, hierunter Erna und Menie Weissbacher, die meistens in der Umgebung von Salzburg wohnen. Mein Dank geht auch an die Mitarbeiter des Stadtmuseums und des Stadtarchivs in Berlin, Ibbenbüren, M.-Gladbach und Cuxhaven und nicht zuletzt an die Konfessionen von Salzburg und Grimmen sowie ebenfalls der Humboldt-Universität. Es hat sich als sehr anspruchsvoll erwiesen, Informationen über die Soldaten aufzuspüren, aber diejenigen Personen, die ich kontaktiert habe, haben sehr guten Willen gezeigt, und einige Fäden wurden entwirrt.

Das Bundesarchiv hat in verschiedenen Abteilungen geholfen, Dokumente aufzuspüren und Informationen über die Gefallenen zu überprüfen. Hier habe ich mit einer Reihe von Sachbearbeitern Kontakt aufgenommen. Ich kann sie nicht alle nennen, aber stelle fest, wie professionell und hilfsbereit waren. Dokumente werden von einem Subunternehmen des Bundesarchivs, Selke GmbH, bearbeitet und gescannt. Es bietet seine Dienstleistungen weltweit an. Das war hilfreich.

Abteilung Militärarchiv.
Die zentrale Personenkartei der Wehrmachtauskunftstelle (WASt).
Abteilung Personenbezogene Auskünfte (ehemals Deutsche Dienststelle).
Marinepersonalunterlagen in den Beständen der Abteilung PA.

Auch der Volksbund hat das Projekt sehr unterstützt. Hier habe ich mit mehreren Personen und Abteilungen Kontakt aufgenommen. Der Suchdienst Gräbersuche online, mit Daten zu deutschen Kriegsfriedhöfen und mit Fakten über die Gefallenen, war für das Projekt von unschätzbarem Wert.

Ansonsten habe ich interessante Quellen und Literatur im norwegischen Nationalarchiv und in den Datenbanken der Nationalbibliothek gefunden. Diese sind in der allgemeinen Literatur und/oder als Anmerkungen angegeben. Ich habe auch spannende Dokumente über deutsche digitale Bibliotheksdienste gefunden. Viele interessante historische Dokumentationen wurden über Ancestry.de digital verfügbar gemacht.

Literaturverzeichnis

Ahlander, Dag Sebastian, Gustav Mannerheim, Historiska Media, Stockholm 2016.

Albrecht, Dr. Peter/Wolniak Horst, Geschichte des Handwerks, Edition xxl Gmbh, Fränkisch-Crumbach 2019.

Andersen, Ketil Gjølme (med flere), Organisasjon Todt og tvangsarbeid i Norge 1940–1945, Grossraum, de bygget landet, Norsk teknisk museum, Oslo 2017.

Andreassen, August, Krigen sett fra Lista, Forlaget Lister Farsund 1986.

Bahlcke, Joachim, Schlesien und die Schlesier, Langen Müller 2004.

Basberg, Bjørn L., Handelsflåten i Krig 1939–1945, Nortraship – alliert og konkurrent, Grøndahl og Dreyers Forlag 1993.

Bildt, Carl, Uppdrag Fred, Nordstedts 1997.

Binder, Frank/Schlünz, Hans Hermann, Krysseren Blücher, Faktum Forlag 1991 (opprinnelig utgitt i Tyskland).

Bolesch, Otto/Leicht, Hans Dieter, Willy Brandt, Nomi Forlag (norsk utgave), Stavanger 1971.

Borgersrud, Lars, «Unngå å irritere fienden...», Krigen i Norge – eventyr og virkelighet, Forlaget Oktober, Oslo 1981.

Borgersrud, Lars, die Wollweber-Organisation und Norwegen, Karl Dietz Verlag, Berlin 2001.

Brandau, Christian, Rheinmetalls Neupositionierung auf dem deutschen Rüstungsmarkt während des Zweiten Weltkrieges (nettartikkel 2011), Universitetet i Bochum.

Brandt, Willy, selvbiografi, norsk utgave, J.W. Cappelens Forlag 1977.

Breivik, Jahn, Rederiene Krogh og Lyngholm, Haugesund, Publisert i Skipet 4/1996.

Brevig, Hans Olaf, Oberstløytnant Theodor Steltzer, en tysk motstandsmann i Norge, 2008.

Børgesen, Holger, Marinen i kamp, Falken forlag, Oslo 1947.

Crott, Randi/Bertung, Lillian, «Ikke si det til noen!», Spartacus 2013.

Deneckere, Matthias/ Hauck, Volker, Supporting peacebuilding in times of change, ECDPM 2018.

Drolshagen, Ebba D., «Den vennlige fienden: Wehrmacht-soldater i det okkuperte Norge«Sparacus 2012.

Englund, Peter, Ofredsår, Atlantis, Stockholm 1993.

Ferguson, Robert, Gåten Knut Hamsun, Dreyers forlag 1988.

Gerhardsen, Einar, Samarbeid og strid, Erindringer 1945–50, Tiden Norsk Forlag, Oslo 1971.

Ghoas, Nessim, The Conditions, Means and Methods of the MfS in the GDR; an Analysis of the Post and Telephone Control (Doctor Thesis), University of Vechta 2003.

Goldensohn, Leon N., Nürnberg-intervjuene – En psykiaters møter med Hitlers mest betrodde menn, Damm 2004.

Grimnæs, Ole Kristian, Nettartikkel om Norge under andre verdenskrig i Store norske leksikon, professor emiritus i historie, Universitetet i Oslo.

Harr, Geirr, H.,» Nøytralitetens pris», Commentum forlag, 2018.

Heide, Eivind, Tyske soldater på flukt, Sollia forlag, Oslo 1988.

Hersh, Seymour M., Chain of Command: The Road from 9/11 to Abu Ghraib, Harper-Collins Publisher 2004.

Herzig, Arno, Geschichte Schlesiens: Vom Mittelalter bis zur Gegenwart C.H.Beck Verlag, München 2015.

Hitler, Adolf, Mein Kamp, første gang utgitt i Tyskland 1925. Forfatteren av denne bok har studert en engelsk utgave (My struggle) utgitt av Jaico Publishing House, 2016 (1988).

Hoffmann, Peter, History of the German Resistance (1933–1945), utgitt i Tyskland 1969, engelsk versjon 1977.

Holmås, Linda, Organisation Todt Einsatzgruppe Wiking, Riksarkivet, april 2012.

Høiback, Harald, Angrepet på Vallø, bombeoffensivens epilog i Europa, Forsvarsstudier 1/1996.

Ilner, Kristian/Siem Martin, Industribyggeren, Kolofon forlag, Oslo 2019.

Ilner, Kristian, Må Den Norske Grunnloven revideres – må den tilpasses EU, Lederartikkel Europarättslig tidskrift nr. 2 2005, Stockholm 2005.

Jagland, Thorbørn, Du skal eie det selv, Cappelen Damm 2020.

Janz, Nina, Deutsche Soldatengräber des Zweiten Weltkrieges zwischen Heldenverherrlichung und Zeichen der Versöhnung, Universität Hamburg, 2018.

Johansen, Jan Otto, Den nygamle antisemittisme, Kultur og utenriks, Oslo 2015.

Jørgensen, Sten/Tyskland, Inge, stiger frem, Aschehoug 2014.

Keneally, Thomas, De utvalgte (Schindlers liste), Hjemmets bokforlag 1985.

Kershaw, Ian, Hitler, overmot og nederlag, Historie & kultur 2008 (norsk utgave).

Khudalov, Khariton, Kampen om Kirkenes, 40 år siden frigjøringen av Øst-Finnmark, utgitt av Sovjet-Nytt 1985.

Kissinger, Henry A., Memoarer, De første år i Det hvite hus, norsk utgave, Cappelens forlag 1979.

Knopp, Guido, Hitlers Krieger, Goldman Verlag 2000.

Korsnes/Dybvig, Kjetil/Olve, Wehrmacht i Norge, antall tysk personell fra april 1940 til mai 1945, Universitetet i Tromsø og Narvik Senteret 2018.

Kossert, Andreas, Kalte Heimat, die Geschichte die deutschen Vetriebenen nach 1945, Pantheon Verlag 2009.

Kossert, Andreas, Ostpreußen: Geschichte und Mythos, Siedler 2005.

Larsson-Fedde, Torbjørn, Den tyske marinens feltposttjeneste i Norge 1940–1945, Filatelistisk Forlag, Oslo/Bergen 1965.

Larsson-Fedde, Torbjørn, Tysk feltpost i Sør-Norge 1940–45 med hovedvekt på Lista, Farsund og Lyngdal distriktet, Farsund 1981.

Lislegaard, Othar/Børte, Torbjørn, Skuddene som reddet Norge?, Senkningen av Blücher April 1940, Aschehoug, Oslo 1975.

Michelet, Marte, Hva visste hjemmefronten? Gyldendal 2018.

Mooney, Booth/ Johnsen, Lyndon B., Lutherstiftelsen, norsk utgave (original på engelsk, 1964).

Myrvang, Christine, Troskap og flid, Kongsberg Våpenfabrikks historie 1814–1945, Pax forlag 2014.

Neitzel/Weltzer, Sönke/Harald, Soldater, beretninger om krig drap og død, Forlaget Press 2012 (opprinnelig utgitt i Tyskland).

Njølstad, Olav/Hauge, Jens Christian, Fullt og helt, Aschehoug 2008.

Nordhus, H., Kirkenes i krigsåra 1940–1945, Sør-Varanger Kommune 1948.

Næss Dække, Erling, Shipping – Mitt liv, omarbeidet norsk utgave, A/S Hjemmet fagpresseforlaget, Oslo 1981.

Omberg, Asbjørn, Blüchers undergang, kampen om Oslofjorden, Alb. Cammermeyers Forlag, Oslo 1946.

Retterstøl, Nils, Store tanker, urolige sinn, Damm & Sønn 2006.

Richter Johansen/Walter, Gunnar, Soldaten som ingen ville ha, Norgesforlaget, Moss 2009 (også utgitt på tysk).

Salomon, Bruno/Stein, Erwin, Schlesien, Kultur und Arbeit einer deutschen Grenzmark, Deutscher Kommunal-Verlag 1926.

Schaanning, Espen, Soldatenes verden, artikkel i ARR Idehistorisk tidsskrift, 3-4/2012.

Schmidt, Ilse, Die Mitläuferin, Erinnerungen einer Wehrmachtsangehörigen, Augbau Taschenbuch Verlag 2002.

Skodvin, Magne, Norsk historie 1939–1945, Krig og okkupasjon, Det Norske samlaget, Oslo 1991.

Speer, Albert, Slavstaten (svensk utgave), Bonnier 1980.

Spengler, Oswald, Jahre der Entscheidung, Deutschland und die weltgeschichtliche Entwicklung, C.H.Beck, München 1933.

Stargardt, Nicholas, The German war, The Bodley Head 2015.

Steen, E.A., Norges sjøkrig 1940–1945, bind V, Forsvarets Krigshistoriske Avdeling, Gyldendal Norsk Forlag 1959.

Stiesch, H., Der alte Wohnturm in Boberröhrsdorf, nettartikkel (1955).

Storeide, Anette H., Arven etter Hitler, Gyldendal 2010.

Sæveraas, Torgeir E., Wehrmacht i Norge, På vakt i krigens skjebnesone, Pax forlag 2021.

Svendsen, Åsmund/Kohot, Halvdan, Veien mot framtiden, Cappelen Damm 2013.

Sørlie, Rune/Dyrhaug, Tore, Vestfold under krig og okkupasjon, Tønsberg 1984.

Theiner, Peter/ Bosch, Robert, Unternehmen im Zeitalter der Extreme, C.H.Beck 2017.

Toska, Vegard N., Hordaland i krig, krigsåret 1940 sett fra den tyske siden, Kapabel forlag, Bergen 2019.

Trepper, Leopold, Det røde orkester, Aschehoug 1976 (norsk utgave, opprinnelig utgitt i Frankrike, 1975).

Vold, Ottar, Felttoget 1940 – avdelingenes påkjenninger og tap, Rikstrygdeverket 1995.

Wara, Kalle, Nordpå, okkupasjonsminner fra Kirkenes-traktene, Falken Forlag, Oslo 1984.

Zachariassen, Aksel, Martin Tranmæl, Tiden norsk forlag, 1979.

Weitere Quellen

- Der NRK-Dokumentarfilm ie Invasion Norwegens – Blüchers letzte Reise«, gezeigt am 9. April 2015 im Rahmen des 75. Jahrestages des Angriffs auf Norwegen.
- »Erzähl es niemandem!« Ein Film von Klaus Martens über eine Norwegerin, die zusammen mit einem deutsch-jüdischen Soldaten ihre große Liebe gefunden hat und erstmals am 02.02.2017 in einem deutschen Kino gezeigt wurde. Ausgestrahlt im norwegischen Fernsehen, NRK, am 20.03.2020.
- Der größte Mordprozess der Welt: Nürnberg, Dokumentarfilm über die Nürnberger Prozesse 75 Jahre später, unter der Regie von Jennifer Ash, mit Beiträgen von Historikern, Anwälten und Nachkommen von Schauspielern aus mehreren Ländern, einschließlich Deutschland, produziert in Großbritannien für Channel 5, 2020.
- Dokumentarfilm «Deutschland im Kalten Krieg«, Looksfilm / Format TV, 2019.

https://www.lexikon-der-wehrmacht.de/
http://www.denkmalprojekt.org/
https://en.wikipedia.org/wiki/Aufstellungswelle
https://www.volksbund.de/

Norwegisches Reichsarchiv

- RA, Forsvaret, Forsvarets krigshistoriske avdeling, Y/Ye/L0182: II-C-11-1110 – 1. sjøforsvarsdistrikt, 1940.
- RA, Deutscher Oberbefehlshaber Norwegen (DOBN), D/Dja/L0070: DBO Abt. 1a, 1946.
- Tyske soldater behandlet ved norske sykehus RA/PA-0250/F/Fb/Fba/L0088/0004.
- Tyske soldaters behandling på norske sykehus RA/PA-0250/F/Fb/Fba/L0076/0006.
- Tyske tap i Norge. Falne. Tyske krigsgraver. RA/RAFA-2017/Y/Yd/L0179/0001.

Bundesarchiv

- Ernst Schönfuss, geb. 22.12.1881 (B 563 V/HPK-S-6-160).
- Matthias Glasmacher, geb.19.07.1925 (B 563 V/SPA-G/222).
- Hubertus Sapia, geb. 24.07.1920 (B 563 V/SPA-S/50).